人文述林

(2018)

山东大学文学院　编

山东大学出版社

目　录

古代文学与近代文学

现当代文学、外国文学与文艺学

语言学

古代文学与近代文学

“说体”视角与《国语》《左传》关系新审视

廖　群

一、什么是“说体”

“说体”是对先秦源自讲说、记录成文、具有一定情节性的叙述体故事文本的统称。“说”字取自《说林》《储说》《说苑》等篇题书名之“说”，其含义并非“说理、辩说”而是“述说”，用为名词即“所说之事”。先秦时除《韩非子》将这种文体题为“说”之外，他如《墨子·明鬼下》转述“著在齐之《春秋》”的“神羊断案”故事后，称“以若书之说观之，鬼神之有，岂可疑哉”①；《吕氏春秋·禁塞》在提到“说书”者们（“以说”者）“上称三皇五帝之业”“下称五伯名士之谋”后，称他们“行说语众以明其道”②，也都是以“说”指称传闻故事、历史故事。

这种叙事文本在先秦有时又被称为“传”和“语”。《孟子》中齐宣王问“文王之囿”和“汤放桀”，孟子都回答“于传有之”（《梁惠王下》）③，即是以“传”指称史事传闻记录文本；《墨子·公孟》中墨子给人讲“鲁昆弟五人葬父”故事，讲之前问“子亦闻夫鲁语乎”④；《孟子·万章上》中咸丘蒙引“语云”提到瞽瞍朝舜之事，孟子称此乃“齐东野人之语”⑤，则是以“语”指称传闻故事。

叙述故事的文本为何被称为“说”或被称为“传”和“语”？先秦时“说”虽多义，但“说话”为本义，所谓“道听而涂说”（《论语·阳货》）⑥。如此则称作“说”的文本当与“说话”有关，亦即这些文本最初应是“说”出来的。“语”正好也是“说话”（《论语·乡党》中说孔子“食不语，寝不言”⑦）；至于另一个表述“传”，《墨子

---

① （清）孙诒让：《墨子间诂》，《诸子集成》(4)，上海书店1986年版，第144页。

② （汉）高诱注：《吕氏春秋》，《诸子集成》(6)，上海书店1986年版，第70页。

③ （汉）赵岐注，（宋）孙奭疏：《孟子注疏》，《十三经注疏》本，中华书局1980年版，第2674、2680页。

④ （清）孙诒让：《墨子间诂》，《诸子集成》(4)，第279页。

⑤ （汉）赵岐注，（宋）孙奭疏：《孟子注疏》，《十三经注疏》本，第2735页。

⑥ （三国魏）何晏等注，（宋）邢昺疏：《论语注疏》，《十三经注疏》本，第2525页。

⑦ （三国魏）何晏等注，（宋）邢昺疏：《论语注疏》，《十三经注疏》本，第2495页。

·经说上》云:“或告之,传也。”[①]“说”“传”“语”,三个可以互代的称谓都与说话、告知等口头表述有关。由此可知,先秦存在源自讲说的叙述体故事文本。口头讲说决定了它的情节性和描述性。鉴于这种文体与后世文学性小说的渊源关系,且已被后世集中在“说”字上,如明代王世贞《弇州山人四部稿》将文学类著作分为“赋部”“诗部”“文部”“说部”,“说”被单列一部;清代更有笔记小说集《说铃》《唐人说荟》及大型丛书《古今说部丛书》,故可以用“说体”总括先秦被称作“说”“传”“语”的叙事文体。

与“说体”直接相对的概念是“书体”,或者说“说体”正是相对于“书体”提出的概念。“书”即书写,以文字和书写材料为载体,形成书面文本。以古代文本为对象,无论“说体”还是“书体”,今人所面对的都只能是书面文本,“说体”也已经被记录成文,由此决定了“说体”与“书体”的必然联系。那么,“说体”与“书体”的区别就在于起始、最初的文本载体是口说还是书写。“说体”强调故事最初是源自讲诵、口头传播后来才被记录成文,“书体”则是起初即是书写成文。具体而言,“左史记言、右史记事”的史官记录(比如《尚书》《春秋》)、直接记述师徒言行的语录体文本(比如《论语·卫灵公》“子张书诸绅”)、诸子直接撰写的文章(比如《庄子·内篇》)、策士说客的拟托演练之文(比如《战国策》)等,起始即是秉笔而书,故可统称为“书体”。而“说体”强调的是故事的初始文本源自口头讲说,或是事件的亲历者、知情者、听闻者以口头形式将事件具体情节告知于人,人们也以口头形式将听闻传诵讲说,后来形成记录文本;或是“为说者”(讲诵故事者)根据听闻、见闻、知识和需要,直接以口头形式讲诵故事。

与“说体”相近但需要区别的概念有“传说”“故事”和“小说”。

“说体”不同于“传说”。“传说”属于口耳相传,重在一传十、十传百的转告之“传”,且不一定形成书面文本;而“说体”源自讲说,可以是转告,可以是讲诵,且传播中已被记录。“传说”可以是一个故事,也可以是某一说法、某条信息;“说体”则是讲说中有故事情节的文本。有情节的传说且形成书面文本,即成“说体”故事;而“说体”故事也有并非经过传说式转告而直接以讲诵形式传播进而形成记录文本的情况。

“说体”不同于“故事”。“说体”是讲说中有故事情节的部分,亦即是“说”,富于故事性、情节性、描述性是说体的基本特征。就早期文学文本而言,受甲骨、青铜、简帛等书写材料限制,书体记事精简概要、难言其详,口说则因表述自由而可绘声绘色、道尽原委,由此所传所讲大都会是一个个有头有尾、有因有果、有情节甚至有细节的生动故事。从这个意义上讲,“说体”几乎可以等同于“故事”。但

① (清)孙诒让:《墨子间诂》,《诸子集成》(4),第211页。

是，“故事”概念中不含有传播方式因素，以描述形式叙述一个完整事件的文本即是故事，这个故事可以是源自口说，也可以是源自直接书写。“说体”概念则由源自讲说而命名，初始文本是否由讲说而来是它赖以“正身”的关键，也是它区别于其他相关相近概念的根本所在。

“说体”不同于“小说”。先秦“小说”限定在“街谈巷语”、不入主流的小道传闻，属“说体”中的“小”者；唐宋之后的“小说”已经展开艺术虚构，开始“有意为小说”。“说体”则是对历史事件、传闻故事讲述、转述所形成的文本，并非有意虚构，但其叙事性、情节性、描述性、故事性、增饰性甚至虚饰性与后世小说又有天然契合关系。

遗憾的是，“说体”这一源于述说的故事文本，其述说“母本”其实大都已经湮没无存。庆幸的是，援用这些故事以叙史、以论说、以讲解，乃是先秦两汉史书、子书、经说书、杂说书的普遍现象。通过对这些著作的考察，即可发现、揭示“说体”的存在。

比如《韩非子》中的《内储说》《外储说》等大部分文章可以肯定完成于韩非入秦的秦王政十三年之前，《吕氏春秋》也可以肯定全书完成于吕不韦免相的秦王政十年之前。这样，两部著作中的文章几乎是同时写作、同时完成。将两部著作比对，其中不见他述、仅彼此互见的故事，诸如“夔一足”“知伯将伐仇由”（《吕氏春秋》作“仇繇”）、“壬登为中牟令”（《吕氏春秋》作“任登”），即不存在谁抄自谁的情况（因为彼此不会见到成书），也不可能是作者杜撰（不会有这么多不谋而合），只能是均援引自今已不见的某个故事文本（“壬登为中牟令”中被举荐者《韩非子》为“中章、胥己”二人，《吕氏春秋》为“胆胥己”一人，“中章、胥己”与“胆胥己”应是传抄演化所致，可见《韩非子》《吕氏春秋》之外当另有讲说记录文本存在），而内外《储说》又以“说”名篇，这是先秦存在“说体”文本为人们所援用的铁证。互见故事中又有种种差异，则确凿证明了两书所援用的母本是“说体”而非“书体”，因为只有“说”才容易“信口开河”，“白纸黑字”则不会有这么多变异。

由此考察先秦及西汉诸相关典籍（如《左传》《国语》《韩非子》《吕氏春秋》《新书》《淮南子》《韩诗外传》《新序》《说苑》等），会发现重出互见而又有差异的故事文本大量存在，“说体”文本的确是先秦叙事文本值得揭橥的重要现象。

“说体”的发现，为解决中国文学研究特别是先秦两汉文学研究中的许多问题提供了全新的视角，其中聚讼多年、缠夹难理的《左传》《国语》关系问题亦可由此得到新的回答甚至是解决。

二、《左传》《国语》关系及真伪之争、作者之辩

《左传》《国语》之所以关系密切，首先是因为这两部著作皆被称出自同一位

作者，即春秋末鲁君子左丘明。

最早明确提及左丘明著《左氏春秋》者为司马迁。《史记·十二诸侯年表序》云："(孔子)兴于鲁而次《春秋》，上记隐，下至哀之获麟，约其辞文，去其烦重，以制义法，王道备，人事浃。七十子之徒口受其传指，为有所刺讥褒讳挹损之文辞不可以书见也。鲁君子左丘明惧弟子人人异端，各安其意，失其真，故因孔子史记，具论其语，成《左氏春秋》。"①《论语》中孔子提到过左丘明："巧言、令色、足恭，左丘明耻之，丘亦耻之；匿怨而友其人，左丘明耻之，丘亦耻之。"(《公冶长》)②由其语气来看，这个被提到的左丘明应是前辈，或是与孔子同时而年长的贤人，但《论语》未提及左丘明的身份，更未提及他著《左传》之事。至东汉，班固综合《论语》和《史记》两家记录，明确提出与孔子同时的左丘明为《春秋》作"传"之事："孔子因鲁史记而作《春秋》，而左丘明论辑其本事以为之传。"(《汉书·司马迁传赞》)③"……与左丘明观其史记，据行事，仍人道……藉朝聘以正礼乐。有所褒讳贬损，不可书见，口授弟子，弟子退而异言。丘明恐弟子各安其意，以失其真，故论本事而作《传》，明夫子不以空言说经也。"(《汉书·艺文志》)④

首先明确提到左丘明与《国语》成书直接相关者也是司马迁："昔西伯拘羑里，演《周易》；孔子戹陈蔡，作《春秋》；屈原放逐，著《离骚》；左丘失明，厥有《国语》。"(《史记·太史公自序》)⑤"盖文王拘而演《周易》，仲尼厄而作《春秋》；屈原放逐，乃赋《离骚》；左丘失明，厥有《国语》。"(《文选·报任少卿书》)⑥

《左传》《国语》之所以关系密切，其次是因为这两部著作主要是春秋列国史著，且其中时间、列国、史事有较多重合部分。

《左传》为与《春秋》记事线索大致相同的鲁国编年史，以鲁国君王在位的年次为编年线索，记述了鲁隐公元年(前722)至鲁哀公二十七年(前468；编年比《春秋》多十三年)及鲁悼公四年(前464)周王朝、鲁国及各列国的历史事件，最后提及三家分晋(前453)，篇目中提到赵襄子谥号(卒于前425)，时间跨度为二百七十余年，涉事年代为进入春秋四十八年后直至进入战国二十二年，所涉事件较多的列国有鲁、齐、晋、宋、卫、郑、楚、吴、秦、陈、蔡、越等等，另外还有其他多国和多地；成书当在进入战国五十余年(前425年赵襄子卒)之后。

《国语》为记述西周中期至战国初期周王朝及各列国史事的国别史著作，其

---

① (汉)司马迁：《史记》，中华书局1959年版，第509～510页。

② (三国魏)何晏等注，(宋)邢昺疏：《论语注疏》，《十三经注疏》本，第2475页。

③ (汉)班固撰，(唐)颜师古注：《汉书》，中华书局1962年版，第2737页。

④ (汉)班固撰，(唐)颜师古注：《汉书》，第1715页。

⑤ (汉)司马迁：《史记》，第3300页。

⑥ (梁)萧统编，(唐)李善注：《文选》，中华书局1977年版，第580页。

中所涉事件时间最早者为《周语上》涉及的周穆王（约前 1054～前 949）征犬戎，时间最迟者为《周语下》提到“（敬王）二十八年，杀苌弘。及定王，刘氏亡”，周定王在位年限为进入战国七年后的公元前 468 年至进入战国三十四年后的公元前 441 年；此外，《晋语九》提到的“遂灭智氏”（前 453），篇目中也提到了赵襄子谥号。《国语》上限较《左传》约早二百年，下限与《左传》基本相同，其中主要亦为春秋年间人物活动及事件，时间与《左传》大部分重合；除《周语》上、中、下外，其余依次为《鲁语》上、下，《齐语》《晋语》一至九，《郑语》《楚语》上、下，《吴语》《越语》上、下；各列国史事多寡并不平衡，然所涉列国与《左传》重心部分亦多重合。

对于同一位作者何以会编出这样两部多所重合的春秋史著作，班彪提出“撰异同”说：“定哀之间，鲁君子左丘明论集其文，作《左氏传》三十篇，又撰异同，号曰《国语》，二十一篇。”（《后汉书·班彪传》）[①]东汉王充认为是左丘明把先前已有的材料收集起来进行加工整理，先完成了《左传》，意犹未尽，剩下的又编纂成了《国语》：“《国语》，《左氏》之外传也，左氏传经，辞语尚略，故复选《国语》之辞以实之。”（《论衡·案书篇》）[②]而宋代史学家司马光则援引其父之说，认为《国语》为左丘明整理《左传》之前收集的各国史料的底本：“司马光曰：‘先儒多怪左丘明既传《春秋》，又作《国语》，为之说者多矣，皆未通也。先君以为丘明将传《春秋》，乃先采列国之史，因别分之，取其精英者为《春秋传》。而先所采集之稿，因为时人所传，命曰《国语》，非丘明之本意也。’”[③]

入唐之后，两书关系之缠夹又分别演化出真伪之争、作者之辩。

一方面，由于《左传》涉事下限已至进入战国二十几年，所提名谥则至进入战国五十年的赵襄子，所以自唐代始，关于《左传》是否成于与孔子同时的春秋末期的左丘明之手，开始受到怀疑。如唐人啖助即认为《左传》之成书不是左丘明本人，而是其门人据其所传旨意编次而成：“左氏得此数国之史以授门人，义则口传，未形竹帛，后代学者乃演而通之，总而合之，编次年月以为传记。”（《春秋集传纂例》卷一“三传得失议第二”引“啖子曰”）[④]宋代人更是对此进行论证，如《六经奥论》（托名郑樵）提出八条论据，其中提到“《左氏》终记韩、魏、知伯之事，又举赵襄子之谥，自获麟至襄子卒已八十年。……明验一也”，认为从时间上考察，作者不可能是春秋时人；其中还提到“《左氏》‘战于麻隧’‘获不更女父’，‘秦庶长鲍、庶长武帅师’‘战于栎’，秦至孝公时立赏级之爵，乃有不更、庶长之号，明验二

---

① （南朝宋）范晔撰，（唐）李贤等注：《后汉书》，中华书局 1965 年版，第 1325 页。

② （汉）王充：《论衡》，《诸子集成》(7)，上海书店 1986 年版，第 277 页。

③ （清）朱彝尊：《经义考》卷二〇九，《钦定四库全书荟要》卷九九三八，史部。

④ （唐）陆淳：《春秋集传纂例》卷一，《钦定四库全书》，经部五。

也……”[①],从名物上考察,作者用了战国以后出现的名词用语,自是战国时人。

更有甚者,至清代开始有人将西汉刘歆争立古文《左传》进而说成是刘歆伪造《左传》。当年刘歆争立古文《左传》为博士官遭到今文学家的强烈反对,他们拒斥《左传》的理由是《左传》并非《春秋》的笺注本,是刘歆擅自把它抬高为《春秋》之《传》。清代刘逢禄更专门撰写了《左氏春秋考证》,尚承认有古本《左氏春秋》,同时又多据今本《左传》与《国语》《史记》《公羊》等所述之异,认为是刘歆“改《左氏》为传《春秋》之书”[②]。在此基础上,晚清康有为更进一步提出刘歆为压倒《公羊传》《穀梁传》,“得《国语》与《春秋》同时”,遂“依《春秋》以编年,比附经文,分《国语》以释经,而为《左氏传》”,“遍伪群经以证其说”[③]。这样《国语》与《左传》的关系就又被卷入这场旷日持久的《左传》真伪之辩中。

近代崔适在其所著《春秋复始》中,也认为刘歆破散《国语》以伪《春秋》之传:“(《国语》)本不为《春秋》而作,故无释经之辞,今《左传》有者,刘歆窜入也。”并提出今所见《国语》乃是刘歆割剩下的材料。[④] 钱玄同发表《重论经今古文学问题》(《北京大学国学门周刊》第1期),则从《左传》与《国语》记事彼此详略的角度,论证《左传》乃刘歆从《国语》所分出:“此详则彼略,彼详则此略,显然是一书瓜分为二”,“至于彼此同记一事者,往往大体相同,而文辞则《国语》中有许多琐屑的记载与枝蔓的议论,《左传》大都没有,这更显出删改的痕迹来了”。[⑤]

伪造说一出,有影响的反驳意见也是从《左传》与《国语》的关系入手。如冯沅君《论〈左传〉与〈国语〉的异点》一文运用比较方法,说明二书共说一事而二文不同之处凡十五则;另用统计法,说明《左传》《国语》二书用字之不同,由此证明《左传》与《国语》乃各不相干之二书。[⑥] 童书业《〈国语〉与〈左传〉问题后案》一文,则以《国语》与《左传》相同文字对照,证《国语》出现在《左传》前;以记事重复、记事冲突、文法不同、文体绝异等证《左传》与《国语》非一书之分化。[⑦]

另一方面,若以下限为疑点,已涉战国史事的《国语》同样存在是否是左丘明完成的问题;而且,《国语》诸“语”体例存在不统一、不平衡、不成系统的现象,是否为一人所作,较之《左传》更有疑点。因此,另一条争论的线索,则是以《左传》为参照,质疑《国语》的作者。

---

① (宋)郑樵:《六经奥论》卷四,《钦定四库全书荟要》卷三二四一,经部。

② (清)刘逢禄:《左氏春秋考证》,《皇清经解》(咸丰庚申补刊本)卷一二九四。

③ (清)康有为:《〈汉书艺文志〉辨伪第三上》,《新学伪经考》,三联书店1998年版,第87页。

④ 参见崔适:《春秋复始》卷一,《续修四库全书·经部·春秋类》。

⑤ 钱玄同:《重论经今古文学问题》,《古史辨》第五册上编,上海古籍出版社1981年版,第68页。

⑥ 参见冯沅君:《论〈左传〉与〈国语〉的异点》,《新月月刊》1926年第7期。

⑦ 参见童书业:《〈国语〉与〈左传〉问题后案》,《浙江图书馆馆刊》1935年第4卷第1期。

有的根据两书所记之事的差异怀疑《国语》非左丘明所作。比如，魏晋人傅玄即根据《左传·哀公十三年》"吴晋争先"条记事与《国语》的不同，提出"《国语》非丘明所作"，并说"凡有共说一事，而二文不同，必《国语》虚而《左传》实，其言相反，不可强合也"（见《左传注疏·哀公十三年》孔颖达疏引）①。

还有的根据两书文体的不同怀疑《国语》与《左传》非一人之作，进而否定《国语》为左丘明所作。比如，唐人赵匡即指出，"且《左传》《国语》文体不伦，序事又多乖剌，定非一人所为也。盖左氏广集诸国之史以释《春秋》，《传》成之后，盖其家子弟及门人，见嘉谋事迹多不入传，或有虽入传而复不同，故各随国编之而成此书（《国语》），以广异闻尔"（《春秋集传纂例》卷一"赵氏损益义第五"引"赵子曰"）②。这即是说，《国语》乃左氏弟子门人的杂编之作。

不难看出，人们怀疑《国语》，除其下限已至战国的因素外，其与《左传》的异同、不统一也是重要因素之一。

归纳上述论争，关于《左传》与《国语》的关系，人们意见的分歧主要集中在如下几点：

其一，持左丘明为两书作者观点者，认为作者先撰《左传》，又纂异同编《国语》。

其二，持《左传》非左丘明终成观点者，有的认为左丘明得数国之史以传授，其弟子、后人据此编撰《左传》；有的认为后人拆左丘明《国语》以伪《左传》。

其三，持《国语》非左丘明编撰观点者，有的认为《国语》乃左丘明撰《左传》时所辑史料，成于《左传》之前；有的认为《国语》乃左丘明撰《左传》后之残余补编，成于《左传》之后。

其四，持《左传》《国语》两书均非左丘明所作观点者，认为《左传》并非都是左丘明所录，《国语》多为《左传》采录，采之者亦非左丘明。

《左传》《国语》为什么会出现如此缠夹的关系？事实究竟如何？其实，今若从它们援用"说体"以讲史著史的角度重新审视，即不难对此作出回答。

三、"说体"与《左传》《国语》关系释疑

种种迹象表明，《左传》《国语》中的绝大部分乃是载录、援用"说体"文本以成书。

从书题篇名看，《左传》《国语》占去了"说体"所统之"说""传""语"三称中的两称"传"和"语"。当然，《左传》本不称《传》，而称《左氏春秋》，《左传》之"传"也

---

① （晋）杜预注，（唐）孔颖达等正义：《春秋左传正义》，《十三经注疏》本，第 2171 页。

② （唐）陆淳：《春秋集传纂例》卷一，《钦定四库全书》，经部五。

已是“经传”之“传”(“经传”之“传”与“诂”也有别,偏于“说体”之“传”)。但正如前面提到《墨子》引“著在齐之《春秋》”的“神羊断案”故事后,称“以若书之说观之,鬼神之有,岂可疑哉”,知“记事”之《春秋》也有“书体”《春秋》与“说体”《春秋》之分,前者为当下书之简帛之纲目式(如孔子所据鲁《春秋》),后者为载录被称为“说”的传闻故事(如《墨子》所提载录“神羊断案”故事的“齐之《春秋》”)。《左氏春秋》明显不同于前者,而更属于后者。至于《国语》,书题为“语”,具体篇目《周语》《鲁语》《晋语》等等,也都题为“语”,更是“说体”文本的典型称谓之一。

从外证材料看,前面提到《史记・十二诸侯年表序》称孔子“次《春秋》”后,“七十子之徒口受其传指”,“鲁君子左丘明惧弟子人人异端,各安其意,失其真,故因孔子史记,具论其语,成《左氏春秋》”,虽然先后关系有所颠倒,左丘明必不会在孔子之后,却道出口传、“口受”的口头讲说与“论其语”“成《左氏春秋》”的“春秋课”及“课堂笔记”关系。对此,《汉书・艺文志》直称孔子“口授弟子,弟子退而异言”,对于《左传》中诸事本于“口授”,表述更为明确。至于《国语》,太史公称“左丘失明,厥有《国语》”,失明者自不会手书,所谓“瞍赋矇诵”,本是讲史,后被记录,后又被援用以成诸“语”,乃属自然之事。

更能显示《左传》《国语》援用“说体”的是它们本身。

以“假道灭虢”为例。这个故事的中心情节是晋假道于虞,虞公不听宫之奇之劝,结果晋灭虢后又灭虞。对此,《国语》《左传》皆有记述,但有同有异,见表1。

表1

《国语・晋语二》①	《左传・僖公二年、五年》②
	晋荀息请以屈产之乘与垂棘之璧假道于虞以伐虢。公曰:“是吾宝也。”……“宫之奇存焉。”对曰:“……将不听。”……遂起师。……伐虢,灭下阳。
伐虢之役,师出于虞。宫之奇谏而不听。	晋侯复假道于虞以伐虢。宫之奇谏曰:“……谚所谓‘辅车相依,唇亡齿寒’者,其虞、虢之谓也。”……弗听,许晋使。
出,谓其子曰:“虞将亡矣!…吾不去,惧及焉。”	

① 《国语》,上海古籍出版社1988年版,第297~299页。

② (晋)杜预注,(唐)孔颖达等正义:《春秋左传正义》,《十三经注疏》本,第1791、1795页。

续表

《国语·晋语二》	《左传·僖公二年、五年》
以其孥适西山，三月，虞乃亡。	宫之奇以其族行，曰："虞不腊矣。在此行也，晋不更举矣。"
	围上阳。问于卜偃曰："吾其济乎？"对曰："克之。"
献公问于卜偃曰："攻虢何月也？"对曰："童谣有之曰：'丙之晨，龙尾伏辰，……其九月十月之交乎？"	公曰："何时？"对曰："童谣云：'丙之晨，龙尾伏辰；……其九月、十月之交乎！丙子旦，日在尾，月在策，鹑火中，必是时也。"
	晋灭虢。虢公丑奔京师。师还……遂袭虞，灭之。

第一次假道，《国语》缺载，《左传》则生动记述了晋国君臣关于以稀世珍宝为代价打动虞公的对话；第二次假道，关于劝谏，《国语》仅提到一句"宫之奇谏而不听"，《左传》则详尽记述了宫之奇的谏辞，所谓"辅车相依，唇亡齿寒"的成语就出自于此。相反，《国语》详尽记述了宫之奇携家出走时"谓其子曰"的大段说辞，与《左传》所记的简单说辞没有重合，完全不同；最后，卜偃引童谣断虢公出奔一段，两者又完全相同。鉴于此，可以肯定不会是《国语》援引自《左传》，也不会是《左传》援自引《国语》，还不会是彼此切割，更不会是各自杜撰，只能是两者另有所本，各自所本乃是同源异流、传诵讲说中发生变异的说体文本。

就情节内容本身而言，《国语》中有宫之奇"谓其子曰"的部分。所言属私下，又是不可告人者，不可能是史官所载所书，自是出于追述者的揣摩讲说；《左传》中也有宫之奇"以其族行"时"曰"的部分，也只能是事后被人告知和复述。

诸如此类，《国语》与《左传》重合部分存有类似异同者还有很多。具体来说，两者互见者有 65 则，其异同可分为四种情况：第一种是情节对话大致相同、当分别采自同一说体文本者；第二种是叙事相同对话有异、当分别采自同源异流说体文本者；第三种是有同有异有缺有增者，包括多段情节有重有别者、同一情节有异有缺者、有繁有简有多有少者，所采说体文本当有同有异；第四种是事件相同叙事不同、当采自不同说体文本者。

兹仅举几例。

其一是"周王子带启狄人以攻王"，分别见于《国语·周语中》和《左传·僖公二十四年》，属于上面归纳的第二种情况，即叙事相同对话有异者。先秦时期，是否有人物对话，是区别载记文本与"说体"文本的重要标志之一；"说体"文本讲说传播过程中对人物对话转述发生变化，是说体文本形成固定书面文本之前流传过程中经常会出现的情况,可称之为"同源异流文本"。"周王子带启狄人以攻王"所述基本情节为"郑人伐滑",周襄王派游孙伯等人前往郑国为滑求情,郑人非但不听王命,还将使者拘捕起来。周襄王怒,"将以狄伐郑",富辰力谏,襄王不听,果以狄伐郑。因此,"王德狄人,将以其女为后",富辰又谏,襄王又不听。后来,襄王又贬黜狄后(王替隗氏),狄人因此反叛,襄王之弟、原本有宠于母后、母后欲立未及立的王子带遂启狄人以攻襄王,襄王出居于郑。对此,《国语》《左传》叙述大致相同,稍有不同的是《左传》交代了狄后被黜被替乃是因为王子带"通于隗氏(狄后)",《国语》没有提及。然而,其中富辰的两次劝谏,《国语》《左传》所述却完全不同,见表2。

表2

《国语·周语中》①	《左传·僖公二十四年》②
富辰谏曰:"不可。古人有言曰:'兄弟谗阋、侮人百里。'周文公之诗曰:'兄弟阋于墙,外御其侮。'……古之明王不失此三德者,故能光有天下,而和宁百姓,令闻不忘。王其不可以弃之。"	富辰谏曰:"不可。臣闻之:大上以德抚民,其次亲亲,以相及也。昔周公……故封建亲戚以蕃屏周。……召穆公思周德之不类,故纠合宗族于成周而作诗,曰:'……凡今之人,莫如兄弟。'其四章曰:'兄弟阋于墙,外御其侮。'……"
富辰谏曰:"不可。夫婚姻,祸福之阶也。……昔挚、畴之国也由大任,杞、缯由大姒,齐、许、申、吕由大姜,陈由大姬,是皆能内利亲亲者也……"	富辰谏曰:"不可。臣闻之曰:'报者倦矣,施者未厌。'狄固贪惏,王又启之。女德无极,妇怨无终,狄必为患。"

两相对照,会发现《国语》《左传》所述富辰两次谏辞的语句、内容都难以重合,显然不是采自同一系统的说体文本。特别值得一提的是,《国语》《左传》所述富辰的第一次劝谏都援用了《诗经·小雅·常棣》"兄弟阋于墙,外御其侮",而在《国语》中称是"周文公之诗曰",在《左传》中则称"召穆公思周德之不类,故纠合宗族于成周而作诗",连事实性内容都有差异。

就大致情节相同、劝谏者都为富辰、劝谏都有两次来说,《国语》《左传》当均有所本,且所本为同源文本;但又不会是彼此所本,既不会是《国语》援用《左传》,也不会是《左传》援用《国语》,因为两次劝谏均有差异。因此,它们应该是分别援用了同源异流文本。异流本身又进一步说明了所援用为说体而非书体,唯有说

① 《国语》,第45~48页。

② (晋)杜预注,(唐)孔颖达等正义:《春秋左传正义》,《十三经注疏》本,第1817~1818页。

体才会有如此大的变异。

其二是"晋公子重耳之亡",分别见于《国语·晋语二、晋语四》和《左传·僖公二十三年、二十四年》,属于上述归纳第三种情况中的第三类"有繁有简有多有少者"。通过对照可以清晰地看到,对于晋公子重耳自奔狄至返晋即位为晋文公,《左传》和《国语》均作了详尽描述,有对话,有动作,有隐私密语不可书记者等等,显然都是"说体"形式;其中"奔狄""重耳自狄适齐""过卫,乞食于野人""齐姜劝重耳勿怀安""齐姜与子犯谋醉遣重耳""曹共公不礼重耳而观其骈胁""宋襄公赠重耳以马二十乘""郑文公不礼重耳""楚成王以周礼享重耳""重耳婚媾怀嬴""秦伯享重耳以国君之礼""秦伯纳重耳于晋""寺人勃鞮求见文公""文公遽见竖头须"几节,两者分明采自同源文本,只是《左传》作了较大幅度的精简,因为其中未经删节的部分,两者重合度极高,关键是对话用语都如出一辙,比如"文公遽见竖头须"一节,《国语》叙述竖头须求见,晋文公辞以沐,竖头须谓谒者曰"沐则心覆……",《左传》叙述竖头须所说也是"沐则心覆"云云。那么会不会是《左传》援用《国语》又作了精简?不会,因为开始"晋人伐蒲城""公子别隗"及结尾"狄归季隗,赵姬请逆叔隗"及"介之推与母偕隐"几节又是《左传》多出的部分。如果是《左传》援用《国语》,这多出的几节从何而来?这几节的情节与公子重耳(晋文公)的关系有些疏离,所以不一定是《左传》另有所本,《国语》编纂时舍而未采也有可能。另外,"重耳亲筮得晋国""文公在狄十二年,狐偃曰盍速行乎"两节偏于长篇言论的记述,则又是《国语》多出的部分,《左传》精简中对源文本中这些内容舍而未取也是可能的。正因为《国语》《左传》既有重合度极高的部分,又各有多出的部分,所以完全可以肯定,既不会是《国语》援用《左传》,也不会是《左传》援用《国语》,在两者之外,一定有一个详尽讲述重耳故事的说体文本为两者所共见,两者根据自己的编纂旨意各取所需,才造成了既你中有我、我中有你,又你有我无、我有你无的复杂关系。

其三是"曹刿论战"。两者所述事件均为长勺之战,所涉人物均为鲁庄公和曹刿,但事件过程、人物对话均有不同,见表3。

表3

《国语·鲁语上》	《左传·庄公十年》
	齐师伐我。公将战。曹刿请见。其乡人曰:"……又何间焉?"刿曰:"肉食者鄙,未能远谋。"
长勺之战,曹刿问所以战于庄公。	乃入见,问何以战。

续表

《国语·鲁语上》①	《左传·庄公十年》②
公曰:"余不爱衣食于民,不爱牲玉于神。"对曰:"夫惠本……,民和……今将惠以小赐,祀以独恭。……故不可以不本。"公曰:"余听狱虽不能察,必以情断之。"对曰:"是则可矣。……智虽弗及,必将至焉。"	公曰:"衣食所安,弗敢专也,必以分人。"对曰:"小惠未遍,民弗从也。"公曰:"牺牲玉帛,弗敢加也,必以信。"对曰:"小信未孚,神弗福也。"公曰:"小大之狱,虽不能察,必以情。"对曰:"忠之属也,可以一战。战,则请从。"
	公与之乘。战于长勺。公将鼓之。……齐人三鼓。刿曰:"可矣!"……公将驰之。刿曰:"未可。"下,视其辙,登轼而望之,曰:"可矣!"……既克……对曰:"……一鼓作气,再而衰,三而竭……"

其中相对有些重合的是均为曹刿论凭何而战。但有两部分是《国语》完全所无,其一为曹刿面见鲁庄公之前与乡人的对话,其二是曹刿从庄公参与指挥战役及战后关于"一鼓作气"的解释。即使相对重合的部分,关于庄公与曹刿的对话,两者所述也差异很大,首先是关于庄公回答"何以战",《左传》所述是三个回合,"衣食所安,弗敢专""牺牲玉帛,弗敢加""小大之狱,虽不能察,必以情",《国语》是"衣食牲玉"为一层,"听狱虽不能察,必以情断之"为一层,共两个回合;其次是曹刿所论,其语句也不相同。可见两者所采并非同源文本,而是各有所本。

就这样,经过一一比对,最后得出的结论就是,虽然《左传》与《国语》故事互见的情况有多种,但这多种情况都说明两者并非直接互为来源,而是都采自或同源、或同源异流、或另有其源的说体文本。可以推断,两者根据自己的讲述、编纂、撰写主旨,对原文本都做了取舍、繁简、编排等方面的处理,即使《国语》也并非原始材料汇编,而有其叙述重心所在。两者的编撰及最终成书应非出自一手,它们之所以都被冠名以左丘明,很大的可能是两者所搜集、积累的说体文本中有相当一部分源自以左丘明为代表的瞽矇们之口述笔录。

① 《国语》,第151页。

② (晋)杜预注,(唐)孔颖达等正义:《春秋左传正义》,《十三经注疏》本,第1767页。

李斯《谏逐客书》写作背景考*

高新华

鲁迅称："秦之文章，李斯一人而已。"又说："法家大抵少文采，惟李斯奏议，尚有华辞。"①其《谏逐客书》，便是奏议中最有代表性的一篇，而且其事关系到当时的逐客事件，往大里讲，也可以说事关秦统一大业和此后中华民族的命运，所以此文既是秦代文学及中国文学史上的名篇，更是极为重要的历史文献。但是，《谏逐客书》写作的时间和背景，历来却含糊不清，甚至一直夹杂着某些错误说法。本文不揣谫陋，在排比文献史料的基础上，参考各家说法，力图对此问题加以澄清，以就正于文史方家焉。

一、传统的观点与各种异说

《史记》对李斯《谏逐客书》背景的不同记载，是造成此问题含混不清的直接原因。对秦逐客及李斯上书谏阻之事，《史记》有两次记载而前后有别，一次是在《秦始皇本纪》②：

> 十年，相国吕不韦坐嫪毐免。桓齮为将军。齐、赵来，置酒。齐人茅焦说秦王曰："秦方以天下为事，而大王有迁母太后之名，恐诸侯闻之，由此倍秦也。"秦王乃迎太后于雍，而入咸阳，复居甘泉宫。大索，逐客。李斯上书说，乃止逐客令。

一次是在《李斯列传》：

> 会韩人郑国来间秦，以作注溉渠，已而觉。秦宗室大臣皆言秦王曰："诸侯人来事秦者，大抵为其主游间于秦耳，请一切逐客。"李斯议亦在逐中，斯乃上书……秦王乃除逐客之令，复李斯官，卒用其计谋，官至廷尉，二十余

* 本文为山东大学文学院重点项目"出土文献与《汉书·艺术志》新研"和山东大学青年团队项目"中国辞赋的创作与历代礼制文化(批准号：IFYT17012)"阶段性成果。

① 鲁迅：《汉文学史纲要》，《鲁迅全集》第9卷，人民文学出版社2005年版，第394页。此外，游国恩等主编的《中国文学史》也认为"秦代文学的唯一作家是李斯"(人民文学出版社1963年版，第116、128页)。

② 《六国年表》在始皇帝十年记载："相国吕不韦免。齐、赵来，置酒。太后入咸阳。大索。"基本上是《秦始皇本纪》事件的概括，但是少了李斯上书的记载。

年,竟并天下。

张守节《史记正义》系此事亦在始皇十年(前 237),时间上似乎并无矛盾,然而其导火索显然不同:《秦始皇本纪》叙述此事在九年嫪毐事件和十年吕不韦免相、迎回太后之后,虽未明言,而给人的暗示,其导火索显然是嫪毐、吕不韦(特别是后者)本身即非秦人,且重用诸侯门客而擅权所致;《李斯列传》则明确说导火索是韩人郑国为秦修筑郑国渠以疲秦而被发觉,秦宗室大臣群起建议秦王逐客。然而《秦始皇本纪》中的缘由仅仅是从上下文较易获得的一种推测,故通常的理解,还是容易将二者结合起来,目前常见的各种文学史著作都认为郑国渠的阴谋是秦王逐客的导火索①,而持此说的史学著作也不在少数②。

但我们不可不注意一个事实,即郑国渠的开始修筑是在秦始皇元年(前 246),这在《史记·六国年表》中有明确记载:

> 始皇帝元年,击取晋阳,作郑国渠。

由于《李斯列传》将逐客之举与郑国渠的阴谋相联系,以致有的学者遂定郑国渠的修筑始于秦始皇十年③,或者径谓郑国于元年始来修渠、至十年犹未完工而阴谋败露④。

然则郑国渠是始于始皇元年还是十年?还是始于元年至十年方始败露?

二、郑国渠与逐客令之间的"裂痕"

郑国渠的开凿应始于始皇元年,这并非因为《六国年表》的记载更为可靠,而是因为始于十年之说完全出于其与逐客之举相关联的推测,并无文献依据,此其

---

① 如袁行霈主编《中国文学史》(高等教育出版社 1999 年版,第 173 页),袁世硕主编《中国古代文学史》上卷(高等教育出版社 2016 年版,第 176 页)以及褚斌杰和谭家健主编、王景琳等著《先秦文学史》(人民文学出版社 2006 年版,第 500 页)等皆持此说。

② 如马非百《秦集史》:"因嫪毒之乱,又值韩水工郑国事发觉,大索逐客。李斯为吕不韦舍人,议亦在逐中。"(中华书局 1982 年版,第 87 页)林剑鸣《秦史稿》亦持相似的说法(上海人民出版社 1981 年版,第 329～331 页)。白寿彝主编的《中国通史》(第 4 卷《中古时代·秦汉时期》下册,上海人民出版社 2015 年版,第 800 页)则直接沿用郑国渠导致逐客令的成说。

③ 如清代马骕《绎史》说:"《通鉴》载于元年,然以《秦纪》考之,似宜在是年(按,指十年)。"(中华书局 2002 年版,第 3692 页)现代的权威著作《辞海》"郑国渠"条言:"古代关中平原的人工灌溉渠道。秦王政十年(公元前 237 年),采纳韩国水利家郑国建议开凿。"[《辞海(历史地理分册)》,上海辞书出版社 1989 年版,第 210 页]

④ 如尚景熙《李斯评传》说:"在秦王政亲政后平定嫪毐叛乱的第二年,秦国又发现韩国水利家郑国借为秦国兴修水利进行间谍活动的事情。……据《六国年表》,郑国入秦修渠为秦王政元年(前 246),至秦王政十年(前 237),整整已经九年,郑国渠应是已经修成,只是有些水利设施还在配套。这时,郑国进行间谍活动被发现了。……在事实面前,秦王政觉得宗室大臣言之有理,也有根据,便颁发了逐客令。"(中州古籍出版社 2013 年版,第 38 页)

一。《汉书·沟洫志》记载:“自郑国渠起至元鼎六年百三十六岁,而倪宽为左内史,奏请穿凿六辅渠,以益溉郑国傍高卬之田。”元鼎六年为公元前111年,上推“百三十六年”,恰为公元前246年,即始皇元年,此其二。赵蕤《长短经·七雄略》注曰:“韩惠王闻秦好事,欲罢其人,无令东伐,乃使水工郑国来间秦……”按:韩惠王即韩桓惠王,公元前272～前239年在位,若郑国至秦为始皇十年(前237),韩惠王已去世两年,这可以反证郑国来秦不可能在始皇十年,此其三。以上三点可证《六国年表》的记载是准确的。

然则郑国渠是否始于始皇元年至十年方始败露呢?不能完全排除这种可能,但联系其他史料,此说也有疑点。《史记》中提及郑国渠的还有一处,即《河渠书》,记载其原委始末最详:

> 韩闻秦之好兴事,欲罢之,毋令东伐,乃使水工郑国间说秦,令凿泾水,自中山西邸瓠口为渠,并北山,东注洛,三百余里,欲以溉田。中作而觉,秦欲杀郑国,郑国曰:“始臣为间,然渠成亦秦之利也。”秦以为然,卒使就渠。渠就,用注填阏之水,溉泽卤之地四万余顷,收皆亩一钟。于是关中为沃野,无凶年,秦以富强,卒并诸侯。因命曰“郑国渠”。

这里的“中作而觉”与《李斯列传》的“已而觉”都是指郑国阴谋败露之事,“已而”在古汉语中是“随后、旋即”之义,通常不会有十年之久;且即便郑国渠的修筑确实经历了十年以上,此时也已近尾声,亦不宜用“中作”“已而”等词。再者,郑国是靠自己游说保住了性命,并非依靠李斯的上书。还有一点是学者们没有注意到的,即此段文字中郑国所面对的都是“秦”而非“秦王”,这极可能是因为其事发生于始皇九年未亲政之前,更可能是在始皇即位不久的两三年内。

总之,由于时间上的差距,郑国渠与逐客令之间的确存在不易弥合的“裂痕”,所以对此持怀疑态度的学者也有不少,如梁章钜在《文选旁证》卷三十二引孙志祖说:

> 逐客之议,因嫪毐,不因郑国。郑国事在始皇初年。《大事记》云是时不韦专国,亦客也。孰[敢]言逐客乎?《本纪》载于不韦免相后,得之矣。①

又如《剑桥中国秦汉史》说:

> 司马迁把逐客之令与一个“水利设计者”郑国的阴谋联系起来,这几乎肯定是错误的;郑国也从韩来秦,据说是为了诱使秦将其物质和精力耗费在建造一条灌溉河渠上。当“阴谋”被发现时,河渠已完成了一半;据《史记·李斯传》记载,这个发现是下逐客令的直接原因。然而此渠本身在以后完成了。……这一异想天开的故事因以下的事实而更不可信:河渠在公元前

① (清)梁章钜:《文选旁证》,福建人民出版社2000年版,第879页。

246年开工,而逐客令是在公元前237年颁布的。逐客令事件与嫪毒于公元前238年被处死及吕不韦于公元前237罢相之事(两人都非秦人)年代上的一致有力地说明,是这些事件而不是建渠之事,促成了逐客令的颁布。[①]

此外还有一些不同的说法[②],但笔者大致同意《剑桥中国秦汉史》的观点:逐客令与郑国渠无关,主要是嫪毐叛乱、吕不韦免相引发的。钱穆也敏锐地意识到:"始皇十年,不韦免。是岁,秦议一切逐客。《史记·李斯传》谓由郑国渠事,然当与吕不韦狱有关,实秦人对东方客卿擅权之一种反动也。"[③]然而《剑桥中国秦汉史》和钱穆都没有详细论证,下面试证成之。

三、《李斯列传》的疏漏

综观上述所有观点和争议,一切根源可以说都聚焦于《李斯列传》,因为这是唯一将郑国渠与逐客令相关联的"原点"。然而要证明《李斯列传》的记载有误,除了前述郑国渠与逐客令的时间差距无法弥合外,也的确难以找到非常坚实的证据。不过,《李斯列传》的疏漏非止一处,似乎可以帮助说明这一疏漏的可能性。

有学者注意到,李斯上书之后,司马迁还有一段记载:"秦王乃除逐客之令,复李斯官,卒用其计谋,官至廷尉,二十余年,竟并天下。"梁玉绳言:"始皇十年有逐客令,至并天下,才十七年。"王叔岷据此说:"案本《传》逐客之议,载在郑国为渠后。郑国为渠,在始皇初年,(前已有说。)至并天下,正二十余年也。据《始皇纪》,逐客在十年,(如梁说。)则与此不合。"[④]言下之意,似乎认为逐客令确应在始皇初年。王建成也注意到始皇十年与此"二十余年"的矛盾,并据《六国年表》在秦王政元年到十七年(是年秦灭韩)之间,秦仅在秦王政三年即公元前244年"击韩,取十三城",将郑国渠阴谋败露、秦下逐客令定在秦王政三年即公元前244年;至于始皇十年的"大索,逐客",王建成认为是由于嫪毐、吕不韦事件引起的,并且李斯可能再次上书。[⑤] 这些都是在相信《李斯列传》的基础上做出的判断或弥缝。

---

① 崔瑞德、鲁惟一编:《剑桥中国秦汉史》,中国社会科学出版社1992年版,第59~60页。

② 如叶晨晖《李斯〈谏逐客书〉写作年代考辨》[《南京师大学报(社会科学版)》1988年第3期]认为逐客令主要是嫪毐事件导致的,太后和吕不韦也是被牵连者,其说基本上是对孙志祖观点的说明。高明《〈谏逐客书〉杂考》[《西藏民族学院学报(哲学社会科学版)》2009年第2期]就认为孙志祖之说不确,秦始皇逐客令应主要针对吕不韦,既与郑国渠无关,嫪毐事件亦非主要原因。

③ 钱穆:《秦汉史》,三联书店2004年版,第14页。

④ 王叔岷:《史记斠证》,中华书局2007年版,第2626页。

⑤ 参见王建成:《李斯上〈谏逐客书〉时间蠡测》,《南京师大学报(社会科学版)》1999年第3期。

然而在笔者看来，这恰是《李斯列传》的一处疏漏，因为秦始皇继承王位之时年甫十三岁，《秦始皇本纪》明言："王年少，初即位，委国事大臣。"当时秦始皇并未亲政，确如前引孙志祖所言，是"不韦专国"。此种情形，恐怕要至始皇九年举行冠礼之后，才会从根本上改变。冠礼是古代男子的成人礼，周代男子一般二十而冠，但秦俗似有不同，秦王的冠礼可能在22岁举行。梁玉绳《史记志疑》曰："始皇年十三而立，则当于七年冠，此书于九年，是二十二矣，疑误。或曰：《秦纪》于惠文、昭襄两王皆于二十二岁冠，盖秦变礼也。"[①]梁氏以常理推测，认为秦始皇九年行冠礼可能是误记，但三位秦王都在22岁行冠礼，误记的可能性就不大了；而且，梁氏忽视了秦始皇在行冠礼时爆发了嫪毐叛乱，行冠礼之地在秦祖庙所在地——雍，嫪毐预谋进攻的宫殿蕲年宫正在雍，大概是秦始皇当时驻跸之所。这一叛乱事件的时间地点与王举行冠礼、即将亲政的时地若合符契，是不会有误的。再者，《穰侯列传》记载："昭王即位，以冉为将军，卫咸阳。诛季君之乱，而逐武王后出之魏，昭王诸兄弟不善者皆灭之，威振秦国。昭王少，宣太后自治，任魏冉为政。"秦昭王即位时的情势与始皇很相似，也是有权臣执政，而太后权势也不小（始皇时太后的权力从嫪毐权倾朝野即可见一斑）。所不同者，虽然《穰侯列传》也说"昭王少"，但吕祖谦《大事记解题》云："按《秦记》，惠文王、昭襄王皆生十九年而立，若二十而冠，则当在元年，而《本纪》皆书于三年。"[②]昭襄王即位时已十九岁，而《穰侯列传》仍说"昭王少"者，以未行冠礼之故也。可见在行冠礼之前皆可谓之"少"，而对于国君而言，则极易被权臣架空。具体到秦始皇身上更是如此，因为在其父庄襄王时，吕不韦已位极人臣，被封文信侯，食河南洛阳十万户，始皇继位，更是尊为相国，号称"仲父"，达到了权力的顶点。这种情况虽因后来嫪毐的出现而有所改变，但始皇始终无权的情形则是一贯的。嫪毐为太后亲幸之后，始皇八年，"嫪毐封为长信侯。予之山阳地，令毐居之。宫室车马衣服苑囿驰猎恣毐，事无大小皆决于毐。又以河西太原郡更为毐国"（《秦始皇本纪》）。可见直到此时秦始皇本人犹未掌握实权，而吕不韦的权力也有所旁落。

然则自秦始皇即位至九年加冠礼之前的这段时间，秦国的权力先是掌握在吕不韦手中，最后一年左右又操控于嫪毐之手，所以在这段时间是不可能发布逐客令的，因为吕、嫪二人本身也是客卿。这也就难怪前引《河渠书》郑国渠事件中始终面对的是"秦"而非"秦王"了。另一方面，也就令我们怀疑《李斯列传》的如下记载也可能是不实的：

> 至秦，会庄襄王卒，李斯乃求为秦相文信侯吕不韦舍人；不韦贤之，任以

---

① （清）梁玉绳：《史记志疑》，中华书局1981年版，第171页。

② （南宋）吕祖谦：《吕祖谦全集》第8册，浙江古籍出版社2008年版，第384页。

为郎。李斯因以得说,说秦王曰:“胥人者去其几也,成大功者在因瑕衅而遂忍之……”秦王乃拜斯为长史,听其计,阴遣谋士赍持金玉以游说诸侯。诸侯名士可下以财者,厚遗结之;不肯者,利剑刺之。离其君臣之计,秦王乃使其良将随其后。秦王拜斯为客卿。

当时应该是始皇初即位,年仅十三四岁,大权掌握在吕不韦手中,李斯似无游说秦王的可能性和必要性。再者,李斯游说秦王被拜为长史,“长史”之职乃相国或丞相的属官,《汉书·百官公卿表》说:“相国、丞相,皆秦官,金印紫绶……有两长史,秩千石。”即为吕不韦属官,时年尚少的秦始皇恐怕不能专权拜李斯为长史,下面的“听其计”“拜斯为客卿”云云,更无从着落。

那么,前文所说李斯上《谏逐客书》之后,始皇用李斯计谋,“二十余年,竟并天下”,应该也是不实之词。这样的夸饰不实之言还有不少。钱穆认为,《李斯列传》开头部分李斯向其师荀卿面辞之语不可信:“夫斯之为人,纵不足道,然何至面辞其师,如此云云?是盖鄙斯者假为之说也。”[①]李斯辞荀卿的原文如下:

斯闻得时无怠,今万乘方争时,游者主事。今秦王欲吞天下,称帝而治,此布衣驰骛之时而游说者之秋也。处卑贱之位而计不为者,此禽鹿视肉,人面而能强行者耳。故诟莫大于卑贱,而悲莫甚于穷困。久处卑贱之位,困苦之地,非世而恶利,自托于无为,此非士之情也。故斯将西说秦王矣。

这段话充满游士纵横气息,且不免讥讽挖苦其师之嫌,钱穆的怀疑是有道理的。

不啻此,《李斯列传》中李斯的言论、上书多有纵横习气,包括《谏逐客书》在内。这颇令人怀疑司马迁在为李斯立传时较多取材于《战国策》之类的材料,以致其中有如许疏漏不实之处。战国史料的匮乏及对《战国策》的大量采用[②],可以说是《史记》战国史部分相对疏漏的重要原因,而《战国策》的性质应为史书抑或纵横游说之辞的汇编,历来是有不同说法的,正如有的学者所说:“其旨趣集中在记录游士的策辞谋略而非史实,不实的设辞及拟作是被允许的。”[③]当然,我们不能仅凭《李斯列传》中的辞气断定司马迁采用了《战国策》或类似于《战国策》的材料,对比《李斯列传》与今本《战国策》,的确没有相同或近似的文字。然而司马迁所采,极可能是与《战国策》相类似的材料,否则是不会有这么多疏漏的。

---

① 钱穆:《先秦诸子系年》,商务印书馆2001年版,第551页。

② 据郑良树统计,“太史公在记述战国时代的文字里,百分之四十四以上是采自《战国策》。假如我们把前面三点也加以考虑的话,这个百分比很可能会提高到百分之六十五”(见郑良树:《战国策研究》,台湾学生书局1982年版,第183页)。

③ 何晋:《〈战国策〉研究》,北京大学出版社2001年版,第152页。

四、逐客令的实质是政治权力的争夺

《六国年表》和《秦始皇本纪》所载始皇十年逐客令之事，盖源自九年嫪毐叛乱并延续至是年的吕不韦罢相事件。秦昭襄王加冠礼的前一年也发生了公子壮等的叛乱，但被穰侯魏冉镇压下去了，时昭王尚未加冠，而穰侯权势犹盛，故秦国内大局未变。始皇九年的事变则略有不同：在前一年嫪毐被封为长信侯，势焰一度压过吕不韦，其人才智却远逊吕不韦，不仅品行恶劣，且野心颇大，家僮数千，而且“诸客求宦为嫪毐舍人千余人”，以致妄想与太后谋立其子为王，事情败露后又妄图进攻蕲年宫诛杀始皇，但终被雄才大略的秦始皇镇压[①]。嫪毐叛乱牵连甚广，其狱迁延时间也较长。九年四月始皇行冠礼，嫪毐为乱，然而其案情的处置一直到年底的九月，才“夷嫪毐三族，杀太后所生两子，而遂迁太后于雍。诸嫪毐舍人皆没其家而迁之蜀”。而对吕不韦的处置，起初秦始皇是犹豫的，其本意是要处死他，但最终“不忍致法”，原因是“为其奉先王功大，及宾客辩士为游说者众”。即便如此，不到一个月，即十年十月[②]，就免掉了吕不韦的相国之职，并令其就国河南。吕不韦因宾客游说而免于一死，又终因宾客游说之士而死：“岁余，诸侯宾客使者相望于道，请文信侯。秦王恐其为变，乃赐文信侯书曰：‘君何功于秦？秦封君河南，食十万户。君何亲于秦？号称仲父。其与家属徙处蜀。’吕不韦自度稍侵，恐诛，乃饮酖而死。”(以上皆见《史记·吕不韦列传》)

在整个事件中，“客”充当了极为重要的角色，不仅嫪毐、吕不韦本人即是“客”，二人的“舍人”也多是“客”，而且此前还发生了“诸客求宦为嫪毐舍人千余人”之事，可见有些“客”见风使舵，从吕氏门下投靠了嫪毐[③]。在嫪毐叛乱时，“客”也直接参与了战斗。而吕不韦在免相前，正是其“客”的游说使之免于一死。鉴于此，秦始皇不能不慎重考虑应如何对待这些“客”的问题。这些并非秦人的“客”自秦孝公以来就受到历代秦国国君的重用，与秦国的旧族大臣之间早已形成了潜在的矛盾，于是此时这些宗室大臣火上浇油，劝秦始皇一股脑把这些人都逐出秦国。秦始皇在盛怒之下，遂发布了逐客之令。

---

① 此事司马迁在《吕不韦列传》的“太史公曰”中有补述：“人之告嫪毐，毐闻之。秦王验左右，未发。上之雍郊，毐恐祸起，乃与党谋矫太后玺发卒以反蕲年宫。发吏攻毐，毐败亡走，追斩之好畤，遂灭其宗。”始皇已经明晓嫪毐之罪行，但仍隐忍不发，若无其事地继续行冠礼，足见其何等深谋持重。

② 秦以十月为岁首。

③ 嫪毐虽由吕不韦而贵盛，但二人之间似乎发生了权力争夺，所以《吕不韦列传》中说“诸客求宦为嫪毐舍人千余人”，应指原为吕氏之客专投嫪氏门下。此外，《战国策·魏策》“秦攻魏急或谓魏王”章也明确揭示了吕、嫪之间的矛盾。因此，有学者认为吕、嫪二人是两个不同的集团，而吕不韦参与了对嫪毐叛乱的镇压(见王云度：《嫪毐、吕不韦集团辨析》，《中国史研究》1983 年第 2 期)。

虽然秦始皇在读了李斯的谏书之后接着废除了逐客令,但他对这些“客”仍心有余悸。因为在接下来的一年多时间里他们又往来请求试图让吕不韦再次被重用,在吕不韦死后,他们还偷偷安葬了他。这无疑再次触怒了秦始皇,于是下令:“其舍人临者,晋人也逐出之;秦人六百石以上夺爵,迁;五百石以下不临,迁,勿夺爵。自今以来操国事不道如嫪毐、不韦者,籍其门,视此。”(《秦始皇本纪》)这无异于专门针对吕不韦下了一道逐客令。由此不仅可以说明始皇十年的逐客令是由嫪毐、吕不韦事件所导致,而且也可见秦始皇对吕不韦及其客的疑忌之深。从本质上讲,逐客令实际上是秦始皇从嫪毐、吕不韦手中夺取权力的政治事件,《谏逐客书》不过是这一事件的一件副产品。

五、结论

通过以上论述,不难得出如下结论:

第一,秦始皇下逐客令并非导源于郑国渠的阴谋败露。郑国渠的开凿始于始皇元年,其阴谋败露应该在此后不久,不会迟至始皇十年下逐客令时。

第二,将逐客令与郑国渠相联系的源头是《李斯列传》,而《李斯列传》采录了类似《战国策》的材料,故而有许多疏漏不实之处,不可完全信据。

第三,始皇九年行冠礼,爆发了嫪毐叛乱,并牵连吕不韦,这才是逐客令的根源所在。逐客令实质上是秦始皇与嫪、吕等专权客卿的权力争夺,《谏逐客书》则是其副产品。

《世说新语》中的动物形象与魏晋风度

李剑锋

天地悠悠，诞生万物，作为万物灵长的人类本是从纷纭的动物中走来，从对动物的恐惧、防范、依赖、亲近、奴役甚至屠杀等种种复杂情感中走来，到魏晋时期，受到玄学、佛学等新思潮浸润的名士们逐渐养成了自觉的反思意识，他们不但在传统的意义上与动物打交道，重复着先民日积月累的复杂情感，而且超越传统，“仰观宇宙之大，俯察品类之盛”，感受、思考和建立起与动物的崭新关系。这表现在文学上就是出现了数量可观的歌咏动物的诗赋，与此前相比，文人与动物的审美关系有了进一步的发展，比如陶诗中出现了浓烈的物我一体的生命观念[①]，动物尤其是飞鸟成为诗人的象征，成为自由、生命、追求和审美的寄托，从而深远地影响了中国诗歌意境物我交融的典型特点。

陶诗中物我融合、亲爱动物的审美倾向不是孤立的，这在《世说新语》(下文简称《世说》)中可以得到一定程度的佐证。宗白华在他影响深远的学术美文《论〈世说新语〉和晋人的美》中说：“晋人富于这种宇宙的深情，所以在艺术文学上有那样不可企及的成就。……晋人向外发现了自然，向内发现了自己的深情。山水虚灵化了，也情致化了。陶渊明、谢灵运这般人的山水诗那样的好，是由于他们对于自然有那一股新鲜发现时身入化境浓酣忘我的趣味；他们随手写来，都成妙谛，境与神会，真气扑人。”[②]这里对物我融合的境界的精到阐发主要是针对自然山水的，而不是动物，关于《世说》中名士与自然景物之间的关系，比如好以山水意象状人神情风度，人们已经多有关注，但似乎忽视了自然中还有更为灵动的动物。兹就此深有兴味的话题作如下审视。

一、历史惯性：实用与虐杀

狩猎虽然不是农业文明对待动物的主要活动，但因生活的需要、练兵的需要或者个人的兴趣爱好而传承不息。两汉之前毋庸多言，两汉时期的狩猎活动仍

---

① 参见拙文《陶渊明对生命一体的神话精神的复活》，《山东大学学报》2005 年第 2 期。

② 宗白华：《美学散步》，上海人民出版社 1981 年版，第 215 页。

然十分频繁,从枚乘《七发》、司马相如《天子游猎赋》等大赋开始,辞赋中用铺张的手法叙写狩猎的壮观场面就一直络绎不绝,这充分说明了狩猎生活作为贵族生活不可或缺的一部分,在人类生活中是多么司空见惯,延及魏晋,尚有余风。《世说》一共写到了五次狩猎活动,它们是《言语第二》第 49 条“孙盛将其二儿从猎”、《贤媛第十九》第 18 条“周浚行猎过李氏”、《排调第二十五》第 24 条“桓大司马乘雪欲猎”、《尤悔第三十三》第 16 条“桓车骑在上明田猎”和《规箴第十》第 25 条“桓南郡好猎”。[①] 虽然不是像辞赋一样正面描写狩猎活动,即描写野生动物遭受屠杀的壮观场面,但是仍然折射出人们对待动物的传统实用态度。这五则只是写及狩猎,表现的中心显然不在打猎场面,而是借助狩猎活动或者说把人物置于狩猎背景下来表现人物的机智、贤能、诙谐、惭愧或正直等种种品性。其中周浚一条尤有意味,从周浚而言是猎物不成转而猎色,而从李氏络秀而言乃猎取夫君和家族利益。对待动物的态度以变相的形式转移到人伦之间,即使装饰了人文的色彩,彰显出魏晋风度,也仍然见出人实在难以摆脱本性,难以摆脱对待动物的根本态度。“桓大司马乘雪欲猎”之后三条有一较明显的共同性,即都彰显出狩猎活动的军事特性。桓温“乘雪欲猎”,乃是练兵以图骋其野心,而刘惔名士,心知肚明,故出言旁敲侧击;桓冲忧虑谢安不能战胜南侵的苻坚,预测“贼必破襄阳,而并力淮、肥”[②],所以才到“上明田猎”以示武力;至于桓南郡(桓玄)一条写狩猎以练兵更是明白具体,打猎时,“五六十里中,旌旗蔽隰,骋良马,驰击若飞,双甄(指军队左右两翼)所指,不避陵壑”。所写颇有汉赋校猎之风,写到赏罚之举,“或行陈不整,麏兔腾逸,参佐无不被系束”,直是军法从事,绝非打猎游戏。这样的校猎活动,虽然极少写及猎物之表现,然其惨状意在言外,动物以隐形的存在折射出名士对待它们的实用、残忍态度。这大概约可以视为魏晋风度的一种阴暗底色吧。

魏晋士人对于野生动物常常有组织地猎取,对于豢养的动物也多随意驱使、打骂甚至屠宰。《世说》中写及的豢养动物很多,有牛、马、猪、羊、鸡、狗、鹅等。狗自然是被贬低和骂詈的家畜,曹丕在父亲去世之际就把侍候曹操的宫人占为己有,因此被母亲卞氏骂为“狗鼠不食汝余”[③];不擅长清谈的人被骂为“辄翣如生母狗馨”[④];武功盖世但出身低微的陶侃居然被温峤骂为“溪狗”[⑤];连与狗相关

① (南朝宋)刘义庆撰,余嘉锡笺疏:《世说新语笺疏》,上海古籍出版社 1993 年版,第 109、688、800、905～906、574 页。

② (南朝宋)刘义庆撰,余嘉锡笺疏:《世说新语笺疏》,第 906 页。

③ (南朝宋)刘义庆撰,余嘉锡笺疏:《世说新语笺疏·贤媛》,第 669 页。

④ (南朝宋)刘义庆撰,余嘉锡笺疏:《世说新语笺疏·文学》,第 212 页。

⑤ (南朝宋)刘义庆撰,余嘉锡笺疏:《世说新语笺疏·容止》,第 615 页。

的狗洞也遭"连坐",豁牙被贬称为"狗窦"[①]。牛也被骂,晋人以吴牛喘月自嘲[②],已经有些看不起牛的愚笨了。牛、马是重要的出乘畜力,遭人驱使自不待言,如"谢安始出西戏,失车牛",只好"杖策步归"。[③] 牛平日为人卖力,竟然还被人辱骂为蠢笨缓慢的"大牛"[④]。人之无端挨打,自嘲为"眼光乃出牛背上"[⑤],这就隐含着牛的脊背是时常挨打的地方。实际上,既遭驱使,那么牛挨打是免不了的,石崇和王恺斗富争强而赛牛,"崇牛数十步后,迅若飞禽,恺牛绝走不能及"[⑥]。牛能飞驰,自然少不了驾牛者的驱使和鞭策。如果动物桀骜不驯,必然遭受捶楚和虐待,像"强口马""决鼻牛"就免不了被"穿鼻""穿颊"的宿命。[⑦]

但牛的命运不止于为人类出苦力、挨打骂,还随时可能被人屠杀。试看人杀牛的理由如果从牛的角度来看是多么荒唐。牛本因为人出大力而得到青睐和照顾,如果光能吃饭而不能干活,它的命运就只有被杀一种,何况杀后其肉堪食。所以桓温威胁流露出不为自己出力之意的袁虎说:"诸君颇闻刘景升不?有大牛重千斤,啖刍豆十倍于常牛,负重致远,曾不若一羸牸。魏武入荆州,烹以飨士卒,于时莫不称快。"[⑧]牛不给人出力,被杀后,人们"莫不称快"。刘惔临死,"外请杀车中牛祭神"被他阻止[⑨],这似乎阻止了杀牛,但实际上阻止的是祭祀祷神活动,疼惜的不是牛,而是借此显示名士的洒脱和明智。牛被用作重要的祭祀活动由来已久,晋人自然不免。如果一头牛能够给人带来更大的好处,即使它是如此重要的畜力,它的生命也是不在考虑之内的。最典型者莫过如下两条:

王君夫有牛,名"八百里驳",常莹其蹄角。王武子语君夫:"我射不如卿,今指赌卿牛,以千万对之。"君夫既恃手快,且谓骏物无有杀理,便相然可。令武子先射。武子一起便破的,却据胡床,叱左右:"速探牛心来!"须臾,炙至,一脔便去。[⑩]

彭城王有快牛,至爱惜之。王太尉与射,赌得之。彭城王曰:"君欲自乘则不论;若欲啖者,当以二十肥者代之。既不废啖,又存所爱。"王遂杀啖。[⑪]

---

① (南朝宋)刘义庆撰,余嘉锡笺疏:《世说新语笺疏·排调》,第802页。
② (南朝宋)刘义庆撰,余嘉锡笺疏:《世说新语笺疏·言语》,第82页。
③ (南朝宋)刘义庆撰,余嘉锡笺疏:《世说新语笺疏·任诞》,第752页。
④ (南朝宋)刘义庆撰,余嘉锡笺疏:《世说新语笺疏·政事》,第167页。
⑤ (南朝宋)刘义庆撰,余嘉锡笺疏:《世说新语笺疏·雅量》,第352页。
⑥ (南朝宋)刘义庆撰,余嘉锡笺疏:《世说新语笺疏·汰侈》,第880页。
⑦ 参见(南朝宋)刘义庆撰,余嘉锡笺疏:《世说新语笺疏·文学》,第219页。
⑧ (南朝宋)刘义庆撰,余嘉锡笺疏:《世说新语笺疏·轻诋》,第834页。
⑨ (南朝宋)刘义庆撰,余嘉锡笺疏:《世说新语笺疏·德行》,第35页。
⑩ (南朝宋)刘义庆撰,余嘉锡笺疏:《世说新语笺疏·汰侈》,第881页。
⑪ (南朝宋)刘义庆撰,余嘉锡笺疏:《世说新语笺疏·汰侈》,第884页。

上面引文类似一事歧传,其基本事件是:王恺或彭城王有牛出类拔萃者,名贵超乎寻常,他们以之与王济或王衍打赌而输给后者,后者不顾前者疼惜之情,果决毁牛重命。宝牛而可以作赌注,自然低人一等,宝牛虽宝而杀之毫不吝惜,仅为彰显豪富,一般牛的命运也就尽在不言之中。

此外,还有因饮食和丧礼之需而被蒸杀的"㹠"[①]"豚"[②],因待客而被女人宰杀的"猪羊"[③]"白羊"[④],不能打鸣只有被杀的"会稽鸡"[⑤],惨遭群杀以泄愤懑的斗鹅[⑥]等。

二、因循旧情:衬托与比德

以上都是以实用功利的态度肆意贬抑和虐待动物。与此不同,《世说》中也不乏用动物的高下比喻人才的优劣,基本是中性或者褒扬的态度。

《世说》多以凡间动物的某种品性喻说人的某种品性,在有意无意间把动物作为名士某种风神韵度的烘托。这最典型地表现在对待马与人的关系处理上。

《世说》涉及马的条目有 20 多则,其中多借马烘托、彰显和比拟士人勇武豪迈之美者。桓温北伐,命袁宏"倚马前"作露布文,袁宏"手不辍笔,俄得七纸,殊可观"[⑦],这当然是表现袁宏文思敏捷,但在军马前的写作环境为他平添一层豪迈之美,遥嗣建安中鞍马间为文的曹操雄风。杨济为名族雄俊,不愿与出身低贱者同坐,便往"大夏门下盘马","大阅骑"。[⑧] 虽是赌气所为,但盘马阅骑的确彰显了他的雄豪之风。这与羊琇不愿与杜预"连榻坐"[⑨]而打马离去相似。王珣在骑马活动中表现出"悟捷"[⑩]之长,这与山简"复能乘骏马,倒箸白接篱"[⑪]一样,因马的存在为他们的风度增加了雄俊之风。晋代士族还不至于像颜之推《颜氏家训》所写到的南朝末年的贵族那样"肤脆骨柔,不堪行步"[⑫],他们当中的杰出者,不论是尚武的英雄,还是文雅的国士,在动荡的年代往往保持了驾驭骏马的勇武

---

① (南朝宋)刘义庆撰,余嘉锡笺疏:《世说新语笺疏·汰侈》,第 878 页。

② (南朝宋)刘义庆撰,余嘉锡笺疏:《世说新语笺疏·任诞》,第 731 页。

③ (南朝宋)刘义庆撰,余嘉锡笺疏:《世说新语笺疏·贤媛》,第 688 页。

④ (南朝宋)刘义庆撰,余嘉锡笺疏:《世说新语笺疏·任诞》,第 757 页。

⑤ (南朝宋)刘义庆撰,余嘉锡笺疏:《世说新语笺疏·政事》,第 165 页。

⑥ (南朝宋)刘义庆撰,余嘉锡笺疏:《世说新语笺疏·忿狷》,第 889~890 页。

⑦ (南朝宋)刘义庆撰,余嘉锡笺疏:《世说新语笺疏·文学》,第 273 页。

⑧ (南朝宋)刘义庆撰,余嘉锡笺疏:《世说新语笺疏·方正》,第 292 页。

⑨ (南朝宋)刘义庆撰,余嘉锡笺疏:《世说新语笺疏·方正》,第 293 页。

⑩ (南朝宋)刘义庆撰,余嘉锡笺疏:《世说新语笺疏·捷悟》,第 584 页。

⑪ (南朝宋)刘义庆撰,余嘉锡笺疏:《世说新语笺疏·任诞》,第 737 页。

⑫ 颜之推撰,王利器集解:《颜氏家训集解》(增补本),中华书局 1993 年版,第 322 页。

品性和矫捷的才能。羊忱紧急时刻“帖骑而避”[①]，自然是骑马高手；晋明帝司马绍居然也能够“骑巴賨马”从容侦察逆臣王敦的军营形势[②]，遇到危急情况还能策马机智逃脱。桓石虔青年勇武，气概过人，竟至于“策马于数万众中，莫有抗者”[③]，人马一体，何尝了得，《世说》选入“豪爽”名副其实。然而，读者只知人之豪爽，岂知马亦豪爽哉！

上面所论《世说》中的马主要还是作为名士无形的烘托而存在，有时《世说》则有意为之。如下面两条：

> 庾公乘马有的卢，或语令卖去，庾云：“卖之必有买者，即当害其主。宁可不安己而移于他人哉？昔孙叔敖杀两头蛇以为后人，古之美谈，效之，不亦达乎？”[④]

> 济从骑有一马绝难乘，少能骑者。济聊问叔：“好骑乘不？”曰：“亦好尔。”济又使骑难乘马；叔姿形既妙，回策如萦，名骑无以过之。[⑤]

的卢马妨主自然是迷信之言，但的卢马迅猛超常、桀骜不驯确是事实，这样的马自然容易对主人造成伤害，所以有人劝令卖掉，而庾亮却因“卖之必有买者，即复害其主”为由而留为己用，我们不晓得庾亮此后是继续骑用的卢马，还是效仿孙叔敖杀两头蛇而杀掉的卢马，但他的选择都彰显了他推己及人、仁厚爱人的高尚品德。“骑难乘马”虽然难办，但擅长玄谈的王济叔父王湛不但能够骑乘，而且“回策如萦”，十分娴熟。在这里，的卢马和“难乘马”都是作为有意的烘托意象而存在的，它们所起的作用是一致的，即都是有意借之烘托人的风度。此外，为了烘托和说明王济“善解马性”，《世说》还特意记叙他懂得马因爱惜“连钱障泥”而不肯渡水的佚事。[⑥]

有意烘托的例子还有两则别具一格。一则是庾翼堕马条：

> 庾小征西尝出未还，妇母阮是刘万安妻，与女上安陵城楼上。俄顷翼归，策良马，盛舆卫。阮语女：“闻庾郎能骑，我何由得见？”妇告翼，翼便为于道开卤簿盘马，始两转，坠马堕地，意色自若。[⑦]

庾翼名士，“策良马”更显英俊雄武，没想到在丈母娘面前马失前蹄，丢了脸面，妙在他遭遇尴尬却能“意色自若”，从容如常，大约连马也不曾责怪。马给他的下马

① (南朝宋)刘义庆撰，余嘉锡笺疏：《世说新语笺疏·方正》，第302页。
② (南朝宋)刘义庆撰，余嘉锡笺疏：《世说新语笺疏·假谲》，第853页。
③ (南朝宋)刘义庆撰，余嘉锡笺疏：《世说新语笺疏·豪爽》，第602页。
④ (南朝宋)刘义庆撰，余嘉锡笺疏：《世说新语笺疏·德行》，第33页。
⑤ (南朝宋)刘义庆撰，余嘉锡笺疏：《世说新语笺疏·赏誉》，第429页。
⑥ (南朝宋)刘义庆撰，余嘉锡笺疏：《世说新语笺疏·术解》，第704页。
⑦ (南朝宋)刘义庆撰，余嘉锡笺疏：《世说新语笺疏·雅量》，第366页。

威反而烘托出其雅量非常的风度。马在这一则中的烘托作用起到了欲扬先抑的幽默效果。

另一则是王徽之谈马条:

> 王子猷作桓车骑骑兵参军,桓问曰:"卿何署?"答曰:"不知何署,时见牵马来,似是马曹。"桓又问:"官有几马?"答曰:"'不问马'何由知其数?"又问:"马比死多少?"答曰:"未知生,焉知死?"[①]

晋人轻实务尚玄虚,傲慢贵族王徽之尤其如此,看他借马谈玄,其实是玩文字游戏,故意答非所问,表现一点小聪明而已。马在此既是现实的马,也是《论语》中作为典故的马,还是骑兵参军的隐语,王徽之表现出不以世务经怀的名士宗尚,当然也表现了他的傲慢不羁的贵族习气。马在这一则中的烘托作用由单一变得相对复杂。

除有意无意烘托之外,《世说》有时则是直接借马的比拟。如《品藻第九》第2条称"陆子所谓驽马有逸足之用,顾子所谓驽牛可以负重致远"[②],用驽马、疲牛各有长短来比拟陆绩、顾劭各有优劣,形象而直接。马之外,其他动物也被用来比喻人的品性,如:《赏誉第八》第20条以"严仲弼九皋之鸣鹤,空谷之白驹","陆士衡、士龙鸿鹄之裴回"[③];《言语第二》第45条支遁认为佛图澄"以石虎为海鸥鸟"[④];《方正第五》第38条以鹰凶鸟恶比喻朝中众人对怂恿苏峻叛乱而乱平之后得到赦免的帮凶匡术的憎恶[⑤]。用动物在特定情境下的形象作喻,目的是彰显人的特定的声望、价值、品性和风度,喻象独立起来看未尝没有自由洒脱之度,具有较为浓郁的审美意味。但喻象的喻指还是有较强的倾向性,"鹤鸣九皋"主要取其声闻于野之义,"空谷之白驹"主要取其特立醒目之义,"鸿鹄之裴回"主要取其怀才待发之义,海鸥鸟这个喻象主要是取其机警之性,老鹰主要取其凶恶之性虽死难消之义。也就是说,喻象本身是独立自由的,但与喻指联系起来看,喻象的自由又是有限的,受到喻指的束缚;喻象虽然有褒贬色彩的不同,但都是受到喻指的功利化限制,喻象不够自由和独立。比如"谢安目支道林,如九方皋之相马,略其玄黄,取其隽逸"[⑥],动物们虽然"隽逸"之神得到彰显,但其目的乃在寻找千里马为人所用。此离真正意义上的审美还隔了一层功利的束缚。

除了凡间动物,《世说》有时用传说中的龙凤比喻名士超群的才华和风度。

---

① (南朝宋)刘义庆撰,余嘉锡笺疏:《世说新语笺疏·简傲》,第773页。

② (南朝宋)刘义庆撰,余嘉锡笺疏:《世说新语笺疏·品藻》,第499页。

③ (南朝宋)刘义庆撰,余嘉锡笺疏:《世说新语笺疏·赏誉》,第431页。

④ (南朝宋)刘义庆撰,余嘉锡笺疏:《世说新语笺疏·言语》,第106页。

⑤ (南朝宋)刘义庆撰,余嘉锡笺疏:《世说新语笺疏·方正》,第318页。

⑥ (南朝宋)刘义庆撰,余嘉锡笺疏:《世说新语笺疏·轻诋》,第843页。

龙和凤是中华民族古老的图腾形象,《说文解字》云:“龙,鳞虫之长,能幽能明,能细能巨,能短能长,春分而登天,秋分而潜渊。”[①]凤是传说中的神鸟,“非梧桐不栖,非竹实不食,非醴泉不饮,身备五色,鸣中五音,有道则见”[②]。作为“鳞虫之长”的龙和百鸟之王的凤,凝聚着一个民族崇高、华贵、灵变、超拔、祥瑞和美好等种种文化理念,自上古到魏晋一直受到不同形式的崇拜和赞赏,往往用作美好品德的象征。东汉末年,谢甄(字子微)赞赏许劭(字子将)、许虔兄弟是平舆之地的“二龙”,因为他认为他们将来必成“干国之器”,能做非凡的事业[③];张华评价陆机、陆云兄弟“龙跃云津”,“顾彦先凤鸣朝阳”,皆是以龙凤比喻其迥拔侪类的耀眼才华[④];邓艾口吃而机变,巧借《论语》熟典,云“‘凤兮凤兮’,故是一‘凤’”[⑤],一语双关,既巧妙地回答了晋文王司马昭之问,又含蓄地以凤自许,还模糊隐含着为有德所用的潜意识心理,凤自然也就是才华、祥瑞与太平的象征;桓温叹赏王导之子王劭为“凤毛”[⑥],即才华风度有如乃父,一语双响,既赞子又赞父,皆以凤为非凡才华和风度的象征。被人称赞为龙凤自然是无上的光荣,所以才有受到李膺接待的士人自我感觉如“登龙门”一般[⑦],而受到贬抑的人则被讥讽为凡鸟。《世说》云:“嵇康与吕安善,每一相思,千里命驾。安后来,值康不在,喜出户延之,不入,题门上作‘凤’字而去。喜不觉,犹以为欣故作。‘凤’字,凡鸟也。”[⑧]巧借拆字之法,吕安讽刺嵇康的哥哥嵇喜不是自己要寻找的凤凰,而是一只凡鸟。“凤”字没有这一层意蕴,而当与题字而去、不相交接的行为连在一起时,它便具有了《世说》所阐释的意蕴。《世说》的阐释只是一种理解,我们不妨也可以这样理解,“凤”题在门上,相当于凤在门外,在门外的人是嵇康和吕安,他们才是凤凰,而门内之人嵇喜自然不是凤凰,或者说他有如“鳳(凤)”字里面的“鳥(鸟)”。不论怎样理解,被比喻作凤自然感到欣喜,被称作与凤相对的凡鸟自然也就提不起情绪。魏晋时期,龙、凤的美德风度之比由此可见一斑。

至于说王羲之“矫若惊龙”[⑨]则兼具比德和审美的意味,因为这里的龙已经不仅是某种品德或者品性的比喻,而且是风神韵度的形象象征,喻象本身在相当

---

① (清)桂馥:《说文解字义证》,齐鲁书社1987年影印本,第1019页。

② (清)殷元正原辑,(清)陆明睿增订:《春秋孔演图》,见上海古籍出版社编:《纬书集成》,上海古籍出版社1994年版,第769页。

③ (南朝宋)刘义庆撰,余嘉锡笺疏:《世说新语笺疏·赏誉》,第415页。

④ (南朝宋)刘义庆撰,余嘉锡笺疏:《世说新语笺疏·赏誉》,第430页。

⑤ (南朝宋)刘义庆撰,余嘉锡笺疏:《世说新语笺疏·言语》,第78页。

⑥ (南朝宋)刘义庆撰,余嘉锡笺疏:《世说新语笺疏·容止》,第620页。

⑦ (南朝宋)刘义庆撰,余嘉锡笺疏:《世说新语笺疏·德行》,第6页。

⑧ (南朝宋)刘义庆撰,余嘉锡笺疏:《世说新语笺疏·简傲》,第768～769页。

⑨ (南朝宋)刘义庆撰,余嘉锡笺疏:《世说新语笺疏·容止》,第621页。

程度上超越喻指的束缚,独具生命的自由与圆满。龙、凤形象神圣、美好、自然,一般不在猎杀之列,故其所喻美德、才华、风度自然高出凡俗。《品藻第九》第4条把诸葛亮比作高于虎、狗的龙[①],又《排调第二十五》第9条陆士龙隐以龙自比颇见时人对龙较一般动物高看一眼的态度。[②] 这种以龙、凤等美好动物形象类比人的风度才性的方式与《世说》中以山水比人可谓异曲同工。

三、彰显时风:任诞与风度

在《世说》中,驴的形象是给人留下深刻印象的动物之一,它在表现士人魏晋风度方面有独特的功劳。

甲骨文和金文中似乎没有“驴”字。许慎《说文解字》说:“驴,似马,长耳。”[③]长相说得不错,不过,实在没有给我们提供多少文化信息。《史记·匈奴列传》云驴是匈奴“奇畜”[④],《汉书·西域传》称乌秅国“有驴无牛”[⑤],南朝宋何承天《纂文》曰:“驴,一曰漠骊。”[⑥]这些记载告诉我们,驴是“外来户”,从西域传过来的,其根不在华夏。由于驴子长相奇特,生性倔强而愚鲁,又是“蛮夷”,所以很早就被借用来骂人。驴子总是出力不讨好,它长相似马,常被人提出来与马对比,以显其陋劣。西汉初年贾谊《吊屈原赋》云:“腾驾罢牛骖蹇驴兮,骥垂两耳服盐车。”扬马抑驴也就罢了,还要骂驴瘸腿。东汉应劭《风俗通义》说:“凡人相骂曰‘死驴’,丑恶之称也。董卓陵虐王室,执政皆如死驴。”[⑦]《三国志·诸葛恪传》云:“恪父瑾面长似驴,孙权大会群臣,使人牵一驴入,长检其面,题曰诸葛子瑜。恪跪曰:‘乞请笔益两字。’因听与笔。恪续其下曰:‘之驴。’举坐欢笑,乃以驴赐恪。”[⑧]这个故事常被作为表现诸葛恪聪明、滑稽、豁达的典故来看待,但他父亲脸长被嘲笑为驴,可见驴之声名不佳。世风贬驴在《世说》中也有反映:

> 诸葛令、王丞相共争姓族先后。王曰:“何不言葛王、而云王、葛?”令曰:“譬言驴马,不言马驴,驴宁胜马邪?”[⑨]

在门阀尊严的东晋时期,王姓达于鼎盛,已经衰落的诸葛族姓自然难以与之争衡,但诸葛恢面对王导的自我炫耀,巧妙地用语言习惯和文化意味以“驴马”“马

① (南朝宋)刘义庆撰,余嘉锡笺疏:《世说新语笺疏·品藻》,第502页。

② (南朝宋)刘义庆撰,余嘉锡笺疏:《世说新语笺疏·排调》,第789页。

③ (清)桂馥:《说文解字义证》,第837页。

④ (汉)司马迁:《史记》,中华书局1959年版,第2879页。

⑤ (汉)班固:《汉书》,中华书局1962年版,第3882页。

⑥ (唐)徐坚等:《初学记》,中华书局2004年版,第707页。

⑦ (宋)李昉等:《太平御览》卷九〇一,中华书局1960年影印本,第3998页。

⑧ (晋)陈寿:《三国志》,中华书局1959年版,第1429页。

⑨ (南朝宋)刘义庆撰,余嘉锡笺疏:《世说新语笺疏·排调》,第791页。

驴"之言予以幽默的反击，为了自高门第而把人家比作驴，自己则以马自居，可谓意味隽永，令人会心而笑。这种效果产生的文化心理就是人们认为马比驴强，往往褒马贬驴。

又如史载：

> 影响所及，南朝人对驴子常常明褒实贬。驴来到中国，为人们立下汗马功劳，有南朝宋代袁淑俳谐文《庐山公九锡文》为证：若乃三军陆迈，粮运艰难，谋臣停算，武夫吟叹。尔乃长鸣上党，慷慨应官，崎岖千里，荷囊致餐，用捷大勋，历世不刊，斯实尔之功也。音随时兴，晨夜不默，仰契玄象，俯叶漏刻，应更长鸣，毫分不忒。虽挈壶著称，未足比德。斯复尔之智也。若乃六合昏晦，三辰幽冥，犹忆天时，用不废声，斯又尔之明也。青脊绛身，长颊广额，修尾后垂，巨耳双磔，斯又尔之形也。嘉麦既熟，寔须精面，负磨回衡，迅若转电。惠我众庶，神祉获荐，斯又尔之能也。尔有济师旅之勋，而加之以众能，是用遣中大夫闾丘骡加尔，使衔勒大鸿胪、斑脚大将军、宫亭侯，以扬州之庐江、江州之庐陵、吴国之桐庐、合浦之珠庐，封尔为庐山公。①

臧道颜《吊驴文》也赞颂说："夫征祥契于有感，景行表于事迹，故铨才授任，必求之卓越，考能核用，亦存乎望实。以貌定名则称谓而摽，声色位号则由焉而授。爰有奇人，西州之驰驱，体质强直，禀性沉雅，聪敏宽详，高音远畅，真驴氏之名驹也。"②臧道颜、袁淑名义上为驴歌功颂德，说驴如何能干、叫声如何好听、长相如何拔俗，其实是在借驴骂人，也是在骂驴，采用的是冷嘲热讽、指桑骂槐的手法。驴子之所以遭此揶揄，除了传统的文化心理之外，也受到中古贵族尚玄虚而轻实务风气根深蒂固的影响。因此，在《世说》中，驴子的吃苦耐劳没有受到称赏，倒是毫无实用价值却很能表现它性情的叫声引起了名士们的关注。

驴子叫声朗畅、肆意而奇特，正是这一点赢得了魏晋名士的青睐。甚至可以说，驴子的叫声和魏晋名士的啸声堪称一代风流的两种强音，实在是应该大书一笔：

> 王仲宣好驴鸣，既葬，文帝临其丧，顾语同游曰："王好驴鸣，可各作一声以送之。"赴客皆一作驴鸣。③

> 孙子荆以有才，少所推服，唯雅敬王武子。武子丧时，名士无不至者。子荆后来，临尸恸哭，宾客莫不垂涕。哭毕，向灵床曰："卿常好我作驴鸣，今

① （唐）徐坚等：《初学记》，第708页。

② （唐）徐坚等：《初学记》，第708页。

③ （南朝宋）刘义庆撰，余嘉锡笺疏：《世说新语笺疏·伤逝》，第635页。

我为卿作。”体似真声,宾客皆笑。孙举头曰:“使君辈存,令此人死!”①

驴的叫声本来就“高音远畅”,更何况被人赋予玄理神韵呢!“音随时兴,晨夜不默,仰契玄像,俯叶漏刻,应更长鸣,毫分不忒。”人如果学起来那就是一种心情的肆意宣发和富有意味的审美展现。曹丕、孙楚(孙子荆)学作驴鸣来悼念喜欢听此奇音的亡友,无视严肃的葬礼要求,越名教而任自然,可谓冒天下之大不韪,但这叫声里传达的悲伤之情却是如此真率,让后人掩卷沉思:我们什么时候也可以抖掉一切忌讳,像驴子那样畅快而肆意地鸣叫一声?魏晋名士学驴鸣表现对于友情的怀念,他们大约是学了东汉初年隐士戴良的做法。《汉书·逸民传》记载戴良有节操却任诞不拘,母亲喜欢驴鸣,少年戴良便经常学驴叫以娱亲。这是借驴鸣表达孝心,与魏晋名士借之舒畅胸怀还有所不同,一是偏于道德倾向,一是偏于审美倾向。魏晋名士重情尚美、纯任自然的风度在驴鸣中得到了寄托,真可谓千古奇观。

驴子在《世说》中还做过一件成人之美的好事:

阮仲容先幸姑家鲜卑婢。及居母丧,姑当远移,初云当留婢,既发,定将去。仲容借客驴箸重服自追之,累骑而返。曰:“人种不可失!”即遥集之母也。②

阮咸为母服丧期间担心所爱一去不回,仓促之间居然“借客驴着重服自追之,累骑而返”,穿着重孝骑驴追赶所爱,而且与所爱同骑驴子返回,其越礼任情的风度如立纸上,栩栩如生。而驴子默默负重,由一人而两人,竟然毫无怨言或者有怨言而不发一声,虽然久不为读者注意,但仔细想来也不失为一种风度了。

动物举止纯任天性,有时候出其不意,真可以为魏晋名士增添颊上三毫,驴子之外,尚有其他动物也不乏风采。如《世说》记叙两则有关猪、鹊的故事云:

诸阮皆能饮酒,仲容至宗人间共集,不复用常桮斟酌,以大瓮盛酒,围坐,相向大酌。时有群猪来饮,直接去上,便共饮之。③

王平子出为荆州,王太尉及时贤送者倾路。时庭中有大树,上有鹊巢,平子脱衣巾,径上树取鹊子,凉衣拘阂树枝,便复脱去。得鹊子还,下弄,神色自若,傍若无人。④

上面引文第一则,旧解以为名士与猪共饮,如此一来,猪们可喻竹林七贤末流;有

① (南朝宋)刘义庆撰,余嘉锡笺疏:《世说新语笺疏·伤逝》,第635、636~637页。按,(唐)房玄龄等《晋书·王济传》(中华书局1974年版,第1207页)记载略同。

② (南朝宋)刘义庆撰,余嘉锡笺疏:《世说新语笺疏·任诞》,第734页。

③ (南朝宋)刘义庆撰,余嘉锡笺疏:《世说新语笺疏·任诞》,第733页。

④ (南朝宋)刘义庆撰,余嘉锡笺疏:《世说新语笺疏·简傲》,第770页。

学者从语言学角度论证“直接”并非现代汉语用词,而是“径直舀去”之义[1],如此,则“直接去上,便共饮之”就不是与猪共饮,而是把猪弄脏酒水后漂浮在上面的脏东西径直舀去,大家也不嫌弃是脏猪所饮剩余之酒,一起酣饮起来。猪来饮酒出乎意料之外,名士们不以猪的搅扰而丧失饮酒雅趣,因猪的意外烘托,名士任情纵诞之风得到格外凸显。第二则写王澄贵为要郡太守,又在太尉兄长王衍“及时贤”隆重送别的场面上,居然要小孩子脾气,当众脱去官袍,上树抓鹊,“得鹊子还,下弄,神色自若,傍若无人”,可谓傲慢至极,无礼至极,而天真洒脱无与伦比。如果不是“鹊子”的引发和烘托,王澄的风度如何得以彰显!

概言之,在《世说》中,动物有接续传统的比德意义,但更多时候开始彰显人物身上的风度、品性和情感。从名士风流的角度看,动物的引入有力地烘托出人的容止风度和道德品性,有的名士也开始欣赏动物自身的品性风采。正是由于名士的欣赏,动物越来越摆脱人类实用的眼光而回归自我的特点,显示出自由、独立和个性化的神采,开始实现由功利对象向审美对象的转化。这在王羲之“矫若惊龙”,王粲、王济喜听驴鸣,而他们的朋友曹丕、孙楚等表达深刻共鸣上已经得到比较典型的表现。

四、走向审美:寄情与畅神

在用动物烘托、比拟魏晋风度或者特定对象时,《世说》中动物的比德意味开始向浓厚的审美意味转化,这是最可值得注意的新变现象。如:

> 有人语王戎曰:“嵇延祖卓卓如野鹤之在鸡群。”[2]
>
> 公孙度目邴原:“所谓云中白鹤,非燕雀之网所能罗也。”[3]
>
> 王子猷诣谢公,谢曰:“云何七言诗?”子猷承问,答曰:“昂昂若千里之驹,泛泛若水中之凫。”[4]

这三则中的动物所比拟的人的特点,主要不是可以归入伦理褒贬的品德,而是蕴含着生命整体的人的精神风貌。因此,虽然仍有比德的特点,但已较多摆脱了功利化的束缚,与叹赏王羲之“矫若惊龙”一样,作为喻象的动物走向了独立自由,几乎是完全的审美形象了。嵇绍“卓卓如野鹤之在鸡群”纯粹叹其风度韵致,“云中白鹤,非燕雀之网所能罗”叹其出俗之姿,“昂昂若千里之驹,泛泛若水中之凫”纯粹欣赏七言诗的新风异神,喻象和喻指都相当程度上超越了道德、功利的束

---

① 参见真大成、周梦烨:《也谈〈世说新语·任诞〉“诸阮皆能饮酒”条》,王云路主编:《汉语史学报》第11辑,上海教育出版社2011年版,第317页。

② (南朝宋)刘义庆撰,余嘉锡笺疏:《世说新语笺疏·容止》,第610页。

③ (南朝宋)刘义庆撰,余嘉锡笺疏:《世说新语笺疏·赏誉》,第418页。

④ (南朝宋)刘义庆撰,余嘉锡笺疏:《世说新语笺疏·排调》,第811页。

缚,几乎成为超然的审美,也就是由比德走向畅神了。

在《世说》中,动物由实用、比德对象走向审美对象更典型地表现在下面几则故事中。

首先是支遁好鹤赏马的逸事。在《世说》中,支遁最早体悟到了人与动物之间超越传统的审美关系。鹤,早在《诗经》中就成为诗人关注的美好动物形象,但与支遁所欣赏的形象存在比兴与审美的差异,可以略作比较:

> 鹤鸣于九皋,声闻于野。鱼潜在渊,或在于渚。乐彼之园,爰有树檀,其下维萚。他山之石,可以为错。鹤鸣于九皋,声闻于天。鱼在于渚,或潜在渊。乐彼之园,爰有树檀,其下维榖。他山之石,可以攻玉。①

> 支公好鹤,住剡东(山卬)山,有人遗其双鹤,少时翅长欲飞,支意惜之,乃铩其翮。鹤轩翥不复能飞,乃反顾翅,垂头。视之,如有懊丧意。林曰:"既有凌霄之姿,何肯为人作耳目近玩!"养令翮成,置使飞去。②

《毛诗序》以为《鹤鸣》是教诲周宣王的诗作,郑笺进而言:"教宣王求贤人之未仕者。"③可见古人主要把这首诗看作一首比体诗,即以九皋之鹤、深渊之鱼来比隐居未仕的贤人。单独从喻象上看,正如《世说》荀隐把自己比喻为日下鸣鹤时一样,鹤具有审美上独立自由的特点,但联系喻指看,不论是《鹤鸣》还是"日下荀鸣鹤"④都是把鹤看作一种比喻,目的不在鹤,而在鹤所喻指的贤能和才华,一言以蔽之,鹤的形象仍然主要是比德的形象,而不是独立的审美形象。而在"支公好鹤"里的鹤开始是受人羁束、本性受到阻抑的动物,后来终于摆脱束缚,凌空而去,得其天性。在此,支遁不再是狭隘的人,为了满足自己狭隘的私欲占鹤为自己所有,而是在新的价值理念支撑和觉醒生命的感悟下能够重新审视动物本性的新人,他解放了豢养的鹤,在本质上也是解放了自己,令自己的性灵如仙鹤般自由不羁,也在天人合一的终极境界中、在万类生机盎然的气象里受益,获得无益之益,即真正回归自然,与天合一,灵魂与肉体以及宇宙浑融一体,由此摆脱异化现实对人灵魂的撕裂所带来的不能承受之苦。而鹤也不再是人的玩物,而是人的朋友,是大自然万类中独立、自由、得其天性的物种,一只真正审美意义上的鹤诞生了!《鹤鸣》的作者看到过它,临死希望听闻"华亭鹤唳"的陆机曾经听闻过它⑤,"被鹤氅裘"的王恭曾经向往过它⑥,观看所养"善舞"之"羊公鹤"舞蹈

---

① 《诗经·小雅·鹤鸣》,见(清)方玉润撰,李先耕点校:《诗经原始》,中华书局1986年版,第375页。

② (南朝宋)刘义庆撰,余嘉锡笺疏:《世说新语笺疏·言语》,第136页。

③ (清)方玉润撰,李先耕点校:《诗经原始》,第375页。

④ (南朝宋)刘义庆撰,余嘉锡笺疏:《世说新语笺疏·排调》,第789页。

⑤ (南朝宋)刘义庆撰,余嘉锡笺疏:《世说新语笺疏·尤悔》,第897页。

⑥ (南朝宋)刘义庆撰,余嘉锡笺疏:《世说新语笺疏·企羡》,第633页。

之时的羊祜领略过它[①]，但都是昙花一现，因为他们都束缚于俗念、私欲或者功利，不能恢复鹤完全的自由，当然也就不能获得人与鹤之间超功利的自由和谐关系，建立不起真正的审美关系。因此，陆机赴死而终于没有再听“华亭鹤唳”的机会了，王恭终于在政治斗争中丧生而没有骑鹤升仙，“羊公鹤”只为羊公而暂舞，而“客试使驱来，氃氋而不肯舞”[②]，人难以如鹤般自由自然，把握自己的命运，鹤也不来亲近怀抱私欲的人，沉默不言，乃至避之而唯恐不及。而支遁完全改变了这种断裂的人鹤关系，人在对鹤的关爱和欣赏中自由了，鹤在摆脱羁縻的自由飞翔中获得了天性。人鹤关系遂成审美关系，天人合一遂在鹤这个动物身上得到具体而微的实现。支遁不但与鹤建立了审美关系，也从马身上得到了审美愉悦。《世说》云：“支道林常养数匹马。或言道人畜马不韵。支曰：‘贫道重其神骏。’”[③]马乃负重从征的主要畜力，它身上负载了过重的人类功利色彩，而支遁能从中超脱出来，单纯从物种本身的长处和风神给予赞赏。限于条件，支遁所赞赏的“神骏”之马虽然很可能不会获得鹤一样的自由，但也像“羊公鹤”一样在支遁面前可以暂时得其天性。

如果我们联系魏晋时期流传的动物报恩故事来观照支遁对待鹤、马的态度，我们会进一步理解动物如何从支遁这里表现出自由自在的特性。晋人干宝《搜神记》卷二十所记十五则志怪故事中有十一则属于动物报恩主题，它们是“病龙雨”“苏易”“鹤衔珠”“黄衣童子”“随侯珠”“孔愉”“古巢老姥”“董昭之”“义犬冢”“华隆家犬”和“蝼蛄神”。其情节模式一般都是在动物困危时，人发善心帮助动物脱困，动物或者动物亲属因此感恩图报，渗透着劝善教化的功利目的。如“鹤衔珠”写哙参为人至孝，救治了受伤的玄鹤，结果得到玄鹤夫妻“各衔明珠”相送的报答。“支公好鹤”一事留有动物报恩故事的基因，尤其是人对动物的恻隐之心，但不再束缚于功利观念，而是完全脱壳成蝉、破茧化蝶了。支遁不忍心看到铩羽之鹤欲飞不得而垂头丧气，于是“养令翮成，置使飞去”。支遁有恩于动物，而没有求得回报之心，鹤也没有如志怪故事中的动物那样给支遁带来实际利益。人虽然没有得到像志怪故事中的明珠之报，但在根本上人又何尝没有得到回报？铩羽养鹤，束缚了鹤自由飞翔的天性，而养翮令飞去则全物之性，动物自得其性，人也因物自得而会得天人合一、物我交融的自由、和谐的境界。从此，动物便从人的功利束缚中完全解放出来，人、物各得其性，和谐共处，两相心悦，这应当是人与动物关系的最佳境界，是在根本上有益于人类终极利益的理想境界。

---

① （南朝宋）刘义庆撰，余嘉锡笺疏：《世说新语笺疏·排调》，第812页。

② （南朝宋）刘义庆撰，余嘉锡笺疏：《世说新语笺疏·排调》，第812页。

③ （南朝宋）刘义庆撰，余嘉锡笺疏：《世说新语笺疏·言语》，第122页。

支遁之后,在《世说》中,简文帝是又一位建立起人与动物审美关系的名士。

> 简文入华林园,顾谓左右曰:"会心处不必在远,翳然林水,便自有濠、濮间想也。觉鸟兽禽鱼,自来亲人。"①

晋简文皇帝司马昱在《世说》中一直被作为第二等级的名士对待,但如果从人与动物审美关系建立上着眼,他实在是屈指可数的第一流名士。比如,对待老鼠,因为它的习性,人类从《硕鼠》开始就投射了太多的憎恶,不能从自我中心中解放出来欣赏它。简文帝却有一绝对不同于汉代酷吏张汤劾鼠的惊人之举,《世说》载:

> 晋简文为抚军时,所坐床上,尘不听拂,见鼠行迹,视以为佳。有参军见鼠白日行,以手板批杀之,抚军意色不悦。门下起弹教曰:"鼠被害,尚不能忘怀;今复以鼠损人,无乃不可乎?"②

贵为皇帝而不失赤子之心,"见鼠行迹,视以为佳",不因是老鼠印迹而概念化、道德化地抹杀美的形式,这与"以手板批杀之"的参军形成多么鲜明的对比!参军永远不会从独立自由生命上去欣赏老鼠及其行迹之美,这也是一般人的世俗宿命。一般人拘束于功利俗念,而简文帝则超脱出来,从单纯的形式和生命上寄托自己对于美的赞叹和同情,其慈悲胸怀还能够推鼠及人,可见这是多么博大、深切的生命情怀!正是这样一种情怀让动物成其为独立自由的生命,从人的私欲和道德约束中解脱出来,成为审美的存在,成为情感和精神的流畅形式。对待老鼠都能够这样,何况对待其他更容易为人所接受的动物呢?所以是他而不是别人,在春气萌动的美好时节,入华林园游赏时,禁不住生命的激动,说出了情动千古的生命感怀:"会心处不必在远,翳然林水,便自有濠、濮间想也。不觉鸟兽禽鱼,自来亲人。"人与万物一体同生,一样体会到生命的自由活泼,万物皆因自我疆域的破除而融合为和谐的整体。正如专家在分析此则时指出的那样:"这是人与自然相融为一的美妙感觉。万物有情性,与人的情性可以相通。因人与自然皆是自然孕育而生。鸟兽禽鱼之天性,与人之天性一样乐生,一样喜自由。……魏晋风流的内涵比较宽泛,诸如旷达、任诞、清言、傲世等,但最动人、最有魅力的还是对万物的一往情深。情深,体现为对万物的一种深厚的同情,还有亲切平等的爱。"③当人能够自觉"投鱼深渊放飞鸟"④的时候,人才真正能够从私欲中摆脱出来,在自我私欲放逐的同时获得鸢飞鱼跃的自由与解放。

---

① (南朝宋)刘义庆撰,余嘉锡笺疏:《世说新语笺疏·言语》,第120～121页。

② (南朝宋)刘义庆撰,余嘉锡笺疏:《世说新语笺疏·德行》,第38页。

③ 龚斌:《世说新语索解》,华东师范大学出版社2016年版,第54～55页。

④ (南朝宋)刘义庆撰,余嘉锡笺疏:《世说新语笺疏·排调》,第821页。

简文帝的灵心会境并非是孤立的，或者说对动物的审美、因动物的自由而舒怀畅神不是孤立的。这在陶渊明的诗文中表现得最为典型。其《与子俨等疏》中有一段脍炙人口的妙文："少学琴书，偶爱闲静，开卷有得，便欣然忘食。见树木交荫，时鸟变声，亦复欢然有喜。常言：五六月中，北窗下卧，遇凉风暂至，自谓是羲皇上人。"[①]其中"见树木交荫，时鸟变声，亦复欢然有喜"所体验的物我和谐的境界也就是他《读山海经十三首》之一所云"众鸟欣有托，吾亦爱吾庐"[②]，还类似于其《停云》所云"翩翩飞鸟，息我庭柯。敛翮闲止，好声相和"[③]，以及《扇上画赞》所云"人鸟不骇，杂兽斯群"[④]，甚至与《饮酒》名句"飞鸟相与还"的境界相通。至此，鸟兽禽鱼才真正摆脱张衡《归田赋》所写"触矢而毙，贪饵吞钩"的命运，通过审美走上物我平等、亲善与自由的和谐境界。这个境界的开端是《世说》中人与动物在特定思潮影响下建立的审美关系。

五、余　论

自古以来，动物的命运与人类休戚相关，随着人类地位的日益提高，动物的命运也越来越被掌控到人类的手中。一开始，人类为了自身的生存与动物斗争，逐渐地人能够压倒性地主宰动物，最鲜明的表现就是以人类自我为中心食用和使用动物，逐渐远离了与动物的亲缘关系和平等关系，这种实用功利化的对待关系是以动物生命的低贱化、奴役化甚至遭受任意蹂躏和屠戮为主要特点的。因此，两汉及其以前的私有制社会很难找到平等对待动物的价值观念和审美观念。魏晋时期，随着人的觉醒时代的到来，人们不仅从生命的角度看待自己，也开始从生命的角度看待自然万物，也就是宗白华所说的向内发现了自我，向外发现了自然，但这个自我是包括自然生命、感性生命，相对超越道德、政治存在的自我，是在实用功利之外能够更加形而上（如哲学思考意义上）也更加形而下（如审美意义上）的生命自我，这个自然不仅仅包括山水景色，也包括动物生灵，不仅仅是形色众类，更是这形色众类中所蕴含的勃勃生机、玄思妙理。觉醒的生命面对有生命的动物，除了惯性地延续传统的实用态度之外，又滋生了崭新的对待态度，这种态度就是平等尊重的对待态度，是把动物看作亲朋好友的对待态度，甚至是看作与自我生命息息相通、一气和谐的一体同类，于是动物也就进入了审美，成为独立的审美对象，从被奴役、猎杀的生存状态中解放出来，恢复作为自然生灵

① （晋）陶潜撰，逯钦立校注：《陶渊明集》，中华书局 1979 年版，第 188 页。

② （晋）陶潜撰，逯钦立校注：《陶渊明集》，第 133 页。

③ （晋）陶潜撰，逯钦立校注：《陶渊明集》，第 12 页。

④ （晋）陶潜撰，逯钦立校注：《陶渊明集》，第 176 页。

的地位。中国文学史上真正把动物作为审美对象是从魏晋开始的，是从《世说》前后的文学作品(如陶诗)开始的。因此，《世说》中的动物与人的审美关系就体现了最高的魏晋风度之美，这些把动物作为审美对象的故事也具有了文学史里程碑式的意义。

文明在前进的过程中积累的弊端很多，其中之一即鲜明地表现在人对动物的奴役和屠杀上，即使在人类解决了食物之需的工业文明时代，不但没有把动物从奴役和屠杀中解放出来，反而变本加厉，在商业私利的蛊惑之下，用现代手段大批量地喂养牲畜，不惜改变物种基因和习性，不惜使用有害激素和饲料；动物因此失去了自性，失去了享用天然的自由，反过来不但影响和毒化了人类的身体健康，也影响和毒化了人的精神品性，不但使人不能以平等的眼光对待动物，而且不能以平等的眼光对待弱势群体，人与动物之间的异化关系像传染病一样悄悄地传染到人与人之间。为了满足自己的欲望和对于商业利益的无限追逐，人类欲壑难填，不但毁了动物的天然，也毁了自我的天然，从身体到灵魂都远离了自然。因此，《世说》中那些把动物纳入审美、把动物看作平等自由存在的新风仍然具有现实的意义。因为只有回归《世说》新风所提供的新型人与动物的关系才能够疗救在城市荒漠中日益焦躁的灵魂，才能拯救日益从自然、动物中孤立出来的孤独、抑郁的灵魂。在经历工业文明噩梦之后，准备迈向生态文明的人类，对这样产生于农业文明的智慧和审美态度总是不应该忽视的吧。

“起情”与“托讽”:《文心雕龙》“兴”义辨析

伍飘洋　孙学堂

“兴”,是中国诗学中古老而重要的范畴。刘勰在《文心雕龙》中设《比兴》专篇,对“兴”作了较为集中的阐释。以往的研究者也主要依据该篇讨论刘勰所言“兴”的意涵及其重“兴”的观念。其实,刘勰有关“兴”的论述,还散见于《物色》《神思》《养气》《诠赋》《辨骚》等篇,梳理分析这些篇章中的相关论述,对于更全面而准确地理解刘勰“兴”的概念,具有重要意义。

什么是“兴”?刘勰在《比兴》篇的开端指出:“兴者,起也。”[①]“起”是什么?他说,“起情”。在此他强调了文学创作中一个至关重要的因素——兴起情感,这是刘勰“兴”概念的最重要的一层含义。

在刘勰之前,挚虞在《文章流别论》中已经提出了“兴者,有感之辞也”[②]。正如后人所言:“外感于物,内动于情。”[③]心有所感,因而情有所动,刘勰说的“起情”可以说很近于挚虞的“有感”。但刘勰对“兴”的解释并没有止步于此,在《文心雕龙》的其他篇章中,他对如何“起情”以及“兴”如何对创作者产生影响这些问题,都表达了自己独特的思考,把挚虞的“有感之辞”说得更具体、更深入了。

首先是触物起情,强调外物对人的感情的兴发作用。刘勰在《诠赋》篇中论述赋的体要之时指出:“原夫登高之旨,盖睹物兴情。”[④]刘勰认为,作家登高寻求的就是一种由外物触发内心情感的体验,“作者的情是由外物引起的……情来自物,物制约着情。这是情与物最基本的关系”[⑤],这也是刘勰“兴”论的首要之义。这一观点在《文心雕龙》的《明诗》《神思》《物色》篇中都有所论及。如《明诗》云:“人禀七情,应物斯感,感物吟志,莫非自然。”[⑥]又如《神思》云:“更神用象通,情

---

① (南朝梁)刘勰撰,詹锳义证:《文心雕龙义证》下册,上海古籍出版社1989年版,第1337页。

② (晋)挚虞:《文章流别论》,郭绍虞主编:《中国历代文论选》第1册,上海古籍出版社1979年版,第190页。

③ (唐)贾岛:《二南密旨》,陈伯海主编:《历代唐诗论评选》,河北大学出版社2003年版,第189页。

④ (南朝梁)刘勰撰,詹锳义证:《文心雕龙义证》上册,上海古籍出版社1989年版,第304页。

⑤ 陆侃如、牟世金:《刘勰论创作》(修订本),安徽人民出版社1982年版,第38页。

⑥ (南朝梁)刘勰撰,詹锳义证:《文心雕龙义证》上册,第173页。

变所孕。"[①]詹锳先生认为,这里的"象"指的是客观的物象,这句话可以解释作"精神与物象相接触,就会产生情感的变化"[②]。再如《物色》亦云:"春秋代序,阴阳惨舒;物色之动,心亦摇焉……物色相召,人谁获安……岁有其物,物有其容;情以物迁,辞以情发。"[③]物色的变化使人的情感随之变化。这些地方所说的都是同一个问题——触物起情,或称外物对人的情感的兴发。刘勰认为创作应当开始于对外物的感受和观察,"艺术构思必须首先有外物的影响,使作者产生了某种思想情感"[④]。先有了外物的感发,"物沿耳目",触动人的内心世界,才产生了情感。

其次,兴是物与情的融合,强调心物交融的审美体验。刘勰不仅看到了"兴"是物色感召引起了作家的情感,他更看到了物色感召之下心与物之间双向交流的关系。刘勰在《文心雕龙》的《神思》篇中说:"故思理为妙,神与物游。"[⑤]黄侃先生说"此言内心与外境相接也"[⑥],也就是人的精神与外物相互交融,即心物交融。《物色》篇说"写气图貌,既随物以宛转;属采附声,亦与心而徘徊"[⑦],可以说是刘勰对"神与物游"更进一步的解释和发挥。作者在构思创作中,在各种物象间徘徊流连之时,既要忠于外物,跟随物的变化而变化,同时也要忠于内心,在景物中渗透作者的情感。也就是说,"触物起情"的过程,是包含了两个相反相成的过程的:一方面是"情以物兴",作者在接触外物之时,被外境引发某种感触或情绪,外境变化,情绪也会随之发生相应的变化,此时强调的是客观景物对心的兴发作用,即心的被动性;另一方面是"物以情观",作家也通过外物寄托自己的情,此时强调的是情融于物,重视心对物的体验,即心的主动性。在刘勰的"兴"理论中,这两个过程是统一的,是相互依存的。

再次,兴是物与情融合之时激发的创作"兴致"。在触物起情、情物交融的理论基础之上,刘勰还进一步指出了这种情与物交融、和谐默契的最高境界会激发作者的创作"兴致"。在《物色》篇的赞中刘勰说道:"山沓水匝,树杂云合。目既往还,心亦吐纳。春日迟迟,秋风飒飒;情往似赠,兴来如答。"[⑧]"兴",陆侃如、牟世金先生释为"物色引起作者产生的创作兴致"[⑨]。基于上文的论述,触物起情

① (南朝梁)刘勰撰,詹锳义证:《文心雕龙义证》中册,上海古籍出版社1989年版,第1007页。

② (南朝梁)刘勰撰,詹锳义证:《文心雕龙义证》中册,第1008页。

③ (南朝梁)刘勰撰,詹锳义证:《文心雕龙义证》下册,第1728~1732页。

④ 陆侃如、牟世金:《刘勰和文心雕龙》,上海古籍出版社2011年版,第48页。

⑤ (南朝梁)刘勰撰,詹锳义证:《文心雕龙义证》中册,第976页。

⑥ 黄侃:《文心雕龙札记》,上海古籍出版社2000年版,第93页。

⑦ (南朝梁)刘勰撰,詹锳义证:《文心雕龙义证》下册,第1733页。

⑧ (南朝梁)刘勰撰,詹锳义证:《文心雕龙义证》下册,第1761页。

⑨ 陆侃如、牟世金:《刘勰论创作》(修订本),第218页。

的过程不是物色对人心的单向度感发，而是一个心物交融的过程，因此笔者以为这里应该解释为物色动人、物我交融之时引起的作者的创作兴致。高山、流水、绿树、云霞、春日、秋风，作者观察感受这些景物，首先是受到景物的感召，同时又将自己动荡于心的感情融入自然的景物之中，像投赠一样以情待物，形成了一个物我交融的状态；在这样的状态之下，就像回答、回馈一样，又引起作者写作的兴致和灵感。其实正如张少康先生所说："心物交融的过程即是作家灵感爆发的过程，创作最冲动，欲望最强烈的'感兴'高潮……也正是心物互相感触并寻找互相之间默契之机的过程。"[①]刘勰对这种创作"兴致"的论述虽然不多，但其所谓"兴来如答"，当是包含了这一层含义。后来王夫之、王士禛等人论诗歌创作时强调"感兴""伫兴"，更多发扬了"兴"的这一层含义。

以上所谈之"兴"都强调了物色的感染，是一种无关乎功利的审美体验，即作家触景起情、情与景交融的体验以及在这种体验中产生的创作兴致。但人面对纷繁复杂的万事万物，触物起情，心与物交融并非总是那么容易实现。因此，刘勰还说明了作家应该如何进入这种审美状态。刘勰提出了"入兴贵闲"[②]之说。这里的"兴"主要是指物我交融下萌发的创作"兴致"，即上文所说的第三层含义。"入兴"的最佳状态是保持"闲"。那何为"闲"？刘勰接下来没有说，但从《养气》篇中我们可以窥探一二。刘勰在《养气》中说作家在从事创作之时要"率志委和"，"宜从容率情，优柔适会"，"清和其心，调畅其气，烦而即舍，勿使壅滞。意得则舒怀以命笔，理伏则投笔以卷怀，逍遥以针劳，谈笑以药倦，常弄闲于才锋，贾余于文勇"。[③] 在刘勰看来，作家一旦进入创作的过程，应当保持从容不迫的自然悠闲态度。[④] 罗宗强先生认为这种自然得之、不强求、从容不迫的态度，比较恰当地解释了刘勰此处所谓"闲"的含义。[⑤] "闲"指的是一种无须"苦虑"，保持内心自然的状态。正如骆鸿凯先生所说，"寻心物之感，其机至微，其时至速，故有卒然遇之，不劳而获者"，"缀文之士"，若能"置其心于翛然闲旷之域"，"则景物当前，自能与之默契，抽毫命笔，不假苦思，自造精微，所谓信手拈来，悉成妙谛"。[⑥] 置心于"翛然闲旷"之境，以待与景物"默契"，而后自然而然地进行创作。

以上所论述的刘勰的"兴"理论，主要是在创作的初起阶段，涉及的是构思和灵感的问题。由此可以说，在创作构思阶段，刘勰对"兴"的认识主要是从艺术审

① 张少康：《刘勰及其〈文心雕龙〉研究》，北京大学出版社 2010 年版，第 238 页。

② （南朝梁）刘勰撰，詹锳义证：《文心雕龙义证》下册，第 1755 页。

③ （南朝梁）刘勰撰，詹锳义证：《文心雕龙义证》下册，第 1565～1581 页。

④ 参见王元化：《文心雕龙创作论》，上海古籍出版社 1979 年版，第 219～221 页。

⑤ 参见罗宗强：《读文心雕龙手记》，三联书店 2007 年版，第 119 页。

⑥ 黄侃：《文心雕龙札记·附录》，第 230～234 页。

美的角度出发的。但当进入“驱辞逐貌”的表现阶段时，刘勰所说的“兴”作为一种艺术表现手法，通过写景图貌兴起所要表达的情感，又不免受到了汉儒美刺之说的影响。

刘勰意识到“兴”作为一种艺术表现手法与“情”不可分割，因而他说“起情，故兴体以立”①；他还认识到“兴”这一手法的运用是在触物起情、心物交融的过程中产生，所以他说“物以貌求，心以理应。刻镂声律，萌芽比兴”②。因此，刘勰对诗人在运用“兴”进行艺术表现时提出了一个要求：在“触物圆览”的基础之上“拟容取心”，也就是说，要全面观察事物，通过描写事物的外在容貌来表达深刻的意义，以寄托和抒发作者的思想情感。运用“兴”的手法，所写的事物应当“呈现出一种‘言在于此而意在于彼’的‘双重意义的结构’”③。后来唐代诗僧皎然《诗式》所说的“取象曰比，取义曰兴，义即象下之意”④，与刘勰这里所谈的“兴”比较接近。皎然所言的“义”指的是事物或作者赋予事物的内在意蕴，其实也就是刘勰所说的“容”背后之“心”。在这里，刘勰对“兴”的解释，还是从表现手法的角度出发的。

但当进一步讲到“兴”的作用时，刘勰便走向了汉儒的诗教说，在表达内容上对“兴”进行了意义的规定。

首先，刘勰认为“兴”有“托喻”的功能，要以小喻大。“兴之托喻，婉而成章；称名也小，取类也大。”⑤刘勰接着举了《诗经》中《关雎》《鹊巢》的例子来说明何为以小喻大。关雎“方”后妃之德，鸤鸠“象”夫人之义，两个例子都是以鸟禽之事寄托人伦之事，表面上说小事小物，但譬喻的意义涉及的风化更深远广泛，这便是“以小喻大”。

其次，刘勰还强调“兴”要具有讽谏的意蕴。汉代的经学家所论“兴”含有美刺的意义，如郑玄将“兴”解释为“见今之美，嫌于媚谀，取善事以喻劝之”⑥，便是将文学上的艺术表现手法与思想内容、政治教化混合在了一起，把“兴”看作一种美刺的工具。刘勰说“兴则环譬以寄讽”⑦，虽然以“兴”为“讽”与郑众的以“兴”为“美”意思相反，但实质上都是对“兴”在思想意义上加以规定。刘勰的这种思

---

① (南朝梁)刘勰撰，詹锳义证：《文心雕龙义证》下册，第1337页。

② (南朝梁)刘勰撰，詹锳义证：《文心雕龙义证》中册，第1007页。

③ 陈士部：《新时期国内“龙学”研究与中国文论的现代性诉求》，徐兴无、王彬彬主编：《文学研究》第1卷，南京大学出版社2015年版，第51页。

④ (唐)皎然著，李壮鹰校注：《诗式校注》，人民文学出版社2003年版，第31页。

⑤ (南朝梁)刘勰撰，詹锳义证：《文心雕龙义证》下册，第1344页。

⑥ (清)孙诒让：《周礼正义》第7册，中华书局1987年版，第1843页。

⑦ (南朝梁)刘勰撰，詹锳义证：《文心雕龙义证》下册，第1337页。

想方法显然受到了郑玄等汉儒之说的影响。刘勰认为“兴”与讽谏是密切关联的，他强调“兴”的“托讽”作用。因此，他在《比兴》篇中说：“楚襄信谗，而三闾忠烈，依《诗》制《骚》，讽兼比兴。”[①]他高度评价《离骚》的“讽兼比兴”，在《辨骚》篇里也说：“虬龙以喻君子，云霓以譬谗邪：比兴之义也。”[②]同时，他还指出《楚辞》这种“隐喻”“托讽”才是比兴的精神。这里，刘勰虽然是将“比兴”兼论，但从他批判汉代“辞人夸毗，讽刺道丧，故兴义销亡”[③]，亦可说明刘勰认为“兴”本身便应当具有“讽刺”的功能和意义。刘勰认为“日用乎比，月忘乎兴”是“习小而弃大”[④]，“比”小“兴”大，他的理论前提正是“兴”具有关乎政治教化的重大意义，具有“托喻”“托讽”的作用。

可以发现，刘勰所说的“兴”在“托喻”“托讽”的意义层面上已经兼有了“比”的意涵。无论是“托喻”还是“讽刺”，刘勰都是将“兴”这一表现手法与思想内容的表达紧密地联系了起来。在这样的意义上，刘勰看重的是“兴”托物喻事的功能，“兴”可以视为譬喻，只不过不像普通的“比”那样明晰易晓罢了，但与刘勰所言“写物附理”的“比”已没有严格的区分。这难免使人感觉刘勰陷入了“‘比’‘兴’缠夹的困难之中”[⑤]。

综上所述，刘勰“兴”的概念在创作的不同阶段的含义有所不同。在创作构思阶段，刘勰不仅敏锐地看到了“兴”的“起”的特征，阐释了作家“睹物兴情”“既随物以宛转，亦与心而徘徊”的心物交融的审美过程，更看到了情物交融过程中作家“入兴”、产生创作的“兴致”的体验。当刘勰谈到作为一种艺术表现手法的“兴”的运用方法与作用之时，他虽然认识到“兴”与“情”的不可分割，物要寄托情感，但又明显受到汉儒的影响，对“兴”有表达思想内容的规定和限制，强调“兴”的“托喻”“托讽”作用。

---

① (南朝梁)刘勰撰，詹锳义证：《文心雕龙义证》下册，第1356页。

② (南朝梁)刘勰撰，詹锳义证：《文心雕龙义证》上册，第146页。

③ (南朝梁)刘勰撰，詹锳义证：《文心雕龙义证》下册，第1356页。

④ (南朝梁)刘勰撰，詹锳义证：《文心雕龙义证》下册，第1365页。

⑤ 李湘：《评刘勰〈比兴〉篇》，《齐鲁学刊》编辑部编：《古典文学专号》，1983年印刷，第210页。

简论《三国演义》中神异情节的艺术价值

李冉冉　樊庆彦

《三国演义》作为一部历史小说，其叙事具有“七实三虚”的特征，小说在虚实相生中构筑起纷繁复杂、亦真亦幻的艺术空间。而其中精彩绝伦的神异叙事，是小说达到虚实相生的艺术效果的重要手段，发挥着举足轻重的作用。《三国演义》中的神异叙事，是在历史文化氛围基础上，吸收民间传说，经过作者主观加工而形成的。它融合了谶纬、占卜、法术和方技等神秘文化元素，并借助一系列神秘意象，从而构造出曲折离奇的神异情节，最终营造出神秘的文化氛围。其中，神异情节是神异叙事的主体，小说正是在此基础上架构故事，为表现丰富立体的人物和传达作者的主观意图提供了更为灵活的空间。在众多看似漫不经心、肆意铺衍的神异情节中，隐藏着作者的巧妙匠心和深厚意蕴。

一

《三国演义》在宏阔的历史场面中塑造了大量的人物形象，在时间跨度大、人物众多、史实既定的前提下，如何以有限的笔墨最生动地表现人物是《三国演义》在创作过程中必定要面临的问题。而神异叙事在虚实之间的巨大灵活性和协调力，为作者提供了一种既可广泛运用又有奇绝效果的艺术手法。

作者通过构思神异情节，得以在人物既定的历史命运之下，突破一定的现实局限，发挥天马行空的想象力，运用超乎寻常的笔墨渲染、衬托人物，赋予人物传奇色彩，从而在思想、性格、能力等方面使人物形象愈加充实、丰满。这是《三国演义》人物塑造常用的手法之一，在诸葛孔明“神机妙算”的军师形象的塑造方面最为典型。《三国演义》中，作者吸收民间传说或通过移花接木的手法，虚构了很多情节来塑造诸葛孔明的神、智，并加入神异元素进行大肆渲染，借助占卜、术数等超现实的能力，将诸葛孔明神圣化和崇高化，如赤壁之战中的“草船借箭”“借东风”“智算华容道”以及“武侯显圣定军山”等情节。以借东风为例，据《三国志》中《先主传》《吴主传》《周瑜传》记载，确有火烧曹军战船之事，但具体为何人所烧，观点并不统一。其中，《周瑜传》记载为周瑜采纳了部将黄盖之计火烧曹军战船，而《吴主传》中则记载曹军战败后，自己烧毁了剩余的战船。在《三国演义》

中,作者通过移花接木将这一智慧嫁接到诸葛孔明身上,在第49回中周瑜与诸葛都想到了"欲破曹军,宜用火攻",只是"万事俱备,只欠东风"。[①] 而后作者又通过加入神异元素,说诸葛孔明"曾遇异人传授八门遁甲天书,可以呼风唤雨"[②],于是筑七星坛,借得东风。在神异元素推动的一系列情节中,不仅成功地为诸葛孔明揽下一大战功,而且为周瑜和诸葛孔明斗智增加了曲折环节,加强了戏剧冲突。诸葛孔明神机妙算,智谋无双的形象也借助这一情节深入人心。"智算华容道"更是借助神异元素无中生有,根据《三国志·关羽传》记载,并无关羽义释曹操一事。而裴松之注《三国志·魏书·武帝纪》载:

《山阳公载记》曰:公船舰为备所烧,引军从华容道步归,遇泥泞,道不通,天又大风,悉使羸兵负草填之,骑乃得过。羸兵为人马所蹈藉,陷泥中,死者甚众。军既得出,公大喜,诸将问之,公曰:"刘备,吾俦也,但得计少晚;向使早放火,吾徒无类矣。"[③]

可见虽然曹操引军从华容道步行撤退,当时天刮大风,道路泥泞,前进艰难,但刘备并没有设伏。赤壁之战,曹军大败,然而蜀、吴都未抓住有利时机一举消灭曹操,并直接影响了后来魏、蜀、吴三分天下格局的形成。《三国演义》中作者以诸葛孔明"夜观天象"为出发点,杜撰出"诸葛亮智算华容道,关云长义释曹操"的情节,对模糊的历史细节进行了生动的补充。诸葛孔明算出曹操命不该绝于此,故意安排关羽在华容道拦截曹操,好让关羽义释曹操还却人情。在解释曹操战败后如何得脱的同时,又以天意巧妙掩盖历史上诸葛孔明未抓住时机消灭曹操的史实,从而维护并巩固了小说中诸葛孔明神机妙算的形象,并且也刻画出了关羽的义薄云天。

当然,神异情节在人物传奇性上的过度渲染会产生过犹不及的弊端,所以鲁迅评"状诸葛之多智而近妖"[④]。但《三国演义》在人物塑造上对神异情节的运用,并不是单一和浅化的。有时小说只是借助神异情节营造相对虚幻、传奇的叙事氛围,但其本质却直指人物真实性格特征。虚中显实的手法有着更为曲径通幽、余味无穷的艺术效果。这一点在孙策形象的塑造上表现突出。孙策只活了26岁便英年早逝。关于其死因,《三国志》记载:

建安五年,曹公与袁绍相拒于官渡,策阴欲袭许,迎汉帝,密治兵,部署诸将。未发,会为故吴郡太守许贡客所杀。先是策杀贡,贡少子与客亡匿江

① (明)罗贯中:《三国演义》,上海古籍出版社2009年版,第275页。
② (明)罗贯中:《三国演义》,第275页。
③ (西晋)陈寿撰,裴松之注:《三国志》,中州古籍出版社1996年版,第17页。
④ 鲁迅:《中国小说史略》,吉林人民出版社2013年版,第93页。

边。策单骑出,卒与客遇,客击伤策。[①]

孙策最终死于箭伤。《三国演义》第 29 回,铺垫了孙策杀许贡受箭伤的背景,但其重点却放在了孙策养病期间与道人于吉之间发生的种种神异事件。于吉得天书并据此治病救人、受人信拜,而孙策认为于吉如张角之流,妖言惑众,于是怒斩于吉。于吉化为青气而去,后其魂魄归来寻孙策复仇,孙策最终在惊恐中金疮迸裂,昏绝于地。这一情节为作者融合《江表传》《志林》《搜神记》的相关内容而产生的。其中于吉的仙术及死后显灵寻仇等神异情节,跌宕起伏、引人入胜,更使作者借此在有限的时间维度上和有限的篇幅里,将英年早逝的孙策更深入、复杂的性格特征表现出来。在《三国演义》第 29 回之前,孙策的形象是积极奋进、具有大将风范的东吴集团功业的开拓者。他通过平扬州刺史孙繇,攻取吴郡严白虎以及会稽王朗,最终平定江东,充分表现了他的宏图大略和智勇双全,以及军纪严明、善于用人、深得人心等特点。但同时他性格中也有另一面,沈伯俊认为罗贯中深谙“人物塑造的辩证法”,才使得孙策的形象立体丰满起来,他“年轻气盛,容易冲动,勇猛有余,谨慎不足”[②]。而第 29 回对孙策死前的叙述,正是罗贯中集中发挥“人物塑造的辩证法”之处。首先,孙策断言于吉即黄巾张角之流,说:“此等妖人,吾杀之何异屠猪狗!”[③]实际他并没有实际考察于吉行医救人之事是否属实,也没有考虑如何安抚民心的问题就贸然下令处死于吉。这体现了他性格冲动、行事武断、不够谨重。其次,孙策坚持处死于吉的根本原因在于他猜忌心重。《搜神记》中明显地表现出了孙策对于于吉的嫉贤妒能心理。众人皆以于吉为神仙,纷纷膜拜,孙母甚至也不例外,这严重影响到了孙策的权威。孙策令于吉求雨,若雨至则饶过于吉,若不至则证明于吉妖言惑众。结果雨果至,众官及百姓对于吉再拜称谢。这一情形更加刺激了孙策的嫉妒心,并感到自己的政治权威地位受到威胁和动摇,致使孙策一意孤行置于吉于死地。毛宗岗评:“众人不罗拜,孙策或未必杀吉;使策果杀于吉者,皆众人之过也。”[④]同时,通过于吉受众人膜拜,被视若神明等情节,也传达出当时东吴一地巫风盛行、百姓极度迷信的宗教风气。尤其是百官与百姓在孙策面前对于吉焚香伏道而拜,更反映出宗教领袖与政治领袖的对立冲突,甚至宗教凌驾于政治之上,长此以往势必会影响东吴集团统治的稳定性,造成隐患。从这一点来说,孙策斩于吉又体现了他作为政治家的敏感性和远见卓识。

---

① (西晋)陈寿撰,裴松之注:《三国志》,第 490 页。

② 沈伯俊:《论孙策》,《镇江高专学报》2011 年第 24 期。

③ (明)罗贯中:《三国演义》,第 165 页。

④ 钟宇辑:《三国演义:名家汇评本》上册,北京图书馆出版社 2007 年版,第 177 页。

二

《三国演义》中，经常运用具有征兆、寓意的天象、历数等神秘文化符号，并通过歌谣和谚语等形式来传达强烈的政治蕴义。除了各种符号象征外，还有诸多仙法、术数、鬼神显灵等神异情节，其中都隐含着作者“天下合久必分，分久必合”的历史观以及“拥刘贬曹”“明主贤相”的思想，创作意旨在具体情节中高度隐含和渗入。

《三国演义》将曹操塑造为一代枭雄，他性格奸诈、凶残，是导致东汉政权灭亡的实际主导者，作者“贬曹”的态度极为外露，在其死亡一事上，更是极力发挥，以传达自己的价值取向。关于曹操的死亡，《三国志》载：

> 二十五年春正月，至洛阳。权击斩羽，传其首。庚子，王崩于洛阳，年六十六。[①]

此条记载相当粗略简洁，这为作者想象、虚构、寄托寓意提供了巨大的空间。作者综合各种记载，加以想象，连缀出一系列神异情节。首先是关羽显圣。小说中，关羽从麦城突围后为马忠所获，后被孙权处斩。本是人死如灯灭，但关公英魂不散，先后于普净寺和孙权面前显灵。孙权为转嫁魏国，将关羽首级转送于曹操，操识破孙权计谋，欲配以香木之躯、大臣之礼厚葬关羽，但当其开匣查看关羽首级时，只见关羽口开目动，须发皆张，曹操惊吓致病。其次是修建始殿事件。曹操受惊后，每夜合眼便见关公，因而以所住宫殿妖气重为由，大兴土木，修建始殿。根据裴松之注：“《世语》曰：太祖自汉中至洛阳，起建始殿，伐濯龙祠而树血出。《曹瞒传》曰：王使工苏越徙美梨，掘之，根伤尽出血。越白状，王躬视而恶之，以为不祥，还遂寝疾。”[②]《三国演义》结合了这些记载，写曹操修建始宫时，伐神树而血溅满身，致使头脑疼痛不可忍。再次是华佗屈死事件。曹操染头疼病后，遍寻良医，最后请得华佗为之医治。华佗称需用利斧砍开脑袋，取出风涎，方可除根。曹操认为华佗因与关羽有旧交，欲趁机杀害自己，急令追考，结果华佗死于狱中。自此，曹操病势愈重。最后是夜梦冤魂事件。曹操于夜里梦见伏皇后、董贵人、二皇子并伏完、董承等二十余人，浑身血污，闻索命之声，曹操叹曰：“圣人云：‘获罪于天，无所祷也。’孤天命已尽，安可救乎？”[③]不日，召集群臣，嘱以后事，而后气绝而死。作者连续铺衍了五个神异情节，以关羽显灵和神树溅血，表明曹操已违天道，为天道所不容；大兴土木，按帝王规制修建自己的宫殿（建始殿），暗示曹操此时意欲谋取皇位；而滥杀华佗和夜梦冤魂则表现了曹操的

① （西晋）陈寿撰，裴松之注：《三国志》，第12页。

② （西晋）陈寿撰，裴松之注：《三国志》，第22页。

③ （明）罗贯中：《三国演义》，第445页。

残忍、血腥、作恶多端。前者从天命角度昭示曹操天命已尽,后两者从现实角度证明曹操篡夺政权,且杀戮无度,罪孽深重。

此外,在孙策怒斩于吉而致殒命的情节中,也在一定程度上传达出作者的善恶观和因果观。孙策骁勇一生,然而好滥杀。他在奠定江东基业的过程中,曾有屠城滥杀的行为;在处置许贡时也未衡量其罪过是否至死,而轻易取其性命;对于"往来吴会,普施符水,救人万病"①的于吉,他也不论功过,置人于死地。孙策确有视人命如草芥,不辨是非、功过而滥杀无辜之嫌疑。作者有意以孙策的死亡来隐喻"善恶有报"。

《三国演义》中还有一些神异情节,偏离叙述主线和作品主旨,似乎只以其曲折离奇的叙事效果而存在。但拨丝抽茧、细细分析后便可发现,这些神异情节最终指归依然是服务于小说的主题,两者间幽微的关系体现了作者的精巧构思。如第六十八回中"左慈掷杯戏曹操"的故事。建安二十一年(216)五月,善法术的左慈三番五次地挑衅曹操,在曹操面前上演了变橘为空壳、画龙取肝、千里钓鲈鱼、掷杯化鸠等一系列闹剧。曹操恼羞成怒,下令追捕左慈,左慈在街头化出三四百个左慈,在曹操士兵的乱箭之下,突然黑风起,群尸皆起,曹操被吓倒在地。这一情节在左慈的神奇法术和生动性格的演绎上,十分精彩。除此之外,还在结构上引出下一回的神卜管辂,并由此又构思出一系列神异事件,达到一环扣一环的叙事效果。但左慈戏曹操的故事基本上是脱离小说叙事主线的,作者在此记叙此事的意图是什么呢?据《后汉书》记载,左慈真有其人,他是曹操招揽的一名"方术之士",会"搬运"法术,在曹操身边待了十年,为曹操表演,博君一笑。但在一次宴会上,左慈在表演搬运术时,因被曹操识破伎俩而被斩杀。罗贯中结合《后汉书》与《神仙传》重新塑造了左慈的形象,将其设定为"拥刘反曹"、政治立场明确的人物。小说中的左慈不再是江湖术士,俨然一位世外高人,他于建安二十一年曹操被封为魏王时出现,三番五次戏弄曹操,显然他是为曹操封王一事而来。他自往曹府,劝曹操随往峨眉山中修行,并说:"益州刘玄德,乃帝室之胄,何不让此位与之?不然,贫道当飞剑取汝之头也。"②十分明确地表明自己的立场和意图。通过一系列看似无来由的神异情节,罗贯中将历史上左慈与曹操的个人恩怨转化成了一种曹刘集团的政治矛盾与冲突,再次渲染了蜀汉集团得天道的正义立场,表明作者"拥刘贬曹"的倾向,服务于整部小说的主题思想。

---

① (明)罗贯中:《三国演义》,第165页。

② (明)罗贯中:《三国演义》,第392页。

三

《三国演义》的叙事，以几大战役为结构，表现了魏、蜀、吴三个政治集团在几百年间的兴起、发展和力量的对比、变化。如此宏大的历史叙事，在主体结构之下，又有着丰富多样的结构之法。其中，通过某个神异情节"隔年下种，先时伏着"（毛宗岗《读三国志法》）或多个神异情节相互联结、呼应的方式，推动情节，结构故事，使小说的整体结构更加紧密，是作者运用娴熟的结构逻辑和叙事策略。

其中对魏延反叛事件的结构，以其命运作为线索，伏延千里。根据《三国志》记载，魏延"善养卒士，勇猛过人，又性矜高"[①]，诸葛孔明基于对他性格的判断，认为他不肯居于人下，对他有一定程度的防范和压制。而魏延与杨仪常有不和，在诸葛孔明死后，与杨矛盾激化，从而走向了蜀汉集团的对立面。《三国志》裴松之注云："原延意不北降魏而南还者，但欲除杀杨仪等。"[②]即认为魏延确有反叛事实，但其反叛动机是蜀汉集团内部斗争与个人恩怨，而非政治取向，换言之，因被逼而反。而《三国演义》的作者将魏延反叛一事演绎为魏延主观意识主导下的政治叛乱，并为证明其合理性，于魏延出场时就设下了"反骨"的线索。第五十三回，魏延救黄忠、杀韩玄、献长沙，归顺蜀汉，显示出其当机立断、有勇有谋的将帅之风。但诸葛孔明"观魏延脑后有反骨"，认为其"久后必反"，而力主杀之。[③] 因刘备、关羽等人的求情魏延才保住了性命。自此，作者以"反骨"为谶语，为魏延的"久后必反"做了层层铺垫，包括"木牛流马"一战，廖化抢头功，魏延口出怨言；汉丞相五丈原禳星，魏延入内禀报军情，不意扑灭主灯，险被姜维杀害；以及孔明用计上方谷，企图火烧司马懿父子的同时，一并烧死魏延，但天意不允。一方面诸葛孔明认定魏延"久后必反"，这种种事情更加深了他对魏延的猜忌和防范；另一方面表明魏延在蜀汉集团受到猜忌，人际关系又不融洽，为他的反叛做了铺垫。在第一百零四回中，诸葛孔明死后，作者又虚构出魏延"梦见头上忽生二角"[④]这一情节。行军司马赵直解梦，认为"角之字形，乃'刀'下'用'也。今头上有刀，其凶甚矣"[⑤]。但赵直并未直言告知魏延，却告诉了杨仪派来试探魏延的费祎。诸葛孔明临死前，授马岱以密计，又授杨仪锦囊妙计，密嘱："我死，魏延必反，待其反时，汝与临阵方开此囊，那时自有斩魏延之人也。"[⑥]孔明死后，杨仪密令魏延断后并派费祎试探魏延，结果魏延表现出强烈的不满与不服，又加之"梦

---

① （西晋）陈寿撰，裴松之注：《三国志》，第 446 页。

② （西晋）陈寿撰，裴松之注：《三国志》，第 449 页。

③ 参见（明）罗贯中：《三国演义》，第 298 页。

④ （明）罗贯中：《三国演义》，第 600 页。

⑤ （明）罗贯中：《三国演义》，第 601 页。

⑥ （明）罗贯中：《三国演义》，第 598 页。

见头上忽生二角”的凶兆,杨仪基本断定魏延已有反心。到第105回,杨仪、姜维依诸葛孔明遗计大败魏军,缓缓退入栈阁道口,却已被魏延烧绝栈道,引兵拦住。魏延自以为得计,与马岱引兵直取南郑,叫阵杨仪,杨仪拆锦囊,哄魏延大叫三声“谁敢杀我”,立于魏延身后的马岱依诸葛孔明死前密令斩魏延于马下。在魏延这个历史人物的处理上,作者对其反叛缺少必要的逻辑分析,没有细致展现出蜀汉集团内部的权力斗争所导致的魏延思想性格的变化,而将人物命运的根基立于天命与“谶语”之上。导致人物塑造的根基不牢,形象缺乏说服力。这种现象与塑造其他人物时“以虚写实”的笔法相背离。笔者认为原因有二:一是小说中人物众多,难以兼顾;二是作者囿于拥刘贬曹的立场,刻意淡化蜀汉集团的权力斗争。但作者以“脑后有反骨”和“梦见头上忽生二角”两个神异情节,将跨越将近半部小说的几个章回连接起来,串联起诸多故事,并将魏延这个人物的悲剧命运勾勒出来。神异情节在此发挥的叙事功能,伏延千里,异常巧妙,使小说故事情节曲折离奇的同时,又保证了结构的紧密性。

此外,曹操死亡事件中的关羽显圣、神树溅血、滥杀华佗、夜梦冤魂四个神异情节以曹操“天命已尽”为核心,环环相扣,步步彰显神意,使得曹操死亡这一故事情节曲折有致,充满张力。罗贯中极为精通此种结构之法,笔墨肆意,时不时插入神异元素或铺衍一段神异情节,彼此之间构成精妙的连接、伏应关系,小则勾连一个章回,大则结构一个人物的命运,看似随意点染,实则暗藏玄机。

中国古典小说中的神异情节,根源于作品所产生年代的文化氛围,它既展示了我国古代神秘文化的博大智慧、奇特想象力和独特魅力,也存在迷信愚昧、荒诞无稽的因素。但我们无法忽视其在中国古典小说叙事艺术中的重要作用。《三国演义》中的神异情节和神异事件,不仅在故事情节上引人入胜,更在人物形象的典型化和丰满度上、叙事结构的紧密性上以及传达小说主旨思想上,建立了自己独特的模式和风格,发挥了举足轻重的作用。

《金瓶梅》研究的“互文性”路径及其胜境

李桂奎

近年，借鉴现代西方文论家们针对先后或同时的周围文学文本之间的互渗互涉等现象所提出并阐发了的“互文性”理论重新审视有关文本互涉、文本关联等问题，成为文学研究的新增长点。[①] 众所周知，《金瓶梅》袭用其他文学作品不计其数。除了《水浒传》之外，还对宋元明三代的史实、话本、戏曲及民间散曲时调传奇等作了大量的采录。无论是“词话本”，还是“崇祯本”，都注意吸取前人及同时人的小说戏曲文本，从而形成有迹可循的文本大观。对此，我们不妨将研究重心从“笑学”转向“金学”，从“互文性”路径进入到对《金瓶梅》所饱含的量大质优的文本互涉图景的新解读中，从而打开“金学”研究的新局面。

一、将“笑学”文本内证资源转入文本互证“金学”

前些年，尽管过热的“作者归属”“思想价值”或“社会意义”等“外部研究”并非全然属于舍本逐末，但其落脚点却往往流于“作者谜团”“成书方式”等问题上，而这些问题又一时间难以搞清楚，人们不免生出“可怜无补费精神”之叹，并呼吁回归作品或文本。在《金瓶梅》研究上，学人们逐渐不约而同地选择从面向作者的“笑学”研究转向面对文本的“金学”研究。许多旨在破解“笑学”问题的文本比对，虽然不能解决《金瓶梅》作者问题，但实际上属于“互文性”研究，无疑有利于进一步巩固提高关于这部小说的文本分析和解读的水平。

在自《金瓶梅》诞生迄今的四百多年里，人们抱着“读其书而欲知其人”的强烈愿望，使出多种解数对其作者进行了各种各样的考证，力图揭开“兰陵笑笑生”的面纱，并提出了身处明末至清初的王世贞、李开先、屠隆、冯梦龙、汤显祖、贾三近、薛方山、赵侪鹤、冯惟敏、徐渭、卢楠、李笠翁等五六十位候选人。对这种不懈

① “互文性”这一术语最早由20世纪60年代法国著名文学理论家、女性主义批评家朱丽娅·克里斯蒂娃(Julia Kristeva)提出。又译为“文本间性”“文本互涉”，英语为“intertextuality”，法语为“intertextualité”。而其拉丁语词源是“intertexto”，意为纺织时线与线的交织与混合。顾名思义，“互文性”的原初意义主要是指文本与文本之间互相指涉、互相渗透的性质。后来，随着这一概念的泛化，其内涵有较大扩延。

的作者考证，有人仿拟“曹学”(曹雪芹研究)而提出了所谓“笑学”(兰陵笑笑生研究)之说。在以往“笑学”研究中，有的学者不惜采取“猜想”“破译”或“索隐”等方法，未免存在先入为主、强拉硬扯、牵强附会等问题，故而招来“可笑”之讥。事实上，多数“笑学”研究还是注意立足于“内证”“外证”等“实证”的，其研究意义也并非仅仅局限于能否挖出作者本身。正如黄霖先生所言：“《金瓶梅》作者研究的成绩不能仅仅局限在是否能够确凿地找到张三、李四，而是通过作者问题的研究，推动了一系列问题研究的深入……关系到小说文本，作者心理素质等研究，促使了一些新材料的发现，乃至对其他作家作品和晚明社会、政治、经济、民俗等问题的研究都会带来一下新的东西。”[①]由于“抄引”或“化用”来的文本并非作者“原创”，因而用这些文本以坐实作者未免差强人意。但从“跨学科”“跨文本”大视野看，“笑学”研究至少为《金瓶梅》的“互文性”研究提供了诸多便利。尤其是“诗文印证法”以及“文本化用”所使用或依托的那些材料大多可以纳入“互文性”框架来审视。[②] 如，主张“徐渭说”的潘承玉先生《金瓶梅新证》一书在破解“廿公”“徐姓官员”“清河县”“兰陵”“笑笑生”等小说诸谜而提出“浙东绍兴府山阴县徐渭”说时所进行的“《金瓶梅》文本与徐渭文字相关性比较”，等等。这些在“笑学”考证中所提供的诸多用以间接推论的“内证”资料，均可成为“互文性”研究的现成材料。

再说，新时期以来，人们对《金瓶梅》“成书方式”研究的热情有增无减，且展开过多次论争。徐朔方先生曾发表《〈金瓶梅〉成书问题初探》(载《中华文史论丛》1984 年第 3 期)等论文，力倡《金瓶梅》是“世代累积型的集体创作”说。对此，李时人发表《关于〈金瓶梅〉的创作成书问题——与徐朔方先生商榷》(载《上海师范大学学报》1985 年第 3 期)坚持“个人独创”说。期间论争的各种论文所使用的“内证”为我们今天的“互文性”研究提供了另一批资料。近年来，张同胜、杜贵晨先生在讨论《金瓶梅》之“集撰式创作性质”时，列举出体现在“集”上的这样一些例子：

> 除前六回之外，《金瓶梅》对《水浒传》文本其他部分，以及对《三国演义》《古今小说》等文本的仿写和袭用，也同样具有这个“以集为撰”的特征。例如第 8 回《潘金莲永夜盼西门庆，烧夫灵和尚听淫声》写和尚偷听李瓶儿与西门庆的“淫声”，显然是《水浒传》第 44 回《杨雄醉骂潘巧云，石秀智杀裴如

---

① 黄霖：《笑学可笑吗——关于〈金瓶梅〉作者研究问题的看法》，《内江师范学院学报》2007 年第 3 期。

② 陈大康《作者非兰陵笑笑生？——〈金瓶梅〉考证疑点多》一文把现在关于《金瓶梅》作者的考证法归纳为“取交集法”“诗文印证法”“署名推断法”“排斥法”“综合逼近法”“联想法”“猜想法”“破译法”“索隐法”“顺昌逆亡法”等 10 种，并一一举例说明。

海》写“那一堂和尚见他两个(按指潘巧云、裴如海)并肩摩椅,这等模样,也都七颠八倒”的影子;第26回《来旺儿递解徐州,宋惠莲含羞自缢》写西门庆设下圈套,引诱来旺出来赶“贼”,反而被西门庆当作贼捉拿的叙事,与《水浒传》第29回《施恩三入死囚牢,武松大闹飞云浦》中张都监、张团练和蒋门神设下陷阱,将武松诬陷为盗贼的叙述颇为相似;第47回《王六儿说事图财,西门庆受赃枉法》中苗员外被家奴苗青谋财害命、侵占家产的故事,就有《水浒传》第60回《吴用智赚玉麒麟,张顺夜闹金沙渡》写卢俊义被管家李固与娘子勾搭成奸、侵占财产、谋害性命故事的成分;第62回《潘道士解禳祭灯法,西门庆大哭李瓶儿》中可以看出《金瓶梅》对《三国演义》中诸葛亮临死之前在五丈原禳星延命故事的模仿;第84回《吴月娘大闹碧霞宫,宋公明义释清风寨》中吴月娘遭殷天锡调戏和呼救那一段的叙事,不禁令人想起高衙内调戏林冲娘子的相关描写,而吴月娘在清风寨被宋江解救、释放就是袭用了《水浒传》宋江在清风山解救、释放刘知寨夫人的故事梗概;第98回《陈经济临清开大店,韩爱姐翠馆遇情郎》中陈经济与韩道国女儿韩爱姐相遇媾和、产生爱情的故事,很大一部分就是直接移用了《古今小说·新桥市韩五卖春情》。[①]

尽管这些例子似乎前人基本上都提到过,但如此“汇总”却让人更加深刻地领略到《金瓶梅》移用前人作品的力度和水平,并加深了对其关于叙事与写人特色的理解,自然可以直接拿来作为探讨《金瓶梅》创作的“互文性”本质的依据。

概而言之,“互文性”研究的基本立场是“文本”互释,即通过文本与文本的比对,探求文本间际关联;而作者研究与艺术研究大多会关注“文本”。因而,借助用作“笑学”研究和“集撰说”研究的批量“内证”材料自然可以拿来直接用于包括“互文性”在内的“金学”研究。

二、从《金瓶梅》“渊源”研究转入其“互文性”研究

从《金瓶梅》与其先后或同时不同文学文本之间的关联情形看,这部小说包含着多重“互文性”。其“互文性”手段大致可分为直接引用诗词曲赋、径直挪移故事情节等显性“抄引”和经过改头换面、移花接木以及融会贯通等技术处理的隐性“化用”两种。作者“兰陵笑笑生”乐此不疲地“抄引”或“化用”了大量前人或周围人的文学文本,以至于被人们不无揶揄地奉为“天下第一文抄公”“文学神偷”“超级文贼”。当然,在那个并不严格斤斤计较知识产权的年代,任何“抄引”或“化用”均无可厚非。以往,“影响研究”以及“素材渊源研究”等系列研究常触及某些散布在《金瓶梅》各个角落里的“互文本”。而今,我们有必要以此为基础,

① 张同胜、杜贵晨:《论〈金瓶梅〉成书的“集撰”式创作性质》,《明清小说研究》2008年第1期。

继续发掘相关文本,将其纳入富有统摄力的"互文性"理论框架中审视。

除了坚持不懈的作者考证,不厌其烦的"素材来源"以及"成书方式"研究为探讨《金瓶梅》之"互文性"提供了更多现成的对证材料。众所周知,《金瓶梅》袭用抄录其他文学作品不计其数。除了《水浒传》之外,《金瓶梅》"词话本"还对宋元明三代的史实、话本、戏曲及民间散曲时调传奇等作了大量的采录,尽管许多散曲在"崇祯本"中被删削掉或刊落,但遗存下来或被替换的前人创作仍然洋洋可观。早在这部小说传播伊始,欣欣子即在《金瓶梅词话序》中谈到《金瓶梅》文本所涉及的九种"互文"对象,即《剪灯新话》《莺莺传》《效颦集》《水浒传》《钟情丽集》《怀春雅集》《秉烛清谈》《如意传》《于湖记》。20 世纪《金瓶梅》"词话本"的发现激发起一代学人钩稽和考察这部小说素材来源的兴趣。20 世纪 40 年代,姚灵犀《瓶外卮言》(1940)、冯沅君《〈金瓶梅词话〉中的文学史料》(1947)等"金学"研究成果均显示了这方面研究的实绩。如前者辑有痴云《〈金瓶梅〉与〈水浒传〉、〈红楼梦〉之衍变》一文,细致地比较分析了《金瓶梅》与《水浒传》故事情节之异同。[①] 60 年代,美国著名汉学家韩南在其博士论文《〈金瓶梅〉的写作和素材来源研究》的基础上撰成《〈金瓶梅〉的版本》和《〈金瓶梅〉素材来源》等论文(分别载于 1962、1963 年的《大亚细亚》杂志),通过对《金瓶梅》所引用之小说、话本、戏曲、史书等前人作品进行系统溯源,将《刎颈鸳鸯会》《志诚张主管》《戒指儿记》《西山一窟鬼》《五戒禅师私红莲记》《杨温拦路虎传》《新桥市韩五卖春情》以及文言色情短篇小说《如意君传》等小说列入《金瓶梅》借用的对象,且将"苗员外遇害"一事坐实为《百家公案全传》之《港口渔翁》,并一一与《金瓶梅》的相关情节作了比对分析。[②] 这不仅为此后的相关研究提供了线索,而且成为而今"互文性"研究的基础。继而,执着于这一研究的是周钧韬先生,先后撰有《〈金瓶梅〉抄引〈水浒传〉考探》《〈金瓶梅〉抄引戏曲考探》《〈金瓶梅〉抄引话本小说考探》等论文,并汇成《金瓶梅素材来源》(中州古籍出版社 1991 年版)一书。其中,《〈金瓶梅〉抄引话本小说考探》一文重点对《金瓶梅》"抄引"《刎颈鸳鸯会》《戒指儿记》《五戒禅师私红莲记》《志诚张主管》《新桥市韩五卖春情》等五篇前人话本小说的情况进行了分析和评估,并得出结论说:

> 《金瓶梅》抄引了许多话本、戏曲中的情节和人物的形象,但这些话本、戏曲没有哪一部是讲金瓶梅故事的。这就是说,这些话本、戏曲中的人物、故事情节本来与金瓶梅故事毫不相干,只是金瓶梅作者在创作时,受这些话

① 参见姚灵犀著,陶慕宁整理:《瓶外卮言》,南开大学出版社 2013 年版,第 69~77 页。

② 参见[美]韩南:《〈金瓶梅〉探源》,《韩南小说论集》,王秋桂等译,北京大学出版社 2008 年版,第 223~245 页。

本、戏曲的人物形象和故事情节的启示，因此择其有用者改头换面、移花接木地抄借到《金瓶梅》之中。用现代的观念来看，这完全是一种抄袭。《金瓶梅》显然不是由这些话本、戏曲中的故事连缀、加工整理而成书的。[①]

周先生在力主其“抄借”前人的做法不能成为“集体创作”的理据时，所举出的例子正是“互文性”的。后来的一系列探讨大致沿承这一思路进行下去，关注的对象也主要是以上几种话本小说。另外，近年孟昭连《崇祯本〈金瓶梅〉诗词来源新考》（载《厦门教育学院学报》2005 年第 2 期）、陈益源和傅想容《〈金瓶梅词话〉征引诗词考辨》（载《昆明学院学报》2010 年第 5 期）等论文对“素材来源”研究工作也做出过一定的贡献。总之，以往“素材来源”以及“成书方式”研究对《金瓶梅》之“互文性”研究做了很好的铺垫。

与“素材来源”等研究交叉或同步进行的研究还有“比较研究”“传承研究”等“影响研究”，也为《金瓶梅》之“互文性”研究提供了不少资料。相对而言，《金瓶梅》“抄引”或“化用”的文本依据主要是《水浒传》，二者之文本关联和影响关系也最为密切。因而关于这一话题的研究也较集中，主要有王利器《〈金瓶梅〉之蓝本为〈水浒传〉》（载徐朔方、刘辉编《金瓶梅论集》，人民文学出版社 1986 年版）、蔡国梁《从〈水浒传〉到〈金瓶梅〉》（载《金瓶梅考证与研究》，陕西人民出版社 1984 年版）、鲁歌《略论〈水浒传〉与〈金瓶梅〉之关系》（载《贵州师大学报》1988 年第 3 期）等。这些研究的贡献在于，通过文本比对将《金瓶梅》与《水浒传》的雷同部分辑录出来。其中，比较显在的“抄引”内容包括：《金瓶梅》第 1 回至第 6 回抄自《水浒传》第 23 回至第 26 回；第 8 回中的部分情节抄自《水浒传》第 26 回；第 9 回、第 10 回抄自《水浒传》第 26 回至第 27 回；第 89 回抄自《水浒传》第 26 回。尽管未被冠以“互文性”之名加以审视，但其路数却与“互文性”研究一致。尤其是，黄霖先生通过对《忠义水浒传》与《金瓶梅词话》认真比勘，一口气举出在人物与情节上前者影响后者的 12 处，如“第 30 回写张都监陷害武松的圈套与《金瓶梅》第 26 回中西门庆陷害来旺儿相似”“《水浒传》第 32 回刘知寨老婆被劫往清风寨事，被移到了《金瓶梅》第 84 回吴月娘身上”等等。[②] 马瑞芳《〈水浒传〉和〈金瓶梅〉的血缘关系》（载《文史知识》2011 年第 1 期）等论文也凭着“文本细读”功夫，对两部小说的关联性进行了发掘和评定。总之，以往在“影响研究”“比较研究”中使用的资料以及文本比对路数均可为而今的“互文性”研究所用。

当然，还有些素材来源研究虽未以“互文”研究为名，却基本上具“互文”研究

---

① 周钧韬：《〈金瓶梅〉抄引话本小说考探》，《苏州大学学报》1988 年第 1 期。

② 参见黄霖：《〈忠义水浒传〉与〈金瓶梅词话〉》，《水浒争鸣》第 1 辑，长江文艺出版社 1982 年版，第 228 页。

之实。以往所进行的“艺术研究”,大致属于文本内部研究,自然会涉及“互文性”的某些问题。如因为“互文性”写作本来就含有“戏拟”一招,而“戏拟”常常产生“反讽”效果,所以孙述宇先生《金瓶梅的艺术》(台北时报文化出版公司 1978 年版)关于《金瓶梅》之“反讽”探讨中的举例自然为小说的“互文性”研究打开了方便之门。再如,周中明《金瓶梅艺术论》(广西教育出版社 1992 年版)从《金瓶梅》对武松形象的改塑谈起,指出其“上承《水浒传》而又另辟蹊径”,并通过人物个案研究,探讨两部小说的“不同笔法与风格”。这类研究自然同样为《金瓶梅》之“互文性”研究提供了方便。还有些研究与“互文性”研究更为具体贴近。如,霍现俊及其合作者先后发表《小说中的“小说”:〈金瓶梅〉与其他小说关系研究》之一、之二(分别载《河北师范大学学报》2005 年第 5 期、2009 年第 3 期)等论文,把以往所谓的“小说素材”定性为“小说中的‘小说’”。由于“互文性”通常被解释为“文中之文”,因此所谓“小说中的‘小说’”自然就属于“互文性”研究。杨国玉《新见〈金瓶梅〉抄引明文言小说素材考略——兼谈周礼〈秉烛清谈〉〈湖海奇闻〉的佚文》,新发现了被《金瓶梅》抄引的四篇明代短篇文言小说,不仅通过披沙拣金拓展了我们对《金瓶梅》“素材来源”的认识,而且洞幽察微地为追寻久已散佚的明代周礼撰述的《秉烛清谈》《湖海奇闻》二书之佚文提供了宝贵线索。①

如此看来,以往关于《金瓶梅》之“素材来源”与“传承影响”研究的成果多关涉到富有张力和包容性的“互文性”问题。相对而言,前者多关注“直接引用”问题,后者多关注“间接化用”问题。虽然研究目标不一,但大多注意取“文本内证”。而这些丰富的“文本内证”资料正有利于小说文本意义发掘。我们要以此为基础,通过进一步通过文本比对和联想阅读等策略,继续发掘相关资料,使《金瓶梅》“互文性”研究系统化、理论化。

三、突破既往研究困境进入“互文性”研究胜境

“互文性”研究往往依托于文本比对,研究目标上也重事实判断,其命名本身也是中性的,足以能够包揽文学作品之间互相交错、彼此依赖的拼凑、掉书袋、旁征博引、人言已用等若干文本现象,自有其优势。从“互文性”研究胜境反观“笑学”“金学”研究困境,我们发现许多“笑学”研究者是误把“互文”当“原创”了。通过与其他经典小说进行文本比对展开关于《金瓶梅》的“互文性”研究,具有较为特殊的理论价值和实践意义。

首先,推动我们反观以往研究的成果,从而实现对“笑学”“金学”研究的突

① 参见王平主编:《〈金瓶梅〉与五莲:第 9 届(五莲)国际〈金瓶梅〉学术研讨会论文集》,中国文史出版社 2013 年版,第 33~40 页。

围。尽管因“互文性”大面积存在，通过“内证”考证作者和成书方式，难以彻底解决问题，但是通过《金瓶梅》“互文性”研究，我们不仅可以全面感受创作者的“转益多师”，接受者的“各取所需”，而且可以多向度地摸清创作者的“知识结构”和“涉猎”，由此进一步圈定创作者，从而接近这一谜团的解决。同时，“互文性”研究自然会进一步唤起人们进行文本细读与语法修辞阐释以及方言口语探讨的兴趣和热情，对以往有关作者和文本的地域研究进行反思。质而言之，小说文本中的地域因素成因较多，除了原创者的决定性、评改者的掺和，还有“互文性”的作用。多种复杂因素导致难以根据文本内证定案。就《金瓶梅》而言，原创者自然当属“兰陵笑笑生”，尽管其本人可能漂泊他乡，染上异俗，但毕竟不改鲁地人本色。由“互文性”生成的文本容易使得作者研究节外生枝，导致一系列关于作者以及文本的地域之争。如有的论者从地域性饮食文化着眼，指出《金瓶梅》中的菜式多与江浙菜系的技法相符，试图将这部小说强拉硬扯到江浙地盘上；有的论者挑拣出《金瓶梅》“词话本”第 42 回、第 52 回所写的多产于南方的龙眼（桂圆）、荔枝、枇杷、荸荠、乌菱（菱角）等水果，再依据屡屡提到的“金华酒”①，将作者籍贯移到南方。其实，这些貌似言之凿凿的证据恰恰可能是“评改性”和“互文性”造成的，不能从根本上说明问题。同样，根据方言推断作者归属也难以将作者从鲁地掠走。关于《金瓶梅》之方言，前辈学人大多持“鲁方言为主”说。如吴组缃先生论《金瓶梅》说：“作品采用山东方言和市井行话，词句不甚整饬。”②当然，我们不否认，小说中间或出现“吴语”“京话”，还兼有“沪方言”“赣方言”“川方言”“湘方言”“鄂方言”“陕方言”等各地方言口语。我们不能依据小说文本中含有某地方言，便断言作者是某地人。再说，《金瓶梅》两种版本的方言用语也多有不同。比如“词话本”中不乏“谷都嘴”“剌扒着腿”“股嫩腿”“缺着腿”“干营生”“戳摸路儿”“扬长而去”“哄反着”“狗搜着”“霸拦”“浪摆”“待死”等等齐鲁方言俗语，而崇祯本则多加以删改，并增添了某些“吴语”。这说明原创者“兰陵笑笑生”很可能是鲁地兰陵人某某，而评改者则可能就是吴地的苏州人冯梦龙，再加众人拾柴火焰高，《金瓶梅》文本终于火了起来。由于“互文性”因素和评改因素，本可说明问题的“方言”证据就变得特别不靠谱，变得复杂化，增加了作者之谜破译的难度。总之，《金瓶梅》作者“兰陵笑笑生”的面纱看似不厚，我们大致对其山东人影像依稀可辨，但一时间尚难以将其面纱彻底揭开一窥究竟。无论如何，《金瓶梅》

---

① 况且，所谓“金华酒”很可能就是“兰陵酒”。王利器先生主编的《金瓶梅词典》有注释曰：“金华酒或谓即兰陵酒。明李时珍《本草纲目》卷 25：东阳酒即金华酒，古兰陵也。”（王利器：《金瓶梅词典》，吉林文史出版社 1988 年版，第 221 页）

② 吴组缃遗作，傅承洲整理：《论金瓶梅》，《北京大学学报》2011 年第 5 期。

的草创者毕竟是“兰陵笑笑生”,他必定与兰陵有较大干系。

其次,引导我们如何正确对待《金瓶梅》之文本借鉴问题。《金瓶梅》的“互文性”是一把双刃剑,以往人们多通过划分“抄引”或“化用”前人文学文本予以毁誉褒贬,即对“互文性”持两种态度:对“抄引”不同文体文本的基本否定和“化用”相同文体文本的基本肯定。在国内,傅憎享曾通过对《金瓶梅》与其稍早的《如意君传》进行比较,认为同是写情欲,也显出作者的阶层与水准,“词话本”有 45 回共约 72 次写秽事,多属于东抄西录(其中不乏抄《如意郎君传》之处),单一重复,而且粗制滥造(与《痴婆子传》相较),是属于说书人添加的“荤话儿”,并将“情欲描写移植错位”之过归咎于“艺人述录”。[①] 这里将秽事叙述之过归咎于艺人的“互文性”写作。近年,马瑞芳在谈到《金瓶梅》与前人文学文本之“血缘关系”时,也认为其效果不一:有“狗尾续貂”“东施效颦”等反面的;更有“因风吹火”“借鸡生蛋”,从而走向“大放异彩”的正面的。黄霖先生指出:“《金瓶梅词话》‘镶嵌’大量的前人作品,乃是一种特殊的创作手法。”他在肯定《金瓶梅词话》“常常能将旧作镶嵌到自己构思的艺术蓝图中,做得天衣无缝、恰到好处,有一种点铁成金、脱胎换骨之妙,所以它实际上也是一种艺术创造”的同时,又指出:“由于作者成书仓促,工作难免有些粗疏,使作品产生一些凌乱、矛盾之处,影响小说的艺术声誉。这种镶嵌,又容易使一些研究者在研究小说的成书问题、作者问题以及情节开展、人物刻画的过程中作出错误的判断。”[②]由此提醒研究者千万不要被文本的镶嵌遮蔽了视线。从道理上讲,任何行文笔法都会有进化和退化之分,“互文性”亦然。[③] 按照“互文性”理论的创始人法国克里斯蒂娃的说法:“互文性的引文从来就不是单纯的或直接的,而总是按某种方式加以改造、扭曲、错位、浓缩或编辑,以适合讲话主体的价值系统。”[④]况且,即使两个文本存在完全相同的片段,因语境和对象不同,其意义也是绝不相同的。就此而言,《金瓶梅》之“互文性”创作的最大价值就在于它能够使之在新文本中产生新意义。因此,针对《金瓶梅》展开的“互文性”研究有利于更好地发掘各种“互文本”所产生的“点铁成金”效果及其文化意蕴,并能够使读者更好地把握经典文学文本形成的规律。

---

① 傅憎享:《情欲描写移植错位:〈金瓶梅〉非文士之作》,《学习与探索》1992 年第 2 期。

② 黄霖:《论〈金瓶梅词话〉的“镶嵌”》,《文艺研究》2016 年第 4 期。

③ 李玉平曾将“互文性”分为“积极互文性”和“消极互文性”两种类型,并指出:“积极互文性是指当互文性要素进入当前文本后,发生了‘创造性的叛逆’(creativetreason,埃斯卡皮语),与原文本相比产生了新的意义,与当前文本形成了某种对话关系。”“消极互文性则是互文性要素进入新的文本后,与原文本相比意义没有发生变化。”(李玉平:《互文性新论》,《南开学报》2006 年第 3 期)笔者认为,用“进化的互文性”和“退化的互文性”代替“积极互文性”和“消极互文性”当更恰当。

④ 转引自程锡麟:《互文性理论概述》,《外国文学》1996 年第 1 期。

再次，启发我们深入思考如何别开生面地发掘小说文本的审美特性等问题。张竹坡在《第一奇书非淫书论》提出《金瓶梅》创作意旨上的“摹《诗》”之说：

《诗》云：“以尔车来，以我贿迁。”此非瓶儿等辈乎？又云：“子不我思，岂无他人？”此非金、梅等辈乎？“狂且”“狡童”，此非西门、敬济等辈乎？乃先师手订，文公细注，岂不曰此淫风也哉？所以云：“《诗》三百，一言以蔽之，曰‘思无邪’。”注云：“《诗》有善有恶。善者起发人之善心，恶者惩创人之逆志。”圣贤著书立言之意，固昭然于千古也。今夫《金瓶》一书作者，亦是将《褰裳》《风雨》《萚兮》《子衿》诸诗细为模仿耳。

张竹坡善于借《诗经》旨意，反其道而评判，从而揭示《金瓶梅》作者的皮里阳秋之笔。据以上这段评论看来，《金瓶梅》全篇不过是对《诗经》中这些关乎婚恋问题的著名诗篇的“模仿”。这些模仿表明，情与淫相反相成，甚至不过只有一步之遥。在当前学术背景下，许多有识之士已经意识到，与其喋喋不休地争论作者及其归属，倒不如转向小说文本之审美解读。早在20世纪70年代末，海外孙述宇就曾使用西方新批评派常用的术语“反讽”(irony)一词谈论《金瓶梅》的笔法，认为这部小说经常写各色人物“表里之别”“表里歧异”，写出了最真实的人性。[①]同样，旅美的学者田晓菲《秋水堂论〈金瓶梅〉》也瞄准“文本”做文章，且某种程度地涉及“互文性”。事实上，除了实现文本意蕴的“强化”或“升华”，“互文性”的功效就在于创造“反讽”意趣。人们最常提到的例子当数绣像本第1回“热结十兄弟”通过戏拟《三国志演义》第1回“桃园三结义”构成的“反讽”。这种“反讽”一直贯穿下来，用世俗追逐之“利”消解了正统伦理之“义”。杨义在谈到“戏拟”时说：“戏拟乃是对传统叙事成规存心犯其窠臼，却以游戏心态出其窠臼”，是一种“创新手腕”。“戏拟谋略的采用乃是受现实生活的刺激，认清了旧叙事模式的不适用，因而在叙事模式和生活的错位之间采取嘲讽心态。戏拟式的嘲讽是一种新鲜的智慧。”[②]这非常有助于解释“崇祯本”《金瓶梅》第1回“热结十兄弟”戏拟《三国志演义》第1回“桃园三结义”之反讽效果。我们应该继续认真借助文本对比，发现更多“互文性”片段，并深化对小说文本意蕴的理解。

最后，推动我们对“创新性”与“互文性”两套理论及其相互关系展开深入思考。以往文学研究多一味地强调“独创性”的价值，而忽略或贬低“互文性”的意义，甚至把“互文性”当作“独创性”的负值。关于“独创性”和“互文性”之关系，李玉平曾这样概括：“实际上，文学并非完全是独创性的产物。互文性的提出，不仅没有削弱文学的独创性，反而更有助于我们重新认识文学的独创性，更好地彰显

---

① 参见孙述宇：《金瓶梅的艺术》，时报文化出版事业有限公司(台北)1985年版，第48～55页。

② 杨义：《中国古典小说史论》，人民出版1998年版，第369～371页。

文学独创性的价值。任何一部作品都不可能完全独创，认清非独创的部分，更有助于彰显独创部分的价值。退一步讲，即使是互文性的部分也并非完全是拾人牙慧的模仿，其中也不乏独创性。”①《金瓶梅》借用模仿了《水浒传》《西厢记》以及众多明代中短篇文言小说和话本小说。文学发展史以及文学“经典化”的经验告诉我们，一部经典的形成往往是“独创性”与“互文性”的有机统一。照搬照抄、人云亦云固然没有意义，空谷来风的所谓“独创”也是不存在的。在文学研究中，我们不能简单地因张扬前者而忽视后者，同样也不能草率地借肯定后者而否定前者。对此，美国汉学家韩南在探讨《金瓶梅》之“素材来源”时指出：“当我们探索引文以什么方式使我们得以深入这部小说时，似是而非的答案主要是它们不太适应作者创作动机的那些地方。当它们不能满足作者的需求，他只得对它们进行修改，或它们不能使读者得到作者预期的效果，正是在这些地方最能见出作者的独创性。”②这里既隐含着对那些“化用”的“互文性”的肯定，又将恰如其分、水乳交融的“互文性”纳入“独创性”来看待。在谈到“重叠与颠覆”问题时，田晓菲在《秋水堂论金瓶梅》中曾有过如下分析：

> 使用现成的戏曲、说唱、词曲、小说，是《金瓶梅》一个十分独特的艺术手段(比如用点唱曲子来描写人物的心理、潜意识，传情，预言结局等等)，也是具有开创性的艺术手段，在探讨《金瓶梅》的主要艺术成就时，这一点应该考虑在内。此外，《金瓶梅》使用资料来源时的灵活性、创造性应该得到更多的注意……这种创造性给读者带来的乐趣与满足感是双重的：既熟悉，又新奇。熟悉感是快感的重要源头，而一切创新又都需要“旧”来垫底。《金瓶梅》很好地做到了这一点，有足够的旧，更有大量的新，于是使得旧也变成了新。《红楼梦》就更是以《金瓶梅》为来源，成就惊人。熟读金瓶之后，会觉得红楼全是由金瓶脱化而来。③

《金瓶梅》“互文性”研究给了我们这样一个答案：“互文性”理应被视为“独创性”的有机构成和并行不悖的写作策略。于是，借助“互文性”视角，我们便可进一步洞察《金瓶梅》之“拟而有避”“推陈出新”写作经验。

由于《金瓶梅》既是“历时性”传承化用的结果，又是“共时性”双向渗透的出品，因而其“互文性”特别复杂。既凸显出作者和得心应手的借鉴，又凸显出个别地方的杂乱无章和漏洞百出的缝隙。可以说，《金瓶梅》既是后起小说“依傍”“模拟”或“推陈出新”的样板，又给人们流露出诸多因对以往文本过于依赖而导致的缺憾。

---

① 李玉平：《互文性：文学理论研究的新视野》，商务印书馆2014年版，第3～4页。

② [美]韩南：《〈金瓶梅〉探源》，《韩南小说论集》，王秋桂等译，第262～263页。

③ 田晓菲：《秋水堂论金瓶梅》，天津人民出版社2003年版，第280页。

四、徜徉于《金瓶梅》"互文性"研究胜境

探讨《金瓶梅》之"互文性"旨在基于小说文本关联等现象的发掘，重新认识小说的文本效果和特色。对那些直接引用诗词曲、径直挪移故事情节的"显性互文"，人们易察易觉，并业已做了不少工作，此不赘述。而经过长期不断的细读，人们愈来愈发现，《金瓶梅》文本中还存在至今尚难以估量的"隐性互文"叙事单元。由于诞生《金瓶梅》的那个年代思想活跃，小说出版频繁，处于百年"共时"的小说作品之间的"互文性"关系显得尤为错综复杂，因而既需要审慎探讨，又需要多向度解读。

首当其冲的一个问题是，《金瓶梅》与其赖以借题生发的《水浒传》之"互文性"关系尚不能简单地便认定为前者模拟后者。在以往研究中，人们关注到，《金瓶梅》之于《水浒传》并非简单的"借尸还魂"，而是别出心裁的"脱胎换骨"，它在蚂蚁搬家式地"转引"了《水浒传》大量现成情节的同时，又通过改头换面、移花接木等技术处理，赋予某些情节以全新功能和意义。近来，黄霖先生《论〈金瓶梅词话〉的"镶嵌"》一文针对《金瓶梅》文本形成力倡"镶嵌"说，强调《金瓶梅词话》将《水浒传》等前人的文字大量地"镶嵌"到"自己构思的艺术蓝图中"，成为一部新的作品，并指出这种"镶嵌"也有其弊病，以至于给研究者带来麻烦。[①] 商伟先生《复式小说的构成：从〈水浒传〉到〈金瓶梅词话〉》基于对《金瓶梅》文本图景的分析，把《金瓶梅词话》视为"复式小说"以及"书写"的产物，凸显它对前代和当代众多文本和文体的移置、替代、戏仿、改写和重组，从而力主"编织"说，并进而强调"编织"手法在复式小说建构中所起的作用，增添了"文本"理解的维度。[②] 在商伟先生看来，《金瓶梅》通过移置、改写和增补《水浒传》所建立起来的文本关联，既是一种特殊的双向互动关系，又是一种近乎悖论的关联，其结果是《金瓶梅》和《水浒传》都同时发生了改变。这种复杂性超出了我们对"互文性"的惯常理解。有的"互文"属于张冠李戴，使得《金瓶梅》中的许多片段让人感觉到系从《水浒传》化用而来。比如：第 26 回所叙西门庆给了来旺一包银子让他去开酒馆，又设下"贼喊捉贼"圈套，把来旺当贼拿去送官一事，与《水浒传》第 30 回所叙张都监、张团练和蒋门神设下陷阱，将武松诬陷为盗贼那段文字，尽管所针对的对象和写作意图不同，一个意在突出西门庆的"机深诡谲"，一个意在表现张都监、张团练和蒋门神等人之阴险狡诈，但基本情节同样是何其相似乃尔！二者之"互文性"关系，不言而喻。再如，《金瓶梅》第 47 回所叙苗员外被家奴苗青谋财害命、侵占

① 参见黄霖：《论〈金瓶梅词话〉的"镶嵌"》，《文艺研究》2016 年第 4 期。

② 参见[美]商伟：《复式小说的构成：从〈水浒传〉到〈金瓶梅词话〉》，《复旦学报》2016 年第 5 期。

家产的故事,与《水浒传》第60回写卢俊义被管家李固与娘子勾搭成奸、侵占财产、谋害性命故事也颇雷同。至于清初金圣叹评改《水浒传》的创意则可以肯定是受到了《金瓶梅》的影响。其比较明显的例子是,《金瓶梅》最后的结局是“吴月娘惊噩梦”,于是金圣叹也给腰斩的《水浒传》添加了一场“卢俊义惊噩梦”。面对《水浒传》与《金瓶梅》文本如此众多的雷同性段落,我们颇能感受到二者之间所存在的暗流涌动的双向“互文性”,即《水浒传》影响了《金瓶梅》,《金瓶梅》又反过来影响了《水浒传》。二者之间的“互文性”关系应该是双向的。至少我们不能轻率地断言只是《金瓶梅》历时单向性地仿效了《水浒传》。另一方面,两部小说之间还存在反模仿问题,具体表现为《金瓶梅》暗引了《水浒传》中许多经典中的桥段,但又反其道而行之,将充满义气、正气的正能量翻转为唯利是图、蝇营狗苟的负能量。如《金瓶梅》第19回所叙指使鲁华、张胜逻打蒋竹山一段,又是从《水浒传》“鲁提辖拳打镇关西”搬运而来。然而,同是寻衅打人,一为好汉路见不平,拔刀相助,属于见义勇为行为;一个是恶霸为徇私利,雇凶打人,带有黑社会打击报复性质。通过经典桥段的重新编排和经典叙事话语的拆解与重组、改装,达到了完全不同甚至相反的叙事写人目的,这说明作为前提的叙述语境与叙述对象对文本的叙事效果具有决定意义。

在《金瓶梅》问世之前,《三国志演义》《水浒传》《西游记》诸小说似乎已经“得之于行路,传之于众口”,后三者对前者的渗透不言而喻。然而,“四大奇书”之间的错综复杂关系及其相关问题仍然需要提出来思考。第一个匪夷所思的问题是,在《金瓶梅词话》中,我们很难捕捉到与《三国志演义》发生“互文”的印记。莫非“兰陵笑笑生”没有摸过《三国志演义》?按情理来说,《三国志演义》与《水浒传》常并行传播,这位“兰陵笑笑生”是不会漠视这一“互文”对象的。为什么直到“绣像本”中,《金瓶梅》才大张旗鼓地以反讽方式于开篇第1回大规模戏拟“桃园三结义”?该回所叙西门庆热结十兄弟,显然是在戏拟《三国志演义》的“桃园三结义”,但已将英雄的“义”偷梁换柱为“利”。从西门庆身上嗅出刘备的气息,似乎也非牵强附会。唐人章碣的《焚书坑》:“坑灰未烬山东乱,刘项原来不读书。”从《史记》所载项羽“不甚读书”,到《三国志演义》写刘备“不甚好读书”,再到《金瓶梅》写西门庆也是“不甚读书,终日闲游浪荡”,存在着一脉相承关联。莫非是冯梦龙在提出“四大奇书”这一命题时对四种文本进行了整体“统筹”?假如这种“统筹”存在,那么就会出现“四大奇书”彼此发生“互文性”的奇观。如果是这样,《金瓶梅》文本中含有《三国志演义》《水浒传》以及《西游记》影响的蛛丝马迹就不难理解了。

还有一些带有颠覆性、唱反调式的叙事也会让人们产生“互文性”联想。对其“反模仿”所形成的文本格调,以往人们多以“反文化”“反传统”“反讽”“反弹琵琶”“唱反调”以及“颠覆”等术语评之,“反”字仿佛成为这部旷世“奇书”的基本品格和标签之一。围绕英雄形象的重新解释,在商场如战场、情场如战场的修辞化言说中,西门庆被塑造成一个商界奸雄、情场性英雄,他所向披靡的法宝是钱财,是计谋,是狐朋狗友的拥戴,是腰间征服女性的驴大阳具。在《金瓶梅词话》中,西门庆的计算和企图被描写成投机和征服,他的商业行为,则有如豪赌。其间不乏险情,却终能化险为夷。与他的政治和经济冒险相平行的,是他愈演愈烈的性征服。如果不是在《金瓶梅》的小说语境中出现,完全可以当作一篇战争赋来阅读,与《三国演义》中的《赤壁鏖战赋》相当,诚如商伟先生所谓:“在这些戏仿的文字中,历史演义和英雄传奇的叙述传统被系统地改写,英雄好汉在江湖上的角逐和沙场上的对垒变成了不折不扣的风月寓言,他们的行为规则获得了全新的解释。”①以传统的战争意象描述性爱,将沙场上厮杀的英雄好汉与床第上的浪荡子弟作比,这是对传统辞赋语境的极大颠覆。他日益膨胀的欲望与地位的上升和财富的繁殖成正比例增长,变得越来越肆无忌惮。他在临死之前,已经把征服的对象扩展到了林太太——身居深宅府第的王招宣的遗孀。无奈欲壑难填,体力透支,攻城略地的征伐功亏一篑。同时,作者似乎是在处处化雅为俗,如写小说戏曲经常会写到发生在商人与文人之间的婚姻爱情争夺战。以往小说文本,诸如关汉卿元杂剧《赵盼儿》以及后来清代《聊斋志异》中的《连城》等,其立场在文人一方,所宣扬的观念也是文人最终稳操胜券;而《金瓶梅》的观念却转化为商人一定会赢得终局。小说在尚举人与西门庆两者间,孟玉楼选择了财势兼具的西门庆,而不是“百无一用”的书生。这种化雅为俗的“互文”让人感叹金钱权势的实惠与诱惑已经超越了华而不实的名声和地位。另如,赏雪吟诗本是属于中国传统文人的风雅之事,而《金瓶梅》每每以雪来组织叙事场景,渲染雪天的荒淫与不堪:第 21 回“吴月娘扫雪烹茶”、第 38 回“潘金莲雪夜弄琵琶”、第 46 回“元夜游行遇雪雨”、第 67 回“西门庆书房赏雪”、第 77 回“西门庆踏雪访爱月”等回目中的雪景辉映的是骗吃喝、逛妓院、算账目、争皮袄、争风吃醋、勾心斗角……由雅而俗不言而喻。再看,《金瓶梅》写西门庆虽然骑马,但也骑驴,蒋竹山更是以骑驴为主,这里的“驴”意象已经不是往昔文人“细雨骑驴”标准造像中的意象,而是“潘驴邓小闲”(潘安的貌、驴大行货、邓通般有钱、青春小少、闲工夫)中的“驴”意象,也就是驴儿般大的阳具。在《金瓶梅》中,将风雅化的友人际遇、诗酒风流作风骚的低俗的片段,更是不胜枚举。

至于《金瓶梅》对《西厢记》仿拟而呈现出的“互文性”花样,则早已引起研究

① [美]商伟:《一阴一阳之谓道:〈才子牡丹亭〉的评注话语及其颠覆性》,刘东主编:《中国学术》总第 23 辑,商务印书馆 2007 年版,第 144 页。

者注意。相关论文主要有:敦勇的《〈金瓶梅词话〉与〈西厢记〉——〈金瓶梅词话〉与戏曲研究之二》载(《艺术百家》1987年第3期)、徐大军的《〈金瓶梅词话〉中有关〈西厢记〉杂剧资料析论》(载《中国典籍与文化》2003年第3期)、蒋星煜的《〈西厢记〉在〈金瓶梅〉书中之反映》(《中华文史论丛》2005年第80期)、史小军的《论〈金瓶梅词话〉对〈西厢记〉的袭用——以第八十二、八十三两回为例》(《文艺研究》2006年第6期)、伏涤修的《〈金瓶梅词话〉对〈西厢记〉的援引与接受》(《古籍整理研究学刊》2008年第6期)等。这些论文纷纷从不同视角、不同文本证据着力于探讨《金瓶梅》是如何将优雅之情变为恶俗之欲的。此不赘述。

由"互文性"路径进入研究胜境,我们充分感受到,《金瓶梅》是一部转益多师、融会贯通的经典之作,作者在其文本建构中既运用了抄引、援引、化用、袭用等"正模仿"之笔,又运用了戏拟、反讽等"反模仿"之笔。有时,正反模仿错综交融,甚至不惜采取大量的拼凑、掉书袋、旁征博引、人言己用。可以说,《金瓶梅》"互文性"之复杂、多维,在古典小说中罕有其匹。

乱世是奇侠,盛唐入禅真
——《禅真逸史》简论

徐爱梅

《禅真逸史》,全称《新镌批评出像通俗奇侠禅真逸史》,8 卷 40 回,明末方汝浩编著。卷前题“清溪道人编次”“心心侠侣评订”,清溪道人即方汝浩,谭正璧认为他是洛阳人,寓居杭州。除本书外,还有《东度记》《禅真后史》等小说行世。“心心侠侣”是夏履先,明杭州书坊主人,本书刊行人,《凡例》即是他所写。

全书讲述的是高僧林澹然和他的三个弟子杜伏威、薛举、张善相在南北朝乱世中救世济民,行侠除恶,最后一释三真都成正果的传奇故事。他们入世有奇侠之行,出世享成佛成仙之乐,“禅真”二字,是唐高宗给予四人的敕封,故书名《奇侠禅真逸史》,在题材上属于长篇通俗英雄传奇小说。

《禅真逸史》出现在《水浒传》之后,塑造的林澹然和三个高徒的侠义形象学步梁山好汉处甚多,但以他们归禅成真的大团圆改写了《水浒传》中以宋江、卢俊义等为首的好汉们被奸臣害死的悲剧结局。艺术上却不能望其项背,与《三国演义》也相差甚远。夏履先在凡例中所夸耀的“今编订,当与《水浒传》《三国演义》并垂不朽”,实为谬赞。

一

林澹然是贯穿全书的主人公。小说前 17 回主要讲述了林时茂(后落发为僧,法号澹然)为避祸和逃难、出东魏入南梁复返东魏的惊险经历和他所做的一系列“奇侠”故事,他身上集合了水浒好汉们的诸多优点。

林澹然本名林时茂,禀性忠直,是南北朝时东魏将军。他“武功过人,力大绝伦,箭不虚发,使一支方天画戟,无一个对手”。在随渤海王、大将军左丞相高欢出征中,危急时刻勇救高欢,被封为镇南将军,并屡立赫赫战功。

作为镇南将军,林时茂在朝敢于直言东魏皇帝佞佛的不当。南梁东魏两国佛教盛行,梁武帝建寺招僧、舍身侍佛的行为传入东魏,魏国皇帝十分羡慕,打算效仿梁武帝皈依佛教,建寺筑塔,身边近臣无不阿附赞同。林镇南则以魏帝这种行动“不明君道,反信异端,劳民伤财,甚非治体”为由,极力说服左丞相高欢出面谏阻。在高欢痛陈佞佛种种时弊后,魏帝放弃了建寺计划。林时茂也因此“名扬四海,人人敬仰”。

路见不平,出手相救,是豪杰本色,林澹然也是如此。高欢的儿子高澄飞扬跋扈,带着一班棍徒围猎时踏坏农民麦田,并指使纵容手下暴打麦田主人,林时茂恰好路过,好言相劝却受到高澄的辱骂。林时茂不但赔偿了农民的损失,作为下属他也勇于向高欢汇报了高澄仗势欺压百姓的行为。

虽然高欢严厉地惩罚了高澄,但林时茂考虑到高澄为人狠毒,性如烈火,又有“世子”身份,将来继承父位后一定对自己打击报复。于是林时茂放弃功名富贵,落发为僧,悄悄离魏并出奔南梁,以避将来之祸。从此林时茂以林澹然法名自称。

入梁后,因为除掉为害乡里的野人而被当地官员推荐,在梁武帝敕建的建康宝刹妙相寺做了副住持,和正住持钟守净一起管理妙相寺。在钟守净为梁武帝宠妃生日做道场期间,盗贼李秀、苗龙、韩回春等捆缚钟守净、夜劫妙相寺时被林澹然发现。林澹然击退窃贼,勇救钟守净,并以钱财赠送李秀等人,劝诫他们谋取正当生路、改过自新。

钟守净贪鄙好色,不守清规,在媒婆赵蜜嘴设计相助下,与寺邻沈全之妻黎赛玉相识、通奸。林澹然善意相劝,钟守净却怀恨在心,在梁武帝面前大肆诽谤、捏造林澹然欲接连东魏、攻打南梁等罪名。澹然得知武帝欲派人捉拿自己治罪的消息,连夜逃离妙相寺。

林澹然在逃亡的路上多次遇险,因为李秀、薛志义等众好汉以及南梁杜成治都督等人知恩报恩、仗义相助才得逃出南梁,重返东魏。在东魏张家庄,澹然因除妖得到道教仙人所授三卷天书,从此定居研习,授徒传道。

二

后20余回,林澹然退居幕后,在他的传授下,三个高徒个个身手不凡并登上乱世舞台,一起干出了一番轰轰烈烈的事业。

从18回,也就是林澹然返回东魏后,南梁、东魏两国的政治形势发生了巨大的变化。东魏丞相高欢去世后,其子高澄袭位。不出林澹然所料,高澄把持朝政,恣意妄为。他屡屡侮慢大将侯景,侯景则恃官高爵大,不以高澄为意。二人不能同朝,侯景投奔南梁,意图联合梁武帝攻打东魏。这时的梁武帝因皈依佛教,国事日非,变故渐生。他武断地接纳侯景投奔后不久,又中了东魏反间之计,引起侯景之乱。梁武帝被侯景幽囚台城饿死。侯景之乱使得梁朝政权不断更迭,社会动荡不安。东魏政权则由高欢之子高澄之弟高洋把持,后高洋夺取东魏政权,改国号为齐,高洋为齐显宗。其孙齐世宗即位后,柔懦无才,宠信嬖佞,和士开、穆提婆把持朝政，贿赂者得官，清廉公正者黜退贬谪，朝政腐败。

在南梁、东魏政权频繁更替之际，杜伏威、薛举、张善相登上了历史舞台。薛举是薛志义之子，薛志义是南梁人，因报父仇杀恶宦而在定远剑山落草为寇，并与苗龙结义为兄弟。后火烧妙相寺，杀掉钟守净为林澹然报仇，被南梁官军追剿杀死。手下携带其子薛举投奔林澹然。杜伏威是南梁杜成治的独子。杜成治因私放林澹然被梁武帝下旨治罪、惊吓而亡，家产被查抄，妻妾被流放而死。其妾所生遗腹子杜伏威在侯景之乱中被辗转卖到林澹然处，并和流落到此处的祖父相认团聚。张善相是东魏河东府广宁县张家庄张太公之孙。杜伏威、张善相与薛举年龄相近，三人一起跟随林澹然学习武艺和法术。

仨人虽性情顽劣，但杀虎、惩处邻村恶妇等行为已显示少年不凡，而且情意相投，16岁时结义为兄弟。杜伏威年最长，他在返乡埋葬祖父骸骨的过程中，因得罪桑参将之子桑皮筋而被设计屈陷下狱，率众犯人越狱后在孟门山落草为寇。他高举义旗，招贤纳才，广交江湖英雄，依靠林澹然的出谋划策，劫富济贫，攻城夺府，拯世济民，多次打败官军的征剿，与前来相助的薛举、张善相一起不断扩大自己的实力和地盘。北齐朔州一代，尽归他们所有，而且杀掉牛进报了父仇。不久受齐将段韶招降，受封为将军，镇守西蜀。上任后，三人都取得了不凡政绩。

齐为隋代后，三人各自在楚州、泸州、信州称王自立。至隋末，顺应历史大势，归降李世民。唐初，澹然圆寂，杜、薛、张经仙人点化，出家修道，云游方外。唐高祖各敕赠灵圣大禅师及普化真人、普利真人、普济真人封号，一释三真，均成正果。

三

《禅真逸史》以南北朝时期南梁、北魏两个政权100余年间动荡的历史为时代背景，虽然也穿插了这一时期发生的重大历史事件，比如梁武帝佞佛、侯景之乱和东魏政权的频繁更迭，但中心内容是塑造林澹然和三个高徒亦侠亦禅亦真的传奇形象。林澹然这一形象纯属虚构，杜伏威、薛举、张善相虽然实有其人，但小说中三人的经历已完全不同于史实记载①，所以《禅真逸史》在题材上属于长篇通俗英雄传奇小说而非历史演义。

《禅真逸史》出现于明代末期，那时长篇巨著《三国演义》《水浒传》《西游记》《金瓶梅》等都已相继问世，并代表了各类小说的最高成就。《禅真逸史》对《水浒

① 杜、薛、张是隋末江淮、陇右、许州的三支起义力量，彼此从未联合更无结义。当时北齐早亡，段韶已死，镇压他们的是隋炀帝和李世民。小说写他们受齐主、段韶招安完全不符史实。三人结局也很惨，杜伏威据说是被毒暴卒。张善相降唐守伊州，为敌军所困。唐高祖故不发兵相救，张善相城陷被杀。薛举病死军中，其子降唐后，被腰斩于长安。

传》故事借鉴模仿明显,但又杂糅了《三国演义》《西游记》《金瓶梅》等历史演义、神魔小说和人情小说的多种笔法。林澹然的形象中有着鲁智深、宋江和武松的影子:他和鲁智深一样都因救百姓而被逐或自逐出官吏行列,出家为僧;力大无穷,打杀野人,救百姓又和武松打虎相似;得天书,指引弟子,带领绿林好汉们战胜官军,又是宋江受九天玄女天书故事的模式。三结义、西蜀称王则是学步《三国演义》刘备桃园结义、诸葛亮的故事。斗法破阵、撒豆成兵、清虚境遇仙的故事情节,则是《西游记》等神魔小说的套路,钟守净和黎赛玉的偷情故事大有《金瓶梅》的笔法。这使得该书故事曲折跌宕,结构严谨,针线绵密。

但模仿因袭有余、创造力不足是此书最大的缺点。《凡例》中说:"此书旧本出自内府,多方重购始得。今编订,当与《水浒传》《三国演义》并垂不朽。《西游》《金瓶梅》等方之劣矣。"《凡例》谬贬《西游记》《金瓶梅》固然荒唐,与《水浒传》《三国演义》"并垂不朽"的夸耀也属痴人说梦。

小说融合了儒、释、道三教思想,林澹然和他的弟子们忠君爱民,替天行道,并可随意出入于僧院、仙界、地府,凭借观星望气、驱神役鬼的能力战无不胜,看似荒诞不经,实则反映了南北朝时期释而道、道而儒,三教合流、三教互补的特征。此书作者意在为这些好汉侠客、义军及其首领寻求一个美满结局,所以一改历史事实,让杜、薛、张主动选择招安,也写出了朝廷对他们的诚意,调和了统治者和反抗者的矛盾,这说明作者对统治者充满了幻想,也反映了作者政治思想的局限性。

袁昶的名号、室名与诗集的定名刊刻

孙之梅

袁昶(1846～1900),清同治光绪时期的著名学者、文学家,刊行的诗文集有《渐西村人初集》13 卷、《安般簃集》10 卷、《春闱杂咏》1 卷、《于湖小集》7 卷、《袁忠节公遗诗》3 卷(包括《水明楼》1 卷、《朝隐卮言》2 卷)、《于湖文录》9 卷以及《袁太常戊戌条陈》《袁太常奏稿》《袁忠节公手札》《袁忠节公遗札》等。关于袁昶的研究,鉴于庚子事变涉及其人,故史学界关注较多,而其他方面的研究尚未展开,本文仅论其名号、室名与诗集名的变迁、刊刻、品评。

一、袁昶的名号与室名

袁昶初,名振蟾,字爽秋。此名是袁昶出生后由其大伯父所命。其《毗邪台山散人日记》辛巳十二月:"不肖旧名系丙午秋闱中世父艺圃府君所命。"①丙午是道光二十六年(1846),袁昶出生。后改名为昶,字重黎,关于改名时间袁昶本人有两说,其一是癸酉年(1873),其二是丁卯年(1867)。

《毗邪台山散人日记》辛巳十二月:

> 癸酉秋作告墓,更名文昶者,高明之谊。黎与黧通,取守玄之戒。早服谓之重积德。重积德者,敛之又敛,法隆冬闭冻之象。故苟于治心养气之学,既有所明而又谦冲静慎,重守玄默,以孚养之也。又,自以少孤多病,强求摄生,《参同》妙蕴,不外二抱一、火守水之术。虞氏《易》所谓"《既济》定,六爻皆得位"者,水升火降而已。其功候在《损》。惩忿者,火降也,所谓"五行颠倒术,龙从火里出"也。窒欲者,水升也,所谓"五行不顺行,虎向水中生"也。水月内景,火日外景,于文"永"字形似二水,二古"上"字,水自下而之上,则日从火类,自上而之下,而《损》与《既济》之道得矣。说虽不合六书,要亦自比于古者,吹律定姓,啬渐得名耳。此制名窃取之谊也。更名昶,字重黎说。

---

① (清)袁昶:《毗邪台山散人日记》,李德龙、俞冰主编:《历代日记丛抄》第 70 册,学苑出版社 2006 年影印本,第 313 页。

文中交代改名的时间与名字的寓意。癸酉年为同治十二年(1873)。袁昶一生喜欢《易》学,持守道家养生处世之学。这篇日记写于光绪七年(1881),此时袁昶的为人处世准则大致形成。

丁卯年为同治六年(1867),《毗邪台山散人日记》甲戌十二月云:

> 贱子丁卯夏更名昶,字重黎者何?盖欲以昌黎公尊先德。以符郎自况,而重为先德之续也,安敢辞金根车之诮乎?[①]

韩愈长子昶,小字符,曾从樊宗师学文,承传父学。袁昶改名昶,字重黎,是因为崇拜韩愈,以韩愈尊其先父,以符自况,期望自己能在文上光大家学。这个解释与后七年所说大不相同。

我们首先确定袁昶改名的时间,最直接的方法就是看其日记有无记载。袁昶的日记始于丁卯三月,丁卯四月有一条:"夜看湖光,初小渐大,如车轮,俄顷不见。更字重黎。"[②]"重黎"之字与"昶"字的渊源如上所叙,可以确定袁昶改名是在丁卯四月,比癸酉年早了七年。这种误差是怎么发生的?癸酉年为同治十二年,这一年袁昶先在全椒,九月到达桐庐,祭扫王官山父墓、戊子山始祖墓、检司山祖墓、映潭坞曾祖墓祖母墓、木碑头大妹墓、师子谷曾祖母墓。《礼》曰:"君子已孤,不更名。"袁昶的父母在同治二年太平军之乱中弃世,按照古礼他是不应该改名的,因此在祭奠祖先的墓告文中,详细诉说自己改名的寓意。因此,癸酉年不是改名的时间,而是墓告文的时间。由于袁昶日记表述的逻辑问题,给我们造成了错觉。

其次看其名与字的寓意,认为甲戌十二月的说法更原始。癸酉年,其思想渐进成熟,墓告场合严肃,便对改名做了一番玄而玄的阐释。此外,光绪二十二年(1896)乡试,面对张之洞的询问,袁昶对自己的名与字进行一番戏说,云:

> 生不得入柯亭刘井,抱常歉歉,故字曰重黎,言不得居太史令之职,要想驾而上之,作太史公之祖耳。又韩昶学不逮其父昌黎公,而重续其种学绩文之家法,亦其谊也。香严师见问字何义,不敢对,今疏之,师必为之喷饭。[③]

香严是张之洞的号。张之洞询问其字的寓意,他回应:一说自己遗憾才拙运蹇,想通过名字寻找精神上的弥补。柯亭刘井,明代柯潜的故事。传说柯潜生性愚钝,读书刻苦用功却不开窍,后见到壶公山神,聪明花开,高中状元,历任翰林院修撰、右春坊、右中允、詹事府少詹事兼翰林学士掌院事等职。柯潜当官刚正不阿,不俯仰时势。其住处自建亭,刘文安濬井,人称柯亭刘井,喻其清操。用这

---

① (清)袁昶:《毗邪台山散人日记》,李德龙、俞冰主编:《历代日记丛抄》第68册,第65页。

② (清)袁昶:《毗邪台山散人日记》,李德龙、俞冰主编:《历代日记丛抄》第68册,第5页。

③ (清)袁昶:《毗邪台山散人日记》,李德龙、俞冰主编:《历代日记丛抄》第74册,第303页。

个典故自谦虽然愚钝，但没有如柯潜能够一旦开窍，聪明洞达。张之洞，号壶公，同治六年主持浙江乡试，袁昶是科中举。这里以壶公山神寓指张之洞，说自己因遇到壶公师提点而学业进步。显然这是一个雅谑，言关双方，分寸恰到好处。后面一说重复甲戌年的说法。后来袁昶的儿子们抄录其日记时特别注出："则仍取下一义，上一意戏言耳。"袁昶的名、字都与韩愈有关，当是改名时的本义。光绪二年(1876)九月，袁昶又字晦之[①]，但不行。有时也自称"老黎"[②]。

袁昶浙江严州府桐庐县人，桐庐滨浙江西，于是自称"渐西村叟"。叟，老者也。袁昶自称叟时只有31岁。同治十三年(1874)会试，本已中正榜，后被抽换，不得已捐赀为中书舍人。到光绪二年初，两三年里沉抑下僚，功名难求，漂流京师，不免生日月流逝、孤独怀乡之思。自号渐西，以见其乡情；叟者，感慨岁月不居，老之将至。光绪二年正月特作《渐西村叟说》加以申说：

> 渐西者何？予家故居，渐水之西。渐江水者出，故丹阳郡、黟县、三天子障，东流径新定郡。黟，今徽州新定，一名新安。今严州故郡治，在今遂安县也，自故黟至新定所属之。桐庐县凡四百有八滩，南得婺江口，又南白云溪水来注之，又西绣峰涧水来注之，又西紫溪水来注之。渐江水一名清溪，予家茸茅数十椽，面垌背市，在清、紫合流之间，曰渐西老屋。拓间地为圃，有方竹来禽，松栝踆鸱，麻麦菜瓜之属，生意蓬蓬如也。村者何？任昉赴新安守，治道出吾邑。作《郭桐庐出溪口见候，予既未至，郭仍进村，维舟久之，郭生方至》诗一首，上推郭峙所进之村，以地形考之，梁故县治，去今治十里，今县治故梁村也，而旧居适当之，是以名从。其初，盖以风末俗浇讹，德不如古，今之县不若昔之村焉。叟者何？凡人自少壮微损，以至衰老羸病，倏如电光石火，不可究诘，予以不可思议。不可思议，谷神之法驻之，而又援元道州"漫叟""声叟"之例，壮而称叟，是亦道家野老十八篇寓名之类也。[③]

以"渐西""叟"为核心词，又称"渐西村人""渐西耕叟""渐西漫士""渐西聱叟""渐西鄙人""村叟""篾叟""东门篾叟""许由东邻渐翁""畸逸悔翁"等名号。袁昶家世居桐庐芳郭，又称"芳郭钝叟""芳郭钝棰""芳郭钝逸居士""芳郭逸叟"

---

① (清)袁昶《毗邪台山散人日记》丁丑九月："渐西村人，字曰重黎，今复制字曰晦之。"(李德龙、俞冰主编：《历代日记丛抄》第69册，第302页)

② (清)袁昶《毗邪台山散人日记》丙子正月："老黎养气不成，素患骄人病、躁己病之疾。此疾之害，甚于痁瘴，未有以尽划其根也。"接着解释为何称"老黎"云："吾州邑人士，每以字相呼，同辈则曰'老□'，丈人行则曰'老□先生'，魁儒乡望，则以其别号称之，而不敢相字。北谯人同辈，相字则连姓截称其上一字。如左太冲则仅曰'左太'，郭景纯则仅曰'郭景'也。予从乡俗，自呼曰'老黎''老猿'"。(李德龙、俞冰主编：《历代日记丛抄》第69册，第12页)

③ (清)袁昶：《毗邪台山散人日记》，李德龙、俞冰主编：《历代日记丛抄》第69册，第23页。

“芳郭病夫”等。汉代的隐士严光隐于桐庐南的富春江，后其隐居地被称为“严陵濑”，又署“濑乡支离叟”“濑乡樵隐”“濑乡啬夫”等。

袁昶是一个特别喜欢通过名号来寄意的人，我们从他的名号中可以窥知其思想倾向与人生趣味。他一生向往山林隐逸的人生，光绪元年(1875)自称荣期翁[①]。荣期翁指春秋时的隐士荣启期。他喜欢《周易》、道家学说、佛教，借用这些学说在纷繁复杂的清末官场处世、全身免祸。名号也多与这些学说有关系。光绪初自号“定林居士”“毗邪山人”“拙讷居士”。定林本于金陵名刹定林寺，此寺因王安石而闻名。王安石晚年定居金陵定林山，曾作《定林》诗。袁昶早年流连金陵，对此胜迹唏嘘不已。光绪三年(1877)日记云：

> 走癖爱钟山下二定林水竹岩溪之美，意在结茅读书，誓彼息壤，故窃以定林居士自号。昔之龂龂者遂定，且有感于王文公语吴国夫人及叶涛之事也。[②]

毗邪，佛教语，古印度地名。维摩诘居于毗邪城，发明无有文字语言的不二法门。王安石《北窗》诗云：“北窗枕上春风暖，漫读毗耶数卷书。”王安石是袁昶最心仪的宋代诗人，他是因为喜欢王安石而喜欢定林、毗邪，还是因为对佛教的亲近而喜欢王安石？与道家、佛教有关的名号还有玄真子、羼提室居士等，玄真，妙道也；羼提，忍辱也。光绪二年，袁昶又自命拙讷居士。“拙讷”谓才疏口拙，不善应对。袁昶一向认为自己才性不够突出，又拙于应对。除了这一层意思外，更多的是与谢灵运《初去郡》“伊余秉微尚，拙讷谢浮名”，苏轼《谢赐对衣金带马表》“伏念臣少而拙讷，老益疎愚”，取得共鸣。这个名号与他的宋学宋诗倾向有关。

袁昶在使用名号时还有一个有趣的现象，他虚拟人物，展开对话，讨论问题，剖析心理。光绪六年(1880)八月，他虚拟了酱翁与篾叟的对话：

> 酱翁语篾叟曰：“方今天步艰屯，九流溷浊，何时济乎？”篾叟答曰：“惟得人，斯能斡济之，不必定为管、乐、萧、葛也，但得如三王(导、猛、朴)、二荀(彧、攸)、二张(齐贤、居正)、二李(纲、德裕)、二谢(安、艾)、二耶律(休格、楚材)、二刘(秉忠、基)、二于(谦、谨)者，而假之土地、人民、军食、事权，经画累年，威信渐著，差足倚办。‘贤长城远矣。’如此才而不可骤得，或急而任之趣使，驱市人以决战，则叹朝列为无人，视干城如狗马，殆非持久之道也。”[③]

酱翁、篾叟，是《易》学史上一个故事中的人物。《易图明辩》记载，程颐、程颢

---

① (清)袁昶《毗邪台山散人日记》乙亥二月：“山人自呼荣期翁自兹始。”(李德龙、俞冰主编：《历代日记丛抄》第68册，第489页)

② (清)袁昶：《毗邪台山散人日记》，李德龙、俞冰主编：《历代日记丛抄》第69册，第263页。

③ (清)袁昶：《毗邪台山散人日记》，李德龙、俞冰主编：《历代日记丛抄》第70册，第48页。

兄弟去成都侍父，见治篾桶者挟册读书，则《易》也。相与问答，二程焕然有所省。后袁滋入洛问《易》于程颐，颐曰："《易》学在蜀耳，盍往求之。"袁滋入蜀访问，久无所遇，已而见卖酱薛翁于眉、邛间，与语，大有所得。遂有篾叟、酱翁之典。袁昶熟读历代《易》学著述，对此故事中的人物深有兴会。酱翁、篾叟所指为何？笔者认为就是虚拟两个自己。本条日记后一月云：

予乡酱翁言生平所遇有三不幸：不幸而少孤露，不幸而鲜友于好帮手，不幸而与世间文艺纤琐之士伍。其他则差幸天之所以与我者厚矣，敢不敬之勔之。[①]

予乡，自然指芳郭或桐庐，三个不幸都切合袁昶自己的身世与兴趣，酱翁显然是自指。日记眉批也曰"此盖自谓"。篾叟能确定也是其自拟吗？癸未年正月一条日记云：

刘宴善理财，卧而思，觉而梦，则见钱流地上，用心专一故也。朱文公善穷理，自言尝忽恍见理成片价从面前过，所存者熟也。篾叟善摄生，常见世间无物不有一缕生气，从细孔中壹灵而出，虽木石粟蓏亦然。惟人及毛角鳞介、湿生化生为能具一呼一吸之才耳。予戏语篾老云：朱子见理不见气，子见气不见理，使生乾道、淳熙间，必吃武夷山藤条诃之为异端矣。若遇薛公敬轩，则又诤执云礼先也、气后也。此文清本《朱子语类》"太极阴阳，一理二气也"之说而推衍之。尔知鸟背不知日光，殆哉殆哉！篾叟听然而笑，不予答也。文清有"理如日光，气如鸟背，有有鸟背无日光处，有有日光无鸟背处"之说，其实于谊未安。[②]

予与篾叟相与讨论为学专一、理气之先后，这些问题是袁昶日常最为关注的学术方法问题，篾叟应该是自指。日记眉批指出"篾叟乃戏自称"，可以佐证这一推断。篾叟和酱翁本是一人，袁昶将其拆开，主客问答，陈述见地。

袁昶有时虚拟自己与酱翁、篾叟互动。光绪八年(1882)日记云：

今日晤篾叟，见其案上与酱翁一帖云：征引群籍以为博，标帜异谊以为通，则于诸老先诚有愧焉。若夫阅古今之事变，摭中西之利病，洞消息于机先，决权实于众眩，验祸福于未朕，斡弱倾于既危，得时则犹若畏四邻，豫若于冬涉川，嫥嫥焉，惕惕焉，若不能一日胜居乎管席之上；不得时则超然荣观，析理条贯，舒舒焉，液液焉，若将终其身伏处于蒿莱之下。此则于诸儒不无一日之长。[③]

① (清)袁昶：《毗邪台山散人日记》，李德龙、俞冰主编：《历代日记丛抄》第70册，第55页。
② (清)袁昶：《毗邪台山散人日记》，李德龙、俞冰主编：《历代日记丛抄》第70册，第433页。
③ (清)袁昶：《毗邪台山散人日记》，李德龙、俞冰主编：《历代日记丛抄》第70册，第418页。

"我"拜晤篾叟,读酱翁之帖,日记眉批挑明:"此盖戏自谓。"有时我与篾叟、酱翁是朋友,在学问、思想、时事诸方面互动。光绪十二年(1886)十一月日记曰:"吾友篾叟与人乐易,无畦畛,至商榷古今人物,则评量至严,精于鉴别,不失尺寸。""友人酱翁言,野狐杀人,欲炼大丹,止吸精髓,而斥弃其皮骨毛爪。山峰采花成密,但噏香味不取花叶。挟策读书者,智不如山峰林猞,其可乎。"[①]讨论治国之道、学问之理、行藏之运,常假篾叟之口,如:"或问篾叟曰:语云,治国所用,乱国之材;胜弈所用,败弈之棋。此以棋之为人用,利钝不同言之也。""问篾叟,《孟子》曰:'仁,人之安宅。'"[②]"严君平与篾叟推我行年,谓当静多动少,默多语少,闭门多出门少,《易》道九六善变,七八不善处变;《易》用九六,《玄》用七八,子用杨子云'惟寂惟寞'之谊,占七八可也。七者,卯象开门;八者,酉象闭门。觳母丹容,㓞安踟跌,居乐有馀。"[③]"夜分,披衣起觅老友篾叟谈。篾叟方与酱翁讲《易》。"[④]袁昶与酱翁、篾叟的互动辩驳,使其思想表达更加直接生动。这些名号外还偶称"牛翁""东园公",均是古代著名隐士。

袁昶的名号多而有趣,均充分发挥符号作用,是我们认识袁昶思想的窗口之一。其室名也大致如此,此制《袁昶室名表》,以便观览:

时间	年龄(岁)	室名
己巳(同治八年)八月	24	相宝剑刀室
癸酉(同治十二年)正月	28	蚓斋
癸酉(同治十二年)九月	28	不妄语斋
甲戌(同治十三年)三月	29	孱轩
甲戌(同治十三年)六月	29	蓬累之室
丁丑(光绪三年)六月	32	心安乐斋
己卯(光绪五年)正月	34	濑上舟、筹边楼
壬午(光绪八年)八月	37	渐西村舍
甲申(光绪十年)二月	39	小拳窝、惜分阴室(儿辈家塾)
乙酉(光绪十一年)正月	40	沤簃、沤巢

① (清)袁昶:《毗邪台山散人日记》,李德龙、俞冰主编:《历代日记丛抄》第71册,第416页。
② (清)袁昶:《毗邪台山散人日记》,李德龙、俞冰主编:《历代日记丛抄》第71册,第439页。
③ (清)袁昶:《毗邪台山散人日记》,李德龙、俞冰主编:《历代日记丛抄》第71册,第330页。
④ (清)袁昶:《毗邪台山散人日记》,李德龙、俞冰主编:《历代日记丛抄》第72册,第253页。

续表

时间	年龄(岁)	室名
乙酉(光绪十一年)十月	40	韩斋、顾斋
庚寅(光绪十六年)正月	45	小拳窝箬园、小沤巢
辛卯(光绪十七年)九月	46	羼提室
甲午(光绪二十年)正月	49	南小沤巢
乙未(光绪二十一年)九月	50	远景楼、水明楼

袁昶的室名24岁时的“相宝剑刀室”、34岁时的“筹边楼”有进取经世的豪迈,东斋、西斋与治学相关,乙酉十月日记云:

> 元虞文靖公自少尚友古人,澹泊守志,榜其斋曰“陶庵”“邵庵”,以敦夙好志宗仰。不肖椎鲁之姿,莽卤之业,素尝不自量,度以古今记事者必提其要,莫如亭林先生;纂言者必钩其玄莫如昌黎韩子。故每榜东箬曰韩斋,西箬曰顾斋,以为承师之法。今年届见恶,濩落无成,去二老先之学派亦远矣。且予性多好逸而畏劳,好泛览而少规束,无已,则先就切己病痛,痛下针砭,榜于左塾曰“无逸”,右塾曰“有恒”。以自儆惕,可乎?①

袁昶一生严于律己,用各种手法省查督励自己的修德进业,室名也是其中之一。顾炎武、韩愈是他治学作文的两宗师,前者推崇其记事提其要,后者推崇其纂言钩其玄,设二斋以示师承。事实上韩斋顾斋原叫东斋西斋,光绪三年九月日记云:“予每至一处言东斋、西斋者,因予行役之东西无定,劳困不堪,而渐欲返求诸张子厚‘砭愚’‘订顽’二铭之义也。”眉批解释道:“东斋象仁,发生主,韩子纂言;西斋象谊,成孰主,顾先生记事。”②两次解释差别很大:三年受张载影响,理学色彩重;十一年受虞集影响,文人学者色彩重。三年寓自己漂泊不定之身世;十一年寓从学之宗旨,看出随着年龄增长室主思想境界之差别。三年榜词用张载语;十一年出自《尚书》《周易》,显示了室主从学路径由宋学到汉宋和合。

其他多数室名呈现出道家、佛家收敛、减啬、隐逸的特点,与袁昶的思想精神是一致的。

二、诗集的定名、刊刻与品评

袁昶第一个诗集《渐西村人初集》收录了始于同治五年(1866)到光绪十年

① (清)袁昶:《毗邪台山散人日记》,李德龙、俞冰主编:《历代日记丛抄》第71册,第173页。

② (清)袁昶:《毗邪台山散人日记》,李德龙、俞冰主编:《历代日记丛抄》第69册,第303页。

(1884)的诗,附录修改后的少时之作23首。此集刻成于光绪十六年(1890),光绪二十年(1894)再版,在成集之前与两个刻本之间,贯穿着作者两方面的工作:其一,多次修订编排;其二,与文友切磋请教,吸取他们的意见,既在诗学上求得精进,也在编排上有所改善。

依据他的《毗邪台山散人日记》,看他对诗文集的修订编排:

> 光绪二年袁昶第一次对自己的诗作进行抄录整理,编辑成册。《日记》云:"山人诗如录竟,署曰:无名人。本《庄子·应帝王》'人之相知也,莫甚于哀乐'相喻,贵其真也。"丙子年袁昶考中进士,授官农曹,七月还在京纠结是否上任,云"农曹味如鸡勒,欲去不得,欲留不可,当卜于神明以决之"①,八月南下休假。这个诗册是袁昶南下休假前在北京抄录,作者署"无名人",尚无诗集名。

光绪四年(1878)八月,袁昶对自己的诗文第二次进行编排,《日记》云:"村叟自编杂著,不著撰人名氏。《内集》亦名《骈枝集》,古诗(四言、六言亦入古诗门。律诗、绝句);《外集续正论》(词、赋、论著以下);《附录》(代人为之,及寿叙、笔记、尺牍之属皆入焉)。"②此次整理,诗文并举,分《内集》(也叫《骈枝集》)、《外集》《附录》三编,无命名,也不提署名。

光绪六年(1880)十一月,《日记》眉批言:"删改《骈枝集》。欲仿《元次山集》例,补作网罟佃渔等语,以寄我黄农虞夏之思。如旧日欲作《饭牛歌》,谓牛歌起于葛天氏操牛尾而歌,亦可附入。"③这一次专门针对诗集进行删改。

光绪八年(1882)五月,《日记》云:"前钞村叟诗,至此得五卷。读之,嫌于神韵、神味二义太欠领悟,故一望而知匠刻之气太重,坐有意求深竞缛,故犯此病,当思以清灵圆妙之格矫之。"④此年已有五卷以上的规模。

光绪十一年(1885)二月,《日记》云:"不肖少孤,视荫汲汲,常虑无以仰承先志,倘能假年为学,不揣凉薄,意欲纂辑三物六艺,古今言学言治之术,以及食货、盐铁、河漕、兵农之属,删节要指,为《内集》。盖窃取亭林、习斋二先生之遗教,而欲力返空理之弊,愿大才小,不能偿也决矣。其余杂著、诗文,散隶《外集》,而参军蛮语,则《集外》,没甚要紧之物,先识其愿力,端倪如此,未必能践吾志也。"⑤这一次编排,诗文分类。

光绪十五年(1889)七月,《日记》云:"以己卯后所作诗四卷,交椠人用活字版

① (清)袁昶:《毗邪台山散人日记》,李德龙、俞冰主编:《历代日记丛抄》第69册,第78页。

② (清)袁昶:《毗邪台山散人日记》,李德龙、俞冰主编:《历代日记丛抄》第69册,第391页。

③ (清)袁昶:《毗邪台山散人日记》,李德龙、俞冰主编:《历代日记丛抄》第70册,第107页。

④ (清)袁昶:《毗邪台山散人日记》,李德龙、俞冰主编:《历代日记丛抄》第70册,第352页。

⑤ (清)袁昶:《毗邪台山散人日记》,李德龙、俞冰主编:《历代日记丛抄》第71册,第101页。

排印，以遗从昆弟及邻人，俾知我旅泊鸡栖之况，忧愉况瘁一寓于诗也。宋贤云：作诗虽未造藩域，破闷岂不贤樗蒲。邻曲知我者，当喻我意也。”[①]这一年已经开始刊刻诗集。

光绪十六年(1890)二月，《日记》云：“村叟诗八卷至十六卷印成，略略披览，了不见佳处，且写情景句少，而说理处猥多，不免如刘舍人所讥，‘非柱下之指归，即漆园之义疏’云云。此诗病也。何时捐去故见，更引新机，得有‘庄老告谢，山水方滋’之异境乎。”[②]《渐西村人初集》初版刻成。

从光绪二年到光绪十六年用15年编订自己的诗文集，光绪十六年初刊刻成诗集，其集名从《骈枝集》始，最终面世的是《渐西村人初集》(16卷)。按常理诗集编辑该告一段落，但事实并非如此，《日记》光绪十六年五月六月中关于改诗的材料就有如下：

> 以改旧诗为日课，一望沙砾，苦心锻炼，百裁得一。才力固苦，不厚学养，亦未到火候，勿强示形势，守老子之戒，弱其志而强其骨，风骨高骞则神韵自独绝也。[③]
>
> 改旧诗，曾以请正蒿隐、鼎父、子培三君，皆有发药之言，云当编戊寅以后所作为正集，以前为别集。此次删润，得力于三君之言为多。[④]
>
> 改己卯以前诗粗毕，惬心处殊苦少，如行茅苇中，必伐去障翳，远水遥山裁得一遇。[⑤]

第一个版本刻成后，随即征询意见，继续修改。这样当年就有13卷本问世，光绪二十年(1894)又有新13卷本问世。光绪二十三年(1897)校《钝棰集》(此集结果未明)，不知是否包括已经刊行的诗集。

在这个诗集的编辑刊刻过程中，正如上文所言，袁昶一直很重视听取文友们的意见。

光绪元年初《日记》云：“昔年陈君兰舟题此卷后曰：‘奴隶寒山，季孟击壤。’凡八字。夫天台三大士诗，经世宗皇帝睿指选录，入《御纂圆明居士语录》。又，宋王荆文公有《拟寒山二十首》，《示女诗》云：‘未有拟寒山，觉汝耳目莹。’其推重可想。深宁王氏亦节取之，试一谛观，言言有理，句句有法，句文身非句文身，如

① (清)袁昶：《毗邪台山散人日记》，李德龙、俞冰主编：《历代日记丛抄》第72册，第175页。“己卯”原文为“乙卯”。乙卯年为咸丰五年(1855)，是时袁昶10岁。《渐西村人初集》收诗始于同治五年(1866)，此处应是“己卯”。己卯年为光绪五年(1879)。

② (清)袁昶：《毗邪台山散人日记》，李德龙、俞冰主编：《历代日记丛抄》第72册，第307页。

③ (清)袁昶：《毗邪台山散人日记》，李德龙、俞冰主编：《历代日记丛抄》第72册，第390页。

④ (清)袁昶：《毗邪台山散人日记》，李德龙、俞冰主编：《历代日记丛抄》第72册，第401页。

⑤ (清)袁昶：《毗邪台山散人日记》，李德龙、俞冰主编：《历代日记丛抄》第72册，第402页。

人食蜜,中边俱甜也。以不佞之敝精神于蹇浅,上方寒山,其不中与作重台也审矣。何况安乐窝中真乐,攻心之豪士哉。陈君乃援蔡少霞山元卿之语以相例,殆增予绮语未除之惧也夫。光绪改元初月,浙西漫士。”①可见在光绪二年编辑成册前就请人教正过。

光绪七年六月《日记》云:“鼎父过谈,与之商榷改旧诗。君言,凡文事入手,须专意临摹,惟恐不似古人。及成体以后,须摆落窠臼,自成气格,惟恐不自己出。此参用刘文清、翁覃溪论书之法。”②鼎父,即清末著名学者朱一新,浙江义乌人,与袁昶同年生,且同在光绪二年中进士,同在北京为官多年,是袁昶的文友、知交。朱一新提出诗歌修改的原则性建议:摆落窠臼,自成气格。

光绪十三年五月《日记》云:“苗生评予诗,长处在能作理语而不腐,短处在求奥反涩,求深反晦,又短于言情赋景,不极工致流丽之姿。此言搔著痒处。”③苗生待考。

同年十二月《日记》云:“子培枉谈云:子近诗有进境,运笔较从前超脱多矣。予服其精鉴,盖予亦自嫌丙子、丁丑以前,时有滞于句下之病也(前年朱蓉生侍御论亦尔,与君同指)。”④子培,清末著名学者、诗人、书法家,是袁昶最佩服的学者。光绪十六年十二月沈增植又评其诗谓:“蟠际一干,朴老扶疏,发挥枝叶,离纚郁茂。”⑤

光绪十八年九月《日记》云:“仲修来书,评予诗云,‘以九流之蕃变,传六义之窈眇’,此的予祈向者,第精思未至,愧未副斯言耳。”⑥仲修,光绪时期著名学者、诗词作者、词论家,杭州人,袁昶的好友谭献。第二年,谭献又评《安般簃诗集》中的壬、癸二集,袁昶认为“仲修评予诗《壬癸集》二卷极精当。君今世之老于文学者,看得古人句律利病熟,故抉摘机关处透”⑦。

光绪二十一年《日记》云:“子与诤予诗喜用典、用字,自是一病,虽旧多今少,洗伐之功较深,然去性灵二字尚隔一尘也。此知诗病之言也。”⑧子与,即凌霞,湖州人,工诗善画,袁昶早年即与之为友。

在十几年与当世名人们的切磋中,袁昶对自己的诗也逐渐形成了认识。光

① (清)袁昶:《毗邪台山散人日记》,李德龙、俞冰主编:《历代日记丛抄》第70册,第458页。
② (清)袁昶:《毗邪台山散人日记》,李德龙、俞冰主编:《历代日记丛抄》第70册,第200页。
③ (清)袁昶:《毗邪台山散人日记》,李德龙、俞冰主编:《历代日记丛抄》第71册,第310页。
④ (清)袁昶:《毗邪台山散人日记》,李德龙、俞冰主编:《历代日记丛抄》第71册,第422页。
⑤ (清)袁昶:《毗邪台山散人日记》,李德龙、俞冰主编:《历代日记丛抄》第72册,第477页。
⑥ (清)袁昶:《毗邪台山散人日记》,李德龙、俞冰主编:《历代日记丛抄》第73册,第140页。
⑦ (清)袁昶:《毗邪台山散人日记》,李德龙、俞冰主编:《历代日记丛抄》第73册,第309页。
⑧ (清)袁昶:《毗邪台山散人日记》,李德龙、俞冰主编:《历代日记丛抄》第74册,第103页。

绪四年诗集定名为《骈枝集》,对自己的诗集不自信,用词敛抑,不敢张扬。骈枝,源于《庄子·骈拇篇》,云:“骈拇枝指,出乎性哉,而侈于德。”成玄英疏:“骈,合也,大也,谓足大拇指与第二指相连合为一指也;枝指者,谓手大拇指旁枝生一指成六指也。”后刘勰在《文心雕龙·镕裁篇》讲文章提炼裁减时用到这一词语云:“骈拇枝指,由侈于性,附赘悬疣,实侈于形。”显然,骈拇是多余无用的代名词。袁昶用这一词语为自己的诗集命名,其心态不言而喻。后来他的诗集一曰《渐西村人初集》,一曰《安般簃诗集》,渐西村人是袁昶的字号之一,表现他思乡归隐的情素。而“安般”源于佛经《安般守意经》。袁昶一生倾心老庄道家的养身修为,后来旁涉佛家,尤其对注重修为时呼吸吐纳的《安般守意经》表现出极大的兴趣,《安般簃诗集》其名颇能反映他的思想皈依。通过诗集名象喻自我如同用名号、室名寄意一样,表现他对自己诗歌的肯定与重视。光绪十五年,他以箧叟之口评己诗曰:“似耕牛稳实而利民用。”[①]又云:“友人箧叟评予诗曰,为学穷乎柱下,博物止于七篇,道丽之辞无闻焉耳。”[②]有时也直接阐说:“仆诗颇有理趣,而短于言情说景,不足以成家数。”[③]“予为诗只求汪洋自恣,以适予性而已,率以不要紧题说不要紧话,全不计题之大小,词之工拙也。”[④]袁昶对自己诗歌有了充分的认识,某种程度是对自己诗歌个性的顾影自怜。当然,他朋友们的品评和他自己的认知,在他诗集的修改过程中都发生过作用,这无疑对我们今天理解研究袁昶诗有启发作用。

① (清)袁昶:《毗邪台山散人日记》,李德龙、俞冰主编:《历代日记从抄》第 72 册,第 282 页。
② (清)袁昶:《毗邪台山散人日记》,李德龙、俞冰主编:《历代日记从抄》第 73 册,第 186 页。
③ (清)袁昶:《毗邪台山散人日记》,李德龙、俞冰主编:《历代日记从抄》第 73 册,第 347 页。
④ (清)袁昶:《毗邪台山散人日记》,李德龙、俞冰主编:《历代日记从抄》第 73 册,第 454 页。

清末民初政治小说在学生中的传播与接受*

黄丽珍

考察近代社会文化，学生乃重要的切入点，文学领域亦是如此。在清末民初涌现的数以万计的小说中，政治小说所占份额极少，但它的影响却是广泛而深远的。研究政治小说的影响，不能忽视它在清末民初学生中的传播与接受，对此进行梳理，是研究这一阶段小说特质及发展状况的有益视角，也不失为一扇检视近现代转型时期中国文坛面貌与学生精神世界的窗口。

一

何谓“政治小说”？梁启超在《中国唯一之文学报（新小说）》中给出的定义为：“政治小说者，著者欲借以吐露其所怀抱之政治思想也。其立论皆以中国为主，事实全由于幻想。”①在他看来，政治小说就是以阐发政见为宗旨、立足中国国情、以幻想为主要叙事方式的小说，这一定义的提出其实是建立在他接受日本政治小说的基础之上的。1898 年 12 月，梁启超在日本横滨创办《清议报》，其中专设“政治小说”一栏，发表了他翻译的日本政治小说《佳人奇遇》和《译印政治小说序》（此文原为《〈佳人奇遇〉序》），这是中国人首次提出“政治小说”的概念。梁启超认为：

> 在昔欧洲各国变革之始，其魁儒硕学，仁人志士，往往以其身之经历，及胸中所怀政治之议论，一寄之于小说。于是彼中缀学之子，黉塾之暇，手之口之，下而兵丁、而市侩、而农氓、而工匠、而车夫马卒、而妇女、而童孺，靡不手之口之，往往每一书出而全国之议论为之一变。彼美、英、德、法、奥、意、日本各国政界之日进，则政治小说为功最高焉。英名士某君曰：小说为国民

---

* 本文为山东省社科基金项目“清末民初小说的学生群体接受研究”（项目编号 13CWXJ07）阶段性成果。笔者按：本文所论及的“学生”，是指与接受科举应试教育相对的，在清末民初接受过新式教育的在校学生以及毕业生。

① 梁启超：《中国唯一之文学报〈新小说〉》，陈平原、夏晓虹编：《二十世纪中国小说理论资料》第 1 卷，北京大学出版社 1989 年版，第 44 页。

之魂。岂不然哉！岂不然哉！①

梁启超把政治小说誉为西方各国和日本政治变革、社会进步的最大推动力，这个评价不可谓不高，他日后“小说为文学之最上乘”②的论断也是从对政治小说的这种接受中萌发的。

“政治小说”的概念源自日本，但其原产地却是英国，代表作家是政治家本杰明·迪斯累里(Benjamin Disraeli ,1804～1881)和布韦尔·李顿(Bulwer Lytton,1803～1873)。明治维新(1868 年至 20 世纪初)的第二个 10 年，在自由民权运动的浪潮中，迪斯累里和李顿的政治小说成为日本翻译文学中最受欢迎的作品。一些日本政治家、新闻界人士也开始创作政治小说，出现了末广铁肠的《二十三年未来记》《雪中梅》、柴四郎的《佳人奇遇》、矢野文雄的《经国美谈》等作品。不过，中国最早出现的翻译政治小说既不是来自日本，也不是来自英国，而是美国空想社会主义作家毕拉宓(Edward Bellamy，1850～1898，今译“贝拉米”)发表于 1888 年的《百年一觉》(*Looking Backward* ,2000～1887)。小说写主人公被催眠后沉睡了 113 年，醒来后置身于 2000 年，看到了一个物质文明与精神文明都高度发达的美国社会。在未来与现实的强烈对比中，作者表达的是对现实的强烈不满和自己对未来理想社会的规划蓝图。这部小说最早的中译本刊于《万国公报》(1891 年 12 月～1892 年 4 月)，名为《回头看纪略》，译者署名析津。1894 年，英国传教士李提摩太(Timothy Richard，1845～1919)又将其译为《百年一觉》。《中国官音白话报》(1898 年第 7、8 期)、《绣像小说》(1904)、商务印书馆编译所也译过此书。

戊戌变法前，维新人士已经注意到政治小说。康有为的《日本书目志·小说门》(1897)收录了包括《佳人奇遇》《经国美谈》在内的一批日本政治小说，梁启超在《读西学书法》(1896)中也曾提到《百年一觉》：“亦西人说部书，言世界百年以后事”，“广学会近译有《百年一觉》，初印于《万国公报》中，名《回头看记略》，亦小说家言”，但只是就题材与叙事的特色点到为止，并未赋予其特别的价值与功能。梁启超真正对政治小说刮目相看是在戊戌变法失败后他流亡日本之时，他无意间接触到的日本政治小说《佳人奇遇》开启了其新民救国的新思路，得到了高度评价与大力提倡。尽管这时政治小说的热潮在日本已经消歇，梁启超仍然把它作为意义非凡的新事物、改造中国社会的利器热切而隆重地推介给国人：“以稗官之体，写爱国之思”，“为日本文界中独步之作，吾中国向所未有也，令人一读，

---

① 梁启超：《译印政治小说序》，陈平原、夏晓虹编：《二十世纪中国小说理论资料》第 1 卷，第 21～22 页。

② 梁启超：《论小说与群治之关系》，《新小说》1902 年第 1 号。

不忍释手,而希贤爱国之念自油然而生"。[①]《清议报》第100册的"政治小说《佳人奇遇》《经国美谈》合刻广告"也称:"本馆前印政治小说《佳人奇遇》《经国美谈》两书,奇极壮极,艳极快极,久已脍炙人口。不徒小道可观,实国民政治思想发达之一助也。"[②]

这两部政治小说译为中文后颇受中国读者欢迎,在清末民初曾多次再版[③],并引发了译介政治小说的热潮。笔者根据樽本照雄《新编增补清末民初小说目录》、刘永文《晚清小说目录》《民国小说书目》《晚清期刊全文数据库》制成《清末民初政治小说译著情况一览表》(表格中作品出版时均标为"政治小说"或"政事小说""政党小说")如下:

清末民初政治小说译著情况一览表

小说名称	首次出版时间	登载刊物或出版机构	著、译者	著、译者籍贯	著、译者教育背景
《佳人奇遇》	1898	《清议报》	梁启超译	广东新会	万木草堂
《经国美谈》	1900	《清议报》	周宏业译	湖南湘乡	长沙时务学堂、东京高等大同学校、早稻田大学
《回天绮谈》	1903	《新小说》	[日]加藤政之助译,玉瑟斋主人(麦仲华,1876~1956)重译	广东顺德	万木草堂、日本陆军士官学校

① 梁启超:《本编之十大特色》,《清议报全编》,新民社1903年版,第5页。

② 参见《清议报》第100册,清议报馆1901年版。

③ 《佳人奇遇》在清末民初的单行本版本有四种:(1)东海散士著,梁启超译,商务印书馆1901年版;(2)《佳人奇遇·经国美谈合刻》,柴四郎、矢野文雄著,无名氏译,上海广益书局(年份不详)版;(3)柴四郎著,商务印书馆编译所译,商务印书馆1906年说部丛书第1集第1编;(4)柴四郎著,商务印书馆译,商务印书馆1907年版。《经国美谈》的单行本版本有:1902年广智书局《佳人奇遇·经国美谈》合刻本,1902年商务印书馆的"说部丛书"第1集第2编,还有署名雨尘子(周逵)的译本。1907年广智书局又出版新的单行本。

续表

小说名称	首次出版时间	登载刊物或出版机构	著、译者	著、译者籍贯	著、译者教育背景
《自由结婚》	1903	自由社	犹太遗民万古恨著，震旦女士自由花（张肇桐，1879～1928）译	江苏无锡	日本早稻田大学
《瓜分惨祸预言记》	1903	独社	日本女士江笃济藏本，中国男儿轩辕正裔（郑权，1878～1939）译述	福建闽侯	江南水师学堂
《回头看》	1904	《绣像小说》	[美]威士著		
《珊瑚美人》	1904	《绣像小说》	[日]青轩居士（三宅彦弥）著		
《新年梦》	1904	《俄事警闻》	蔡元培著		
《雪中梅》	1904	江西尊业书馆	熊垓（1879～?）译	江西高安	日本东京法学院
《好梦醒来》	1904	《白话》	铁肝生述（沈翀）译		留日
《炼才炉》	1906	商务印书馆	[英]亚力杜梅著，甘永龙译	浙江平湖	上海南洋公学
《并蒂莲》	1906	《粤东小说林》	计伯著，亚洲大璞氏评		
《断头香》	1907	《广东戒烟新小说》	计伯著		
《模范町村》	1908	商务印书馆	[日]横井时敬著，唐人杰、徐凤书译	唐人杰籍贯江苏	唐人杰留学日本
《成都血》	1908	《四川》	恶恶著		
《花间莺》	1908	《福建法政杂志》	[日]铁肠居士著，梁继栋译	福建长乐	留学日本

续表

小说名称	首次出版时间	登载刊物或出版机构	著、译者	著、译者籍贯	著、译者教育背景
《客是谁》	1908	《竞业旬报》	德争(叶德争)译		中国公学
《蒲阳公梦》	1909	《扬子江小说报》	凤俦(范韵鸾,1883～1952)译	湖北利川	日本早稻田大学
《百合魔》(一名《麦玛韩辞职记》)	1911	《小说月报》	泣红(周瘦鹃,1895～1968)著	江苏吴县	上海民立中学
《碧血花》	1911	《小说月报》	非吾译		
《不疯人院》	1911	《小说月报》	东侠、啸侯同译		
《长春城记》	1913	《华侨杂志》	[英]霍尔凯著,秋心馆主人译		
《侨民泪》	1913	《小说月报》	哀华著		
《纪念碑》	1914	泰东图书局	沪隐著		
《弭兵阴谋记》	1914	《娱闲录》	毋我、觉奴(毋我,本名不祥;觉奴,刘鹏年,1889～?)译	刘鹏年籍贯四川富顺	四川川南经纬学堂、北京湘学堂、四川高等学堂
《府尹》	1914	《中华小说界》	补拙著		
《柏林宫中之电报室》	1914	《娱闲录》	毋我著		
《残蝉曳声录》	1914	商务印书馆	[英]测次希洛著,林纾、陈家麟(1880～?)译	陈家麟籍贯直隶静海	北洋水师学堂、美国康奈尔大学
《蟹莲群主传》	1915	商务印书馆	[法]大仲马著,林纾、王庆通译		

续表

小说名称	首次出版时间	登载刊物或出版机构	著、译者	著、译者籍贯	著、译者教育背景
《巴黎警察署之贵客》	1915	《中华妇女界》	梁令娴（梁思顺，1893～1966）译	广东新会	日本女子师范学校
《玉簪花》	1915	《小说大观》	[法]W. H. G. C.著，半依（刘半农，1891～1934）译	江苏江阴	江苏常州府中学堂
《飞艇一夕》	1915	《小说大观》	M. A. Pollexfen 著，苕狂（赵苕狂，1892～1953）译	浙江吴兴	上海南洋公学
《解甲录》	1915	《大中华》	老虬（俞锷，1886～1936）著	江苏太仓	留学日本
《皇冕（拿破仑第三佚史）》	1915	《文友社杂志》	僵蚕著		
《党人血》	1915	《游戏杂志》	[英]菲廉赫勃著，小青译		
《针剑》	1915	《礼拜六》	小草著		
《一百八十七号》	1915	《礼拜六》	阆仙著		
《猎狐惨剧》	1915	《约翰声》	云舫（许肇铭，？～1958）译	河北安国	河北保定师范、北京中国大学
《政治家之妻》	1915	《小说月报》	Marie Manning 著，雨苍（赵苕狂，1892～1953）译	浙江吴兴	上海南洋公学
《伊及宫中之吉青纳》	1915	《礼拜六》	剑啸著		

续表

小说名称	首次出版时间	登载刊物或出版机构	著、译者	著、译者籍贯	著、译者教育背景
《娜拉威罗倍》	1915	《中华小说界》	冻华、枕亚(徐枕亚,1889～1937)著	徐枕亚籍贯江苏常熟	江苏常熟虞南师范学校
《此一票》	1916	《大中华》	梅生著		
《波兰之党人》	1916	《小说大观》	[英]斯考脱南著,恸尘(汪同尘,1891～1941)译	江苏东台	南京南洋水师学堂
《金筑王宫》	1916年	《小说丛报》	[美]谦伯著,潘静文译		
《波兰之女杰》	1916	《中华小说界》	吕雄倡著		
《红手党》	1916	《小说新报》	树声译		
《亡国荣辱》	1917	《政法学会杂志》	傅越梦著		
《虚无党之铁血》	1917	《寸心》	[俄]萨原著,恸尘(汪同尘)译	江苏东台	南京南洋水师学堂
《铙吹》	1917	《小说大观》	髯著		

表中共收录政治小说49种,查明为学生译著的24种,接近半数。由于资料匮乏,有些译著者的生平、教育背景尚难确定,不排除其中还有一些具有学生身份。此外还有一些发表时未标注题材类型但也应划入政治小说范畴的作品,如《政海波澜》①《分割后之吾人》②《未来战国志》③等,也出于学生之手。从中可以看出,学生是政治小说翻译、创作的主力。

① 据《〈政海波澜〉序》可知,支那赖子是中国留日学生,归国前将手稿交给友人"爱小说者",见[日]广陵佐佐木龙(广陵散士)著、支那赖子译:《政海波澜》,上海作新社1903年版。

② 卓呆(徐傅霖)著,连载于《江苏》第8～10期(1903～1904)。徐傅霖(1880～1961),又名卓呆,号半梅,江苏苏州人,1902～1905年留学日本。

③ [日]东洋奇人(高安龟次郎)著,南支那老骥(马仰禹)译,上海广智书局1903年版。马仰禹,字汝贤,江苏苏州人,1904年左右留学日本。

二

政治小说自它出现之日起，就得到了学生群体的热烈拥抱，他们不仅积极投身政治小说的翻译、创作之中，同时也是传播、接受政治小说的重要群体。

1901 年，南洋公学的学生在校内上演了根据《经国美谈》改编的时事新剧。这时《经国美谈》尚无单行本，学生们所见应为《清议报》连载的译本。学生们“一面将小说阅看，一面即付诸演习”[①]，形式虽然简陋，却因满怀热情、搬演时事获得了其他班级诸生的好评，我们从中也可以感受到当时学生对政治小说的极大兴趣。他们以这种方式一面进行着自我启蒙，一面也力图参与现实、介入政治，与时代脉搏同频共振。

1903 年 9 月 6 日，被誉为“《苏报》第二”的《国民日日报》曾刊登过一则以第一人称撰写的广告：

> 东京回来几位留学生，带了好几部新出的书来，有一个朋友送给我一部，就是这部《自由结婚》。我道：这《自由结婚》也不过欢喜言情，充其量到《红楼梦》那样好罢了，怎么叫做政治小说。哪晓得掀开一看，有什么“万古恨”，有什么“自由花”，有什么“黄祸”，有什么“关关”，这是他的名字，也不要去管他。我一回一回仔细读过，又有什么“杀贼”，又有什么“斩奴”，又有什么“倒异族政府”，又有什么“杀外国人”。读了一遍又一遍，真是说得透彻，说得痛快，好笔墨，好思想……

由此可见政治小说在留日学生当中也颇为盛行，他们自觉充当了政治小说的传播者。

1904 年之前，安徽的胡适的二哥是上海南洋公学学生，从外面带回一本《经国美谈》，这是胡适读的第一本外国小说。[②] 科举废除之后，郭沫若的大哥进了四川成都的东文学堂，于是“新学书籍就由大哥的采集，像洪水一样”，由成都流到家塾里来，“甚么《启蒙画报》《经国美谈》《新小说》《浙江潮》等书报差不多是源源不绝地寄来”，成为幼年郭沫若的课外书籍。[③] 辛亥革命爆发，湖北武昌的学生朱峙三珍存的《佳人奇遇》一厚册遗失，令他憾恨不已。[④] 恽代英在 1913 年考入武昌中华大学后，他的购阅书目里也出现了翻译政治小说《回头看》《珊瑚美人》。[⑤]

学校一般位于交通便利、资讯较为发达的地区，这使得学生能够快捷便利地

---

① 鸿年：《二十年来之新剧变迁史》，《戏杂志》尝试号，戏杂志营业部 1922 年。

② 参见胡适：《孤独与大胆（胡适自述）》，当代中国出版社 2014 年版，第 12 页。

③ 参见郭沫若：《沫若自传》，求真出版社 2010 年版，第 21 页。

④ 参见胡香生辑录、严昌洪编：《朱峙三日记》，华中师范大学出版社 2011 年版，第 309 页。

⑤ 参见《恽代英日记》，中共中央党校出版社 1981 年版，第 214 页。

获取小说。作为青年学生共同学习生活的场所,学校是存在着互动关系的集合体,学生们在这个集合体中密切交流、互通有无,政治小说便由此流布于众人之手,成为人际交往、思想交流中的共享资源。一些思想激进、倾向变革的学堂教习主动的推介,也促进了政治小说在学生中的人际传播。

校内外的媒介环境也是加速政治小说在学生群体中传播的重要因素。最早刊登政治小说的《清议报》本身就形成了一个政治化的舆论场域,学生在接受这些政治小说时就浸润于这一场域之中。当时报刊上诸如《美国国民自治制》《欧美政党论》《英国地方政治论》《政治论》《英国宪法及政治问答》等书籍的广告也时常可见。清末民初出现了60余种小说期刊,大多刊登过政治小说原作或者译作,《中华小说界》《礼拜六》《大中华杂志》曾经多次发表过政治小说原作,《清议报》《绣像小说》《小说月报》《小说大观》则是翻译政治小说的主要基地。这些杂志在学生群体中的传播十分广泛。由留日学生创办的《江苏》《四川》《竞业旬报》、福建法政学堂校刊《福建法政杂志》、圣约翰大学校刊《约翰声》等也曾发表过政治小说,它们更是以学生为主要受众。经由报刊这种新兴传播媒介,政治小说迅速进入学生的阅读时空。

官方对刊登政治小说的《新小说》的查禁也从另一方面证实了政治小说在学生中的广泛传播与巨大影响。《新小说》《新民丛报》在清末曾多次遭到查禁,如1903年《大公报》曾报道:“湘潭小学堂近亦禁阅《新民丛报》《新小说》,谓该报能坏人心术。”江西德化县县令江云卿曾下令严禁淫词小说:“近日如康党所作各种小说,污蔑犯上,年轻恶少,无知女流,往往闻之意荡。”[①]禁令虽未点明《新小说》,但所谓“污蔑犯上”的“康党所作各种小说”实际上主要是就梁启超等人译著的政治小说而论,“年轻恶少”也是以学生为主。

1907年7月《时报》上刊载的一则宣传《经国美谈》的广告云:“此虽小说体裁,然实根据希腊正史演出,中含政治、道德、伦理、教育诸科学精义,最适合中小学生徒之披览,非他稗官所能比也。”[②]将适合学生学习各门类社会科学知识作为小说的最大卖点,其原因正是由于嗅觉灵敏的出版商发现了学生是政治小说最大、最活跃的受众群体,具有强烈的购买意向。

三

在学生看来,“小说之种类甚多,曰政治,曰历史,曰侦探,曰言情,曰社会,曰

---

① 张天星:《清末查禁〈新小说〉的原因与效果探析》,《宁波大学学报》2013年第11期。

② 转引自袁进主编:《中国近代文学编年史——以文学广告为中心(1872~1914)》,北京大学出版社2013年版,第135页。

滑稽，曰教育，曰冒险，皆小说一部分之名词”[①]，政治小说被视为其中一个重要的门类，得到了他们极大的认可与关注，这种接受格局的形成与学生的期待视野与接受心理有密切关系。

首先，以天下为己任的传统士人的担当意识、忧患意识和对时局的关切是学生接受政治小说的基本思维定向与先在结构。梁启超希望以政治小说激发广大民众关注国家命运、参政议政的意识：“欲思想普及于全国之人，莫如小说，而思想之不可不普及于全国之人者，以政治为最。……日本广末铁肠著《雪中梅》小说，叙述明治初年变法时代，几多英雄儿女尽力国事，卒至开设议会，成就维新之业……欲借以为中国社会闻添政治之思想力耳。”[②]但是封建专制下长期存在的愚民政策造成国民素质整体不高，民众缺乏基本的“国家”“民族”观念，很少关注国家大事、民族兴亡。学生们则继承了传统士人治国平天下的使命感，渴望了解时局变化、参与政治。“当时的青少年，凡是稍有志向的人，都是想怎样来拯救中国的。”[③]他们于“课余之暇，如饥似渴地阅读革命书刊，并与同学讨论政治问题”[④]。在杭州养正书塾(后改为杭州府中学堂)读书的马叙伦“读了些孟德斯鸠的《法意》、卢梭《民约论》的译本，和李提摩泰的《泰西揽要》一类的书，不知不觉地非要打倒满洲政权，建立民主国家不可，并且就想找同志了”[⑤]。

清末科举考试的内容也多与政治时局相关，诸如：“欧洲行义务教育，人皆向学，国日以强，今中国之人，不知应尽之义务为何事，将用何法以兴此教育策。”“现在世界大势，日俄战争已起，中国宜守中立说。”[⑥]学生们也因此更为留心时务。学生是最关心政治的群体，也是最喜爱小说的群体。当政治与小说联姻，自然更易于获得他们的青睐。

进入民国，政治小说并未销声匿迹，数量上大致与清末持平。[⑦] 民国政府在法律层面提供了国民言论自由的依据，公开发表政见不再是禁忌。政局的晦暗也使人们无法漠视政治，无法不继续省思求索国家民族命运的未来。尤其是第一次世界大战期间，在中国领土上爆发了日德战争，青岛被日军占领。封建王朝统治虽已终结，中国却依然未能摆脱列强的凌虐践踏。学生既难以忘怀自己的使命，对现实政治也心有不满，政治小说的社会功用与思想内涵正与他们的阅读

---

① 莞尔：《说今之小说家》，《竞业旬报》1909 年第 41 期。

② 梁启超：《政治小说〈雪中梅〉》，《新民丛报》1903 年第 41 号。

③ 《郭沫若自传·少年时代》，求真出版社 2010 年版，第 198 页。

④ 《蒋梦麟自传·西潮新潮》，华文出版社 2013 年版，第 65 页。

⑤ 马叙伦：《我在六十岁以前》，三联书店 1983 年版，第 15 页。

⑥ 胡香生辑录、严昌洪编：《朱峙三日记》，华中师范大学出版社 2011 年版，第 138、142 页。

⑦ 参见上文《清末民初政治小说译著情况一览表》，表格中有 49 种政治小说，其中 25 种问世于民初。

兴趣和接受取向趋同，他们的期待得到满足，从而进入深度接受状态。

其次，学生初步具备的国民意识、民主精神也构成了其期待视野的重要方面。梁启超曾说："中国人不知有国民也，数千年来通行之语，只有以'国家'二字并称者，未闻有以'国民'二字并称者。"[①]中国古代只有反映等级社会上下尊卑关系的"臣民""子民""庶民""黎民"等称呼，无所谓国民，与国相关的只有"国家""国君"的提法。清末的维新派思想家开始把"民"看成对国家有权利、有义务、独立的人。康有为写有《公民自治篇》，力倡"今中国变法，宜先立公民"，"公民者，担荷一国之责任，共其利害，谋其公益，任其国税之事，以共维持其国者也"。[②]清末民初的教科书指出国民有"参与公务之权""发表意思及集会结社之权、请愿之权"[③]，"思想之权利，言论之权利，固人人所同有也"，也向受教育者传达着"国民"的概念与意识。[④] 学生是首先受到这些思想启发影响的群体，传统士人"以天下为己任"的担当意识与产生于新时代的国民责任感结合，促使他们发出了"二十世纪之中国，学生之中国也"[⑤]的呐喊。《新民丛报》在对即将创办的《新小说》进行宣传时强调："本报宗旨，专在借小说家言，以发起国民政治思想，激励其爱国精神。一切淫猥鄙野之言，有伤德育者，在所必摈。"[⑥]特别突出了政治小说对国民爱国精神的激发作用。这种爱国精神已有别于中国传统社会的忠君爱国，是将国家与君主、政府相区别、国家与国民相联系、爱国与启蒙相统一的新型爱国主义，其基调是民主精神。[⑦] 这与学生的精神世界、关注热点是高度契合的。

与此相关联的还有清末以来学生对小说价值、小说功能认知的变化。戊戌变法的失败，宣告了自上而下的政治变革方法的失败，要振兴国家就必须走自下而上的社会变革之路，首要任务即唤醒民众，振兴民气，向国民灌输新思想和新知识，增强其爱国责任心，而梁启超认为人们喜闻乐见的小说最适合担此重任。所以他在《〈新小说〉第1号》一文中声称："此编自著本居十之七，译本仅十之三，其自著本，处处皆有寄托，全为开导中国文明进步起见。"[⑧]"小说"与"政治"联姻，提升了小说的附加值，从前被视为"小道"的小说被救世光环笼罩，在传统的

---

① 梁启超：《论近世国民竞争之大势及中国前途》，《梁启超选集》，上海人民出版社1984版，第116页。

② 康有为：《公民自治篇》，《新民丛报》1902年第5号。

③ 杨志洵：《中等修身教科书》，文明书局1906年版，第6～7页。

④ 陆费逵：《修身讲义(师范讲习科用)》，中华书局1910年版，第55页。

⑤ 李书城：《学生之竞争》，《湖北学生界》1901年第2期。

⑥ 梁启超：《中国惟一之文学报〈新小说〉》，《新民丛报》1903年第14号。

⑦ 参见桑兵：《晚清学堂学生与社会变迁》，广西师范大学出版社2007年版，第12页。

⑧ 梁启超：《〈新小说〉第一号》，《新民丛报》1902年第20号。

“文以载道”观念催化下，“小说救国论”“小说新民论”迅速成为小说理论、小说观念的主流话语。许多学生都接受了这种神化小说的理论，把他们改良社会、救国新民的热情投入到小说当中。鲁迅就曾坦言：“我们在日本留学的时候，有一种茫漠的希望：以为文艺是可以转移性情，改造社会的。”①留日学生梁继栋在他翻译日本政治小说《花间莺》的“译者知”中也强调此书不能“视为寻常小说”，书中所写为“日本国会开设之前”“过渡时代”的“云谲波诡”，中国“今日正复类是”，所以值得“稍具政治智识者平心一读”，而其中有关组织政党须与私人交情、社会交际区分的部分，“非深于群学者不能识其妙用”。②

再者，政治小说中展现的宏大格局、世界眼光，带给学生新的阅读感受，满足了他们开眼看世界、了解域外文明的渴望，也超越了他们在接受中国传统小说中形成的审美经验。不同于中国传统小说帝王将相、江湖豪杰、才子佳人或市井细民的内容模式，政治小说对异域历史政事、国情民俗乃至自然风物的描绘，带来的是想象新时空，获取新体验的冲击。《佳人奇遇》借主人公游历世界的经历大谈政治和国家前途命运，《经国美谈》则再现了古希腊历史中的波澜壮阔，这对于当时的中国学生来说都是前所未闻的事情。更为重要的是，在政治小说中，“文学的核心主题由古典的‘善恶之分’、‘君子小人之别’、‘王道与霸道之争’，向现代启蒙主义的‘文明与野蛮的冲突’、‘进步与落后的对立’转换”，让他们体会到了由文学体现出来的“内在文化价值观念的变化”，这种变化“改变了人们对于自身和世界的认识、理解和判断，催生了人们对于世界的体验结构的改变”，也对应了一种新兴的文明论，“它颠覆、改变了中国人既往对于‘文明’和‘野蛮’的理解和判断，打破了传统中国人依据‘华夷之辨’来确定‘文明’和‘野蛮’的固有方式，建立起一种现代性的判断事物的尺度和标准，划分出新的文明层级和自我定位，由此使中国人的文明观开始由‘中国中心论’向‘西方中心论’转换，由立足于农业社会的传统文明向立足于工商社会的现代文明转换”。③

此外，清政府对政治小说的查禁也激起了学生的好奇心理和接受热情。在未明真相的读者那里，笼罩着一层神秘面纱的禁书往往具有特别的吸引力，对于好奇心强烈的年轻人尤其如此。他们会出于关心时局而阅读政治小说，也会为追求冒险刺激而接受政治小说，年轻人的叛逆、冲动也借着对这一类违禁作品的阅读宣泄出来。报纸对清政府查禁《新小说》的报道、评论则在以阅读报刊为日

① 鲁迅：《域外小说集·序》，上海群益书社1920年版，第1页。

② 梁继栋：《花间莺》“译者知”，《福建法政杂志》1908年第4号。

③ 耿传明、于冰轮：《近代“文明论”的兴起与清末小说中关于“文明”的歧见——以〈瓜分惨祸预言记〉和〈新石头记〉为例》，《社会科学研究》2017年第4期。

常生活必需品的学生中也产生了巨大的广告效应,"士子得此书单,必将不远千里辗转传购而去,斯政府又为内地人开一新书绍介录矣"[①]。

四

阅读政治小说曾是清末民初许多学生难忘的人生经历。郭沫若曾在《少年时代》中回忆道:"《清议报》很容易看懂,虽然言论很浅薄,但它却表现出具有一种新的气象。那时候的梁任公已经成了保皇党了。我们心里很鄙屑他,但却喜欢他的著书。他著的《意大利建国三杰》,他译的《经国美谈》,以轻灵的笔调描写那亡命的志士,建国的英雄,真是令人心醉。"[②]"新气象"和"轻灵的笔调"是这部政治小说打动学生读者的两个重要方面,前者主要是指思想内涵,后者主要是就作品表现形式而论。小说第1回通过老教师为一群学生讲史拉开了故事序幕:

> 却说昔日希腊国齐武都有个学堂,那学堂的教习发眉皓白,年约六十余岁。学生七八人,都不过十余龄。一日,夕阳西倾,学课已完。那些学生一齐向先生道:"今日功课既完,闲暇无事,请先生讲一二故事听听。"时学堂塑有几个偶像,先生因指着内中一个道:"这人名系格德,乃我邻阿善国的贤君。他那些事迹脍炙人口,真可羡慕。今讲其大概与你们听听。"

老师通过学堂一角的两座英雄雕像讲述了格德王舍身救国、士武良铲除奸党恢复民政的故事。第二回介绍希腊的城邦制度。之后是小说主体,主要写这些学生中的威波能、巴比陀、玛留等人长大后的经历,他们历尽磨难,推翻专制统治,确立了民主政治,并在盟邦雅典的支持下打败了斯巴达,最终称霸全希腊。

小说既有真实的希腊历史,又有虚构的故事情节,通过曲折多变的情节、理想化的人物形象,表现了作者争取自由和独立的政治思想,这便构成了学生读者眼中的"新气象"。1900年底,留日学生创办的《开智录》第4期发表了锋郎的《题经国美谈前编十一首》(实为12首)。诗作将小说中齐武名士的事迹嵌于诗中,表达了对爱国志士的敬佩之情与致力于中国民族复兴的决心:

其一

纷纷党祸战玄黄,匹马短衣走异乡。
有志自能冲阻力,且将奇骨炼冰霜。

---

① 转引自张天星:《清末查禁〈新小说〉的原因与效果探析》,《宁波大学学报》2013年第11期。

② 郭沫若:《少年时代》,人民文学出版社1982年版,第112页。笔者按:此处郭沫若所记有误,《经国美谈》的译者是留日学生周宏业。(参见冯自由:《革命逸史》第3集,中华书局1981年版,第62页)

其十二

廿纪风潮趋震旦，千年噩梦魇支那。

锋郎愿运广长舌，唤起东方老病魔。[①]

小说的另一亮点是流畅明晰的白话形成的“轻灵的笔调”。不仅郭沫若对此十分欣赏，而且蒋瑞藻在《小说考证》中也大加赞誉：“述希腊英雄复国事，能使读者精神振作，诚为佳本。译者全用平话，明白晓畅，尤为得体。”[②]蒋瑞藻还列举了林纾所译《鲁滨孙飘流记》《爱国二童子传》及《鲁滨逊漂流记》另两种译本的语言，认为前两者虽将儿童作为拟想读者，但是不用白话而用文言，过于深奥，“非儿童所能解”。而后者语言过于俚俗，缺乏“雅驯”之美，“为他日学文之害”，也不适合学习作文的年轻读者接受。相比较而言，这几种译书里，只有《经国美谈》做到了“体例文字皆佳”。[③]

作品对于读者的接受视野而言，总是既有满足、超越，也会存在失望或反驳。面对同样的政治小说，不仅不同的接受者的接受效果存在差异，同一位读者也会因接受角度不同而产生不同的接受反应与阐释。梁启超一方面赞美政治小说“以稗官之异才，写政界之大势。美人芳草，别有会心；铁血舌坛，几多健者；一读击节，每移我情；千金国门，谁无同好”[④]，另一方面也承认这种作品“编中往往多载法律、章程、演说、论文等，连篇累牍，毫无趣味，知无以餍读者之望矣”。[⑤] 的确，一旦离开政治功利的视角去审视这种“似说部非说部，似稗史非稗史，似论著非论著”[⑥]的文体，不仅一般民众难以欣赏，连受到新思想熏陶的学生有时也无法卒读。周作人读了“少许”《经国美谈》，就感觉“书虽佳，然系讲政治，究与吾国说部有别，不能引人入胜，不若《新小说》中《东欧女豪杰》及《海底旅行》之佳也”[⑦]。另一位学生读者同时也是小说创作者的“海天独啸子”1904年在《女娲石凡例》中也对这类小说的审美缺陷提出批评：“近来改革之初，我国志士，皆以小说为社会之药石。故近日所出小说颇多，皆傅以伟大国民之新思想。但其中稍有缺憾者，则其议论多而事实少也。”[⑧]麦孟华则毫不客气地在《新小说》公开上

---

① 锋郎：《题经国美谈前编十一首》，《开智录》1900年第4期。

② 蒋瑞藻：《小说考证》，商务印书馆1935年版，第586页。笔者按：此书最早出版于1900年。蒋瑞藻（1891～1929），字孟洁，浙江诸暨人，毕业于诸暨民成学堂。

③ 蒋瑞藻：《小说考证》，商务印书馆1935年版，第459页。

④ 梁启超：《本馆第一百册祝辞并论报馆之责任及本馆之经历》，《清议报》1901年第100期。

⑤ 梁启超：《新中国未来记·绪言》，《新小说》1902年第1号。

⑥ 梁启超：《新中国未来记·绪言》，《新小说》1902年第1号。

⑦ 转引自张明高、范烟桥编：《周作人散文》第4集，中国广播电视出版社1992年版，第227页。

⑧ 陈平原、夏晓虹编：《二十世纪小说理论资料》第1卷，北京大学出版社1989年版，第132页。

批评《雪中梅》《花间莺》脱离中国读者的审美习惯,读来味同嚼蜡。[①]

学生对政治小说的接受还表现为创作中的效仿、借鉴,如题材主旨的泛政治化倾向、"未来幻想式"的故事结构、演说辩论的穿插、隐喻象征手法的运用等,研究者对此已有详尽分析总结,兹不赘述。[②] 这些效仿、借鉴,无论成功与否,都在小说向文学中心地带的位移过程中以及在这一时期的转型过程中贡献了力量,并形成了清末民初文学领域里一种独特的景观。

① 参见陈平原、夏晓虹编:《二十世纪中国小说理论资料》第1卷,第67页。麦孟华(1875～1915),字孺博,号蜕庵,广东顺德人。1888年入广州学堂,1891年入万木草堂。

② 如陈平原的《中国小说叙事模式的转变》(上海人民出版社1988年版)、袁进的《近代文学的突围》(上海人民出版社2001年版)、刘艳的《清末民初政治小说研究》(2007年复旦大学硕士学位论文)、曹亚明《从〈新中国未来记〉看梁启超对政治小说的选择与接受》(《中国文学研究》2012年第1期)等都对此问题有所涉及或专论。

梁启超胞弟梁启勋在山大文学院事迹考述

张洪刚

梁启勋是梁启超的胞弟，是著名词学家、翻译家。他与梁启超同是康有为万木草堂弟子。1930 年 11 月，他来到青岛，凭吊康有为墓并写下了《水龙吟　庚午重阳前四日谒南海先生墓》词一阕，以示对先师的无限怀念。在青岛，他漫步海滩作诗词，游崂山写游记，留下了弥足珍贵的历史印记。1932 年 2 月，他应杨振声邀请加盟国立青岛大学，任文学院中国文学系讲师，讲授古典诗词和音韵学等课程。任职期间，他开始著述《中国韵文之变化》，并出版了《词学》一书。

一、梁启勋与梁启超

梁启勋(1876～1965)，字仲策，号曼殊室主人。梁启超、梁启勋出生在广东省新会县熊子乡茶坑村。梁启勋比梁启超小 3 岁，因年龄相仿，关系甚为亲密。梁启勋与梁启超早年就学于万木草堂，积极参加戊戌变法。

1896 年，梁启超在上海办宣传维新变法的《时务报》时，梁启勋任编辑。戊戌变法失败后，梁启超与康有为一起流亡日本，政治思想上逐渐走向保守，但是他是近代文学革命运动的理论倡导者。1902 年，梁启勋进入上海震旦学院(后改为复旦公学)读书，不久赴美留学，就读于哥伦比亚大学。毕业后即赴日本参加梁启超在海外创办的《新民丛报》《国风报》等编辑工作。1912 年梁启超与梁启勋一同回国，在天津梁启超着手创办《庸言》和《大中华》报，梁启勋任报纸撰述。

1922～1925 年，梁启勋与梁启超常在北京相聚。1924 年，梁启超夫人李蕙仙去世，梁启勋在北京全权负责营造墓园工程。1925 年，梁启超在清华讲学期间，进城便住在南长街梁启勋住所。1926 年，梁启超任司法储才馆馆长，聘梁启勋为总务长。1927 年，梁启勋代梁启超在北京为梁思成、林徽因主持订婚仪式。1928 年 10 月，梁启超因病住在协和医院，梁启勋请最好的医生医治，并日夜侍候。1929 年，梁启超逝后，梁启勋著《白香山诗集》《东坡乐府》《初白庵苏诗补注》等文，缅怀长兄。

二、梁启勋与康有为

1890 年,梁启超结识康有为并拜其为师。1891 年,康有为在广州长兴里设立“万木草堂”,开始讲学。万木草堂创办之初,康有为就主张“脱前人之窠臼,开独得之新理”。草堂的命名,就含有“培植万木,为国家培养栋梁之才”的意思。

梁启勋于 1893 年入万木草堂学习。梁启勋曾在《“万木草堂”回忆》一文中回忆恩师康有为道:“康先生中等身材,眼不大而有神,三十岁以前即留胡须,肤色黑,有武人气。”①康有为讲学的内容,是以孔学、佛学、宋明学为体,以史学、西学为用。梁启勋曾回忆道:“我们最感兴趣的是先生所讲的‘学术源流’。‘学术源流’是把儒、墨、法、道等所谓九流,以及汉代的考证学、宋代的理学等,历举其源流派别。”②梁启勋除读中国古书外,还学得许多西方哲学、历史和自然科学技术,并自学英、日文。

1898 年戊戌变法失败后,梁启勋组织掩护康梁等人的家属摆脱清政府的追缉,撤离至中国澳门、香港和国外,后被戏称为“家属队长”。梁启勋在美留学期间,协助康有为处理保皇会经济事务,深为康有为倚重。

1917 年张勋复辟失败后,康有为首次来到青岛。1923 年,他买下了德国占领时期的总督副官的官邸,即今天的青岛福山支路 5 号的康有为故居。

1927 年 3 月,康有为在青岛去世。梁启超闻讯之后好生伤感,赶紧电汇去几百块钱,作为赙礼。4 月 17 日,梁启超、梁启勋联合康门弟子,在北京设灵公祭,含泪宣读悼文。梁启超在 1927 年 4 月 19 日致孩子们的信中说道:“南海先生忽然在青岛死去,前天我们在京为位而哭,好生伤感。我的祭文,谅来已在《晨报》上见着了。他身后萧条得万分可怜,我得着电报,赶紧电汇几百块钱去,才能草草成殓哩。”③

1929 年 1 月 19 日,梁启超于北平协和医院溘然长逝,终年 56 岁。1930 年 9 月,54 岁的梁启勋亲赴青岛,凭吊康有为墓。康有为墓在李村枣儿山,墓碑立于 1929 年,碑高 2.22 米,碑面镌“南海康先生之墓”,碑阴面记其生平事迹,为吕振文撰并书。梁启勋凭吊康有为墓后,遂写下了《水龙吟·庚午重阳前四日谒南海先生墓》词一阕,以示对先师的无限怀念。

---

① 夏晓虹编:《追忆康有为》,三联书店 2009 年版,第 192 页。

② 夏晓虹编:《追忆康有为》,第 189 页。

③ 汤志钧、汤仁泽编注:《梁启超家书:南长街 54 号梁氏函札》,中国人民大学出版社 2016 年版,第 294 页。

水龙吟　庚午重阳前四日谒南海先生墓[①]

可怜无限江山，未应短尽英雄气。悠悠万古，沉沉长夜，人间何世。独立苍茫，呼天不语，碧空无际。念当年杖履，森森万木，更谁识，凄凉意。

历乱冈陵堆起。对西风、远山如睡。秋容渐老，萧萧落木，平林如醉。我亦飘零，百年何许，人生如寄。整朦胧泪眼，荒丘细认，待何时至。

1930 年 10 月 28 日，梁启勋晚饭后，在青岛海滨漫步，时至晚秋，青岛风景如画，环境清幽，一时兴起写下了《菩萨蛮·庚午重阳前二日青岛海滨晚步》。[②]

其一

海波浮动群山立，窥人白鸟翻飞急。帆影乱斜阳，平沙衬晚黄。

兽云吞落日，波底摇金碧。何处是天涯，潮东汐又西。

其二

层云错认山模样，云移乍识群山相。倒影入沧湄，波摇山亦移。

孤鸿远天末，暮霭横空阔。新月挂檐牙，红楼第几家。

其三

参差楼阁凌云起，疏星摇曳空蒙里。灯火出空栊，帘垂灯影红。

行人回懒步，谁解余心素。海气动轻寒，归来兴已阑。

三、梁启勋在青岛写崂山游记

梁启勋在青岛曾两次游崂山，他在《劳山游记》一书中写道：

> 到青岛已七月矣。屡欲出游而未果。本年(1931)三月廿九日，偕友人吴君让三，往劳山之西部。经北九水至大劳观而至。往返仅一日，且以肩舆行。殊不足以穷此山之胜，亦未足以尽余之兴。五月三日，乃于诸同事偷得四日闲，作深入劳山之约。[③]

梁启勋同陈季于夫妇、周建侯夫妇、孙訾清和张风栖七人，游览了北九水、玉麟口瀑泉、太和殿、白云洞、华严寺、明霞洞、天门峰等景点。梁启勋所到之处赋诗作词，游兴甚高，他写道："此行甚乐，又得游一名山。由西而北而东而南，一周此山矣。且阴晴云雨之山客，亦既览遍，实难得之机会也。"[④]

在游览的过程中，梁启勋一行还瞻仰了康有为所作刻在癸亥摩崖上的长诗，

① 张桂兴主编：《中华诗词文库·北京诗词卷(现当代·上)》，中国书籍出版社 2015 年版，第 41 页。

② 张桂兴主编：《中华诗词文库·北京诗词卷(现当代·上)》，中国书籍出版社 2015 年版，第 41 页。

③ 梁启勋：《劳山游记》，第 1 页。

④ 梁启勋：《劳山游记》，第 16 页。

起句曰:“天上碧芙蓉,谁掷东海滨。”勒于一大岩石上,刻工尚佳。[①]

1931年暮春,梁启勋把游崂山的经历写成了《劳山游记》一书,详细记载了游历崂山的经过。值得一提的是,《劳山游记》中登载了梁启勋为崂山名胜创作的《鹧鸪天·北九水道中》《八声甘州·玉鳞口飞瀑》《临江仙·太和观》《满江红·白云洞》《水调歌头·望田横岛》《清平乐·华严寺》《摸鱼儿·明霞洞》《天门谣·天门峰》《金缕曲·太清宫》等十阕词。这十阕词具有极高的史料价值,部分词属于首次发现,特将这十阕词原文摘录如下:

鹧鸪天　北九水道中[②]

春在平芜水石间,断崖新涨绿波痕。峰回路转溪山改,雪盛苗肥野老欢。
人静寂,鸟绵蛮。茅檐东畔有牛栏。山中自是多天趣,荠菜蒲葵次第看。

八声甘州　玉鳞口飞瀑[③]

是银河倒泻下天来,珠玉散缤纷。听泠泠激石,淙淙穿穴,溅沫飞尘。潇洒千年风雨,岩壑自生云。潭水沉松影,鳞甲惊人。

夹道悬崖天窄,度小溪清浅,时见青蘋。喜深山昼永,啼鸟倍相亲。问何时、春风来此,看石苔、痕迹有新陈。堪题处,野花含笑,细草如茵。

临江仙　太和观[④]

昨夜梦魂归月殿,醒来环堵依然。飞鸿驾避十三弦,墨痕来细认,笼护倩云烟。

藤葛萦回穿石隙,披萝山鬼当前。买春唯有绿苔钱,柳梅忙点染,松柏不知年。

满江红　白云洞[⑤]

天外飞来,看坠地、苍崖崩裂。谁信道、嶙峋风骨,几经凉热。料是补天无用处,独留空谷欺霜雪。倩何人?详细问山灵,应悲切。

松如盖,山如阙;花如锦,人如月。欢飞磨千古,乍圆还缺。赤鸟不来山鬼啸,黄鹂高坐花梢说。问人生,何事苦相寻,鹃啼血。

---

① 参见梁启勋:《劳山游记》,第10～11页。

② 梁启勋:《劳山游记》,第2页。

③ 梁启勋:《劳山游记》,第3～4页。

④ 梁启勋:《劳山游记》,第4～5页。

⑤ 梁启勋:《劳山游记》,第7页。

水调歌头　望田横岛[①]

横览海天阔，世能等浮云。悠悠上下，今古后果接前因。昔日堂皇贵客，留得低昂荒塚，强弱属谁人。万事有前定，何必自纷纭。

塞天地，唯浩气，是长存。从容拔剑相视，奇悍竟无论。谁识齐烟一点，中有精魂五百，未肯入侯门。此意君知否，难作汉功臣。

清平乐　华严寺[②]

山开半面，愈觉天涯远。人影棹桡都不见，唯有烟波一片。

翠岩苍壁玲珑，深山宛在舟中。云阵奔腾四海，松涛仿佛飘蓬。

摸鱼儿　明霞洞[③]

倚长松，高寒笼翠，悬崖千仞嶒陡。青山列队来相媚，侍立只依前后。堪消受。蓦忽地，龙蛇起陆群峰走。思量尽有。是吹下天风，推移云海，俯视见林薮。

烟岚外，万壑争流似吼，雨痕犹禁新柳。松涛奏出钧天乐，管甚白云苍狗。君知否。算只是，青山与我周旋久。无言搔首。把姹紫嫣红，落花飞絮，付与灌园叟。

天门谣　天门峰[④]

疑是神仙窟，遍岩谷，杜鹃花发。飞鸟绝，有双峰如阙。

看雨湿轻云粘石隙，乍见翠鬟旋复失。难仿佛，但脉脉，遥岑对碧。

金缕曲　太清宫[⑤]

古寺林间矗。独凭高、凝眸睇远，海天相续。曲径迂回沿涧出，上接云烟岩麓。念当日水翻平陆。万里阴云东入海，笑江湖萦抱昆仑足。看展此，画图幅。仓松如盖擎空谷。

望层崖、幽篁滴翠，小窗浮绿。收纳群峰来眼底，万壑千岩可让。生不羡朱轮华毂。绝代佳人罗袂薄，倚天寒瘦削腰如束。略胜似，便便腹。

---

① 梁启勋：《劳山游记》，第 7～8 页。

② 梁启勋：《劳山游记》，第 9 页。

③ 梁启勋：《劳山游记》，第 12 页。

④ 梁启勋：《劳山游记》，第 14 页。

⑤ 梁启勋：《劳山游记》，第 17 页。

四、梁启勋执教国立青岛大学

梁启勋同闻一多、梁实秋、黄际遇、汤腾汉、沈从文等历史名人深深镌刻在山东大学的历史史册上。在山东省档案馆馆藏的民国档案中,有一份1931年国立青岛大学(山东大学前身)的聘书,上面写道:"聘梁仲策先生为中国文学系讲师,月薪220元。"①梁仲策先生即是梁启勋先生。聘书的落款为"校长杨",而这位杨校长即是国立青岛大学的校长杨振声。

1930年国立青岛大学成立,校长是"五四"时期老作家杨振声。他民主办学,风度翩翩,请来的大批教师都是学术、文化界一时才彦。国立青大第一年先设文理两院,文学院分中国文学系、外国文学系和教育系,理学院分设数学、物理、化学、生物四个学系。张道藩(后为赵太侔)任学校教务长,闻一多、黄际遇、梁实秋、黄敬思、汤腾汉、曾省之等分任院长、系主任。

1931年12月,梁启勋应杨振声的邀请加盟国立青岛大学。梁启勋于1932年2月到校任职,任文学院中国文学系讲师。2月15日,《国立青岛大学周刊》曾以《本校聘梁启勋先生为中国文学系讲师》为题进行了报道:

> 本校本学期聘梁启勋先生为中国文学系讲师。梁先生当前清光绪年间曾在广州万木草堂受业于康有为先生。西历一九〇八年毕业于美国芝加哥专门学校,民国元二三年主办《庸言》及《大中华报》,著有《稼轩词疏证》,今来本校执教,可为中国文学系同学庆也。

当时,闻一多任中文系主任,梁实秋任外文系主任,他们均毕业于清华大学,都曾是梁启超的学生。梁实秋与梁启超师生关系更为密切,在清华的8年学习中,梁启超对梁实秋影响较大。梁启超的儿子梁思成还是梁实秋的同班同学,梁思永、梁思忠也都在清华读书。梁实秋毕业前一年,他们几个学生商议想请梁启超来演讲。通过梁思成这层关系,梁实秋他们很顺利地请来了梁启超。梁实秋在《记梁任公先生的一次演讲中》写道:

> 我记得清清楚楚,在一个风和日丽的下午,高等科楼上大教堂里坐满了听众,随后走进了一位短小精悍、秃头顶、宽下巴的人物,穿着肥大的长袍,步履稳健,风神潇洒,左右顾盼,光芒四射,这就是梁任公先生。他走上讲台,打开他的讲稿,眼光向下面一扫,然后是他的极简短的开场白,一共只有两句,头一句是:"启超没有什么学问——"眼睛向上一翻,轻轻点一下头:"可是也有一点喽!"这样谦逊同时又这样自负的话是很难得听到的。②

---

① 参见山东省档案馆藏:《刘昌毅、郭斌龢、梁仲策诸先生之聘书》,档案号J110-01-0328-010。

② 梁实秋:《秋实杂忆》,陕西教育出版社1998年版,第62~63页。

梁启超的激情和文采给梁实秋留下深刻印象。梁实秋晚年曾回忆,他对中国文学的兴趣,就是被这一篇演讲所鼓动起来的。因这层关系,再加上梁启勋到校时已 56 岁,闻一多、梁实秋视他为师长,对他特别敬重。因年龄的原因,梁启勋和梁实秋、闻一多交往并不多,他只管潜心备课、认真教书。

1932 年 1 月 28 日,淞沪抗战爆发。4 月国立青岛大学教职员及学生,积极捐款慰劳上海将士们,梁启勋同杨振声、赵太侔、闻一多、沈从文等教职员捐款共 670 元,学生捐款 185.5 元。

梁启勋不仅是词人,而且是现代重要的词学家。他在国立青大中文系讲授词学和音韵文。臧克家、丁观海等都是梁启勋的学生。当时文学院还有教授赵畸、杜光埙、谭葆慎、程乃颐、马师儒、郭斌龢、宋春舫(兼),讲师游国恩、赵少侯、沈从文、黄淬伯、方令孺、薛彩凤、李方琮、梁启勋及教员、助教 30 余人。他们担任各门功课主讲,一时形成了名家云集的强大阵容,对当时国内文坛影响颇深。

五、在国立青大着手创作《中国韵文之变化》

在雅昌拍卖网上,有梁启勋创作的《中国韵文之变化》书稿手迹一份。此手稿《中国韵文之变化》书于"国立青岛大学"信笺上。梁启勋在《序》处自署"二一壬申(1932)四月二十四日始属稿","成于廿六年丁丑年(1937)一月七日"。可知此著作于 1932 年作而完成于 1937 年。梁启勋自叹:"其间或作或辍,迄无常课,偶有所获辄援笔增补。大抵每年夏季工作较多,盖容我终日伏案者,唯暑期中而已。"

梁启勋正是在国立青大任职期间,开始著写《中国韵文之变化》一书。该书于 1938 年由商务印书馆出版,但书名改为了《中国韵文概论》,全书通过介绍离骚、汉赋、骈文、乐府、唐诗、宋词、元曲的演变及其关系,讲述韵文的发展概况,提出了一些有价值的见解。

《中国韵文概论》的一个重要观点是:《诗经》三百篇乃中原文学之祖,中国韵文的源头皆由此出。关于"诗",梁启勋认为,《诗经》中百分之九十是四言。战国后半期,楚文学输入中原后,七言体兴起,所以七言诗是蜕化后的《楚辞》;后来西域乐歌东来便出现了五言诗。除此之外梁启勋还勾勒了赋、五言、七言诗的发展源流,评价了许多文学家的成就。

在国立青大梁启勋还创作了《词学》一书,于 1932 年由北平京城中华书局出版。该书是梁启勋词学研究的另一重要成果,分上、下两编。上编分总论、词之起源、调名、小令与长调、断句、平仄、发音、换头煞尾、慢近引犯、暗韵、衬音、宫调等 12 章,下编分概论、敛抑之蕴藉法、烘托之蕴藉法、曼声之回荡、促节之回荡、融合和情景、描写物志、描写妇女等 8 章。可以说梁启勋是近世词坛上初具规模的现代词学建构的奠基人之一。

1932 年 7 月,梁启勋离开了国立青岛大学,后在北京交通大学、北平铁道管理学院任教。1938 年,他曾投入中国联合准备银行,做过一些党的地下工作。1951 年中央人民政府政务院建立中央文史研究馆,经周恩来总理提名,由毛泽东主席圈定,梁启勋与章士钊、康同壁、齐白石等 28 位各界著名人士一起,成为中央文史馆首批馆员。此外,他还当选为北京市第一、二、三届人民代表大会代表。主要著作有《中国韵文概论》《词学》《稼轩词疏证》《海波词》《词学铨衡》《曼殊室随笔》《曼殊室戊辰笔记》等。还译有《血史》《世界近代史》《社会心理之分析》等美、英、日等国的书籍。

现当代文学、外国文学与文艺学

陈衡哲中文《自传》的史料价值

史建国

陈衡哲之所以值得关注，不仅因为她是中国新文学第一代女作家中的杰出代表——曾被胡适称之为文学革命“最早的同志”[①]，也不仅因为她是中国现代第一位女教授——1920年就被聘为北京大学历史系教授，更不仅因为她是陈平原先生所言“那些让人永远感怀的风雅”[②]的主角之一。作为20世纪上半叶的著名学者、作家，她亲身经历了清末民初的巨大社会变革，她的个体命运与时代的变革紧紧联系在一起，本身就具有重要的“标本”价值。而作为一名女性，在“安命”与“造命”、居家与“入世”、创作著述与教书育人，以及做一名温良贤德的贤母良妻还是做兼顾事业与家庭、勇于承担社会责任的公共知识分子之间，陈衡哲的选择都可以为后人提供有益的借鉴。为此，陈衡哲成为越来越多的研究者所关注的对象。

就史料研究而言，由于缺乏详尽的自传、日记、回忆录等直接传记资料，加上晚年陈衡哲基本过着离群索居的生活，逐渐淡出了公众视野，因而同时代人对其记述也非常少见(除去杨绛、黄宗英曾撰文对其进行怀念外，其他的回忆性文字不多)，现有的陈衡哲研究中对史实的叙述往往比较薄弱，或者语焉不详，或者错讹甚多。当然，1935年陈衡哲曾在北平出版过英文自传 *Autobiography of A Chinese Young Girl*，并且于2006年由冯进博士译成中文交安徽教育出版社出版，这为研究陈衡哲早年生平提供了丰富的史料。笔者在写《陈衡哲传——“造命”人生的歌者》一书时，对传主早年生平经历的描述就多依据此书。但“早年自传”既由英文翻译过来，加上传主在写作时对某些人名地名有意回避，就导致译本“早年自传”中有部分内容与史实不符。除去《陈衡哲早年自传》，赵慧芝先生的《陈衡哲年表》[③]也是近年来陈衡哲史料研究中的重要收获，但内中同样有不

---

① 陈衡哲：《小雨点》，新月书店1928年版，第6页。

② 陈平原：《那些让人永远感怀的风雅——任鸿隽、陈衡哲以及“我的朋友胡适之”》，《书城》2008年第4期。

③ 抢救民间家书项目组委会编：《任鸿隽陈衡哲家书》，商务印书馆2007年版，第238～245页。

少史料错误。[①]

1979年香港波文书局出版的李立明先生所著《现代中国作家评传》(第1集)中收有《陈衡哲》一篇,文末两处注释表明文中对陈衡哲生平经历的描述参考了陈衡哲的《自传》,至于陈氏《自传》发表在何处、篇幅长短、具体内容如何等等,由于李先生未提供更多信息,所以不得而知。对于人物研究而言,传主本人发表的《自传》其参考价值自不待言,但因这篇中文《自传》并未收入传主生前出版的任何文集之中,而后人编选的陈衡哲散文集等等也均未将之收入,所以时至今日知之者仍较少,依据这篇中文《自传》对陈衡哲展开深入研究的学术成果也不多见。

其实这篇陈衡哲的中文《自传》最初发表在1945年3月出版的《出版界》第2卷第1期。这也是目前发现的唯一一篇陈衡哲的中文自传——陈氏生前及身后出版的散文集中多收有《纪念一位老姑母》《我幼时求学的经过》等自传类散文,但并非严格意义上的自传。《出版界》创刊于1943年12月,由徐蔚南等人主持,刊物以“报道出版界之趋向、指导青年读书方法、评介新书为目标”,常设栏目有“论著”“书评及提要”“出版经验”“出版消息”“杂录”“统计”等。1945年3月《出版界》第2卷第1期出版了“作家学者自述专号”。“专号”内集中收录了当时一批文化名人的自传作品,不仅有陈衡哲的《自传》、张静庐的《战时成都出版界》、罗根泽的《罗根泽自传》,还有金兆梓的《五十年来之自述》、郑鹤声的《回忆录》、叶青的《我的著述经验》、李长之的《我的写作生活》等等。刊末注明编辑者为“重庆林森路羊子堰十八号出版界编辑委员会”,发行人为“沈鄂、季灏”。陈衡哲的这篇《自传》虽然篇幅不长,行文简略,但毕竟是由传主署名且用汉语发表的自传作品,内中的若干表述可以廓清陈衡哲研究中流行的一些史料错误,同时对于研究陈衡哲的生平思想、创作风格、人生观念及价值选择等等也有非常重要的参考价值。兹将全文照录如下:

自　传

我的祖父是湖南衡山人,但因为我的祖母和母亲都是江苏武进人,我自己又是生长在那里的,所以就算是武进人。年幼的时候,我跟着父亲、母亲和舅父读中国书,后来又在上海一个女学校里读了一点英文。到了民国三年,清华在上海考取留美女学生,便被送到美国去读了六年的书。在瓦沙女子大学(Vassar College)读的是学士,在芝加哥大学读的是硕士;专修的是

① 有关“早年自传”和《陈衡哲年表》中的史料瑕疵,笔者已在《关于陈衡哲的几点史料辨正》(《民国档案》2010年第2期)及《〈陈衡哲年表〉正误》(《鲁迅研究月刊》2013年第2期)中做过辨析,此不赘言。黄湘金的《陈衡哲早年史迹考索》(《中国现代文学研究丛刊》2015年第5期)更是勾陈史料,对“早年自传”做了必要补充,详细还原了陈衡哲早年在上海和常熟的活动轨迹。

西洋历史，副修的是西洋文学。（有时有人称我做博士，那是弄错了）

民国九年，北京大学校长蔡孑民先生要开放大学女禁，先打电报给我，叫我到北大去任教授，以为招收女学生的先驱。因此，我便于夏间回到国内。我同任叔永先生结婚，也在那年的秋天。到了民国十三年，又在南京的东南大学教了半年书；民国十九年，北京大学复校，又回到北大去教了约有一年的历史。

但我的性情是喜欢写作的，又因为子女三人的教育不容卸责，故教书的时间先后不过三年，其余的岁月就大部分用在写作上面。统计自民国十年到二十六年中，所写成的有《西洋史》上下二册，短篇小说《小雨点》一册，《衡哲散文集》二册，英文著作三四册，及其他小册子，约共一百五十余万言。写成而未曾发表的诗文小说，约有一百万言，则大抵是民国二十六年以后，在流亡中所写的。

我的有些行为，好像是矛盾的，比如说：喜欢写文章，而怕写毛笔字；颇喜饮酒，而最恶干杯；勇于改过，而对于原则却不愿牺牲；喜爱朋友，却厌恶应酬……既有这样一个不易敷衍的个性，也就自知弱点；故向来不曾在社会上任过事，也未尝做过任何社会工作。此虽不是由于自私，但人家若以为我的动机是自私，那我却也无从分辩，只好说声“惭愧”而已。

我曾代表中国，到过四次太平洋学会（民国十六年在檀香山，十八年在日本西京，二十年在上海，廿二年在加拿大之班府）。然亦不过是位陪议罢了，那能有什么成绩呢？

我们在北平住居先后凡十二年；其间曾同任叔永君及其他友人创办《努力周刊》及《独立评论》。因系自办的刊物，都有写作的责任，又常须以字数来迁就篇幅；故作文的风格乃由散放而趋于简洁，这亦许不失为一种进步。

自抗战以来，我们一家五人，便流离转徙于川滇两省，过着道地的文化难民生活。同时，我又同任君在家教着两个小的儿女读书。任君教的是古书及科学；我教的是英文、中文写作，及西洋史。

我写作的标准，也是同我的性格一样，是不作门面语，不说敷衍话的。凡一字一句，我必求其自衷心所发出；凡不是自己深信的思想，不是经过淘洗的情感，我是不肯把它写下来的。换句话说，即是，我但知说老实话。至于说老实话的效果，则人微言轻，不必说了。几年来尤其感到说空话的无益，颇思缄口敛音，以读书养性为标鹄；但积习难除，仍不免时时要说几句话，岂不可愧？记得曾有一绝记读庄子的，说：

有如梏桎尽离身，教我“樱宁”感哲人。

名实难胜令愈烈，“泥中曳尾”养吾真。

庄子“泥中曳尾”的动机,从前我以为是由于爱惜生命;及至体会自身的环境,乃知对于古人大有误解。可见读者若没有深刻的经验来供参照,乃是一件危险的事。

我在年幼的时候,曾经靠了奋斗与苦干思想上的革命,乃得入学校以至于赴美读书。而启发我的思想革命者,乃是舅父庄思缄先生。在他的教训中,有一个对于我的生命影响尤大。他说:“人类对于生命的态度,大抵可分为三种,其一是造命,其二是安命,其三是怨命。你绝不是安命之人;你有造命的能力;假如你不造,你必至怨命。但怨命乃是一件最没有出息的事,所以我希望你能努力去造命。”我服膺这个教训者三十余年,今舅父的墓木已拱,而我自己也是萧萧两鬓,成为一个飘零天涯的人!但因此却又悟到,一个人的小命,乃是跟着国家的大命的;年轻的时候不妨造小命,到了中年以后,却必须以造大命为一个人努力的标鹄了。

因说到“泥中曳尾”之言,遂写这一点以为自己解嘲;且愿以此自励:一个人即使在泥中,也是不应该放弃他的本位责任的!

奋斗的辛苦呵!筋断骨折;

奋斗的悲痛呵!心摧肺裂;

奋斗的快乐呵!打倒了阻力,羞退了讥笑,征服了疑惑。

痛苦的安慰,愉悦的悲伤,从火山烈焰中,采取生命的真谛!

泪是酸(原文“酸”字为“,”——据《运河与扬子江》补正)的,血是红的,生命的奋斗是彻底的!

生命的奋斗是彻底的,奋斗来的生命是美丽的。

陈衡哲　运河与扬子江

由以上可以看出,陈衡哲在《自传》中对自己的家世出身、教育背景、职业生涯、著述概略、个性特征、社会活动、人生思考等方面均作了简要记述。尽管叙述非常简略,但是却也可以回答有关陈衡哲的一些史料疑问。例如关于陈衡哲的任教经历,作为中国现代第一位女教授,陈衡哲的任教经历自然引人关注。阎纯德先生在《二十世纪中国女作家研究》中叙述陈衡哲的北大任教经历后,接着写道:“1924 年到东南大学任教半年。1930 年又回北京大学教历史一年……1935 年 9 月,任叔永任四川大学校长,她也同去成都,任该校西洋史教授。”[①]阎先生的史料研究卓有建树,贡献颇多。即以书中的陈衡哲一篇为例,阎先生就在其中披露了自己与陈衡哲妹妹陈衡粹及陈衡哲次女任以书的通信,为研究陈衡哲晚

① 阎纯德:《陈衡哲〈小雨点〉及其他》,《二十世纪中国女作家研究》,北京语言大学出版社 2000 年版,第 29 页。

年生活状况提供了极为重要的史料。而且显而易见的是，阎先生肯定也关注到过陈衡哲的这篇中文《自传》，如文中叙述陈衡哲著述情况时所言："……英文著作几册，如《一个中国女人的自传》及其他小册子，共约一百五十余万言，写成而未发表的诗文小说，也约有一百万字，后者大抵都是抗战期间在流亡中写成的……"[①]这显然是对陈氏《自传》中相关内容的重述。不过此处对陈衡哲任教经历的叙述却是不准确的，这主要是指1935年陈衡哲任四川大学西洋史教授的叙述。考察一下现有的陈衡哲研究，发现这种叙述相当普遍，如孙石月在《中国近代女子留学史》中也持此说："1935年9月，随任叔永去成都，任四川大学西洋史教授。"[②]而赵慧芝的《陈衡哲年表》中1935年条目下也有"9月，被聘为四川大学历史系教授"等语。尽管张静在《陈衡哲之三进四川——兼论〈川行琐记〉事件》一文中已经指出"陈衡哲并未在川大任教，但参与了该校的某些建设"[③]，笔者也在《〈陈衡哲年表〉正误》中对此做过辨析，但无奈"1935年陈衡哲任川大教授"之说流传太久、传播范围也太广，所以虽经辨正，但持此说者并不稍减。而在这篇《自传》中陈衡哲对自身教书生涯的回顾可以说就很好地回答了这一疑问。从1920年任教北大，到1924年任教东南大学，再到1930年重回北大教书，陈衡哲说自己"教书的时间先后不过三年"。尽管这篇《自传》文末并没有注明写作时间，但考虑到发表时间以及文中写到的"自抗战以来""流离转徙于川滇两省""过着文化难民生活"等语，显然写作时间至少是在1937年6月任鸿隽辞去四川大学校长以后，如若陈衡哲果真曾任教川大，那么《自传》中回溯自己的任教经历时不会只字不提。因此，可以肯定陈衡哲任教川大之说确系误传。

有关陈衡哲的著述情况，直到今天也是一笔糊涂账。除去《小雨点》《西洋史》《文艺复兴小史》《衡哲散文集》《新生活与妇女解放》、*Autobiography of A Chinese Young Girl*，以及主编的 *Symposium On Chinese Literature*（《中国文化论集》）等出版物以外，她的其余著述情况少有人知。在此《自传》中，陈衡哲对自己的写作进行全面点检，尽管并未给出详细的作品目录，但毕竟勾画出了著述的概貌："统计自民国十年到二十六年中，所写成的有《西洋史》上下二册，短篇小说《小雨点》一册，《衡哲散文集》二册，英文著作三四册，及其他小册子，约共150余万言。写成而未曾发表的诗文小说，约有100万言，则大抵是民国二十六年以后，在流亡中所写的。"这段话至少可以为今天的研究者提供两条重要信息：其

① 阎纯德：《陈衡哲〈小雨点〉及其他》，《二十世纪中国女作家研究》，第32页。

② 孙石月：《中国近代女子留学史》，中国和平出版社1995年版，第162页。

③ 张静：《陈衡哲之三进四川——兼论〈川行琐记〉事件》，《中国社会科学院近代史研究所青年学术论坛2007年卷》，社会科学文献出版社2009年版，第530页。

一，陈衡哲出版的著作共有150余万言，除去上述已收集的之外，仍有一些未被发现（比如英文著作），更有大量未收集作品散佚在当年的报纸杂志之上，陈衡哲创作研究仍然有很大的空间。其二，未发表的诗文小说约有100万言，这意味着考量陈衡哲一生的创作，文学作品从数量上来说要多于研究著作。如果这批未曾发表的作品有朝一日得以重现，作为“作家”的陈衡哲形象将大大加强，其文学史形象也势必将会重塑。当然，即便这批未曾发表的诗文小说无法重现，那么考虑到陈衡哲的著述情况，很可能也会带来对她的重估。

另外，《自传》中陈衡哲的某些自我分析，对于研究她的作品而言也提供了有效的路径。比如了解了她的矛盾行为，她的坚持原则、“不易敷衍的个性”，以及她的跟性格一样“不作门面语、不说敷衍话”的写作原则，那么也就很好理解她为何能写出《川行琐记》那种金刚怒目、充满“丈夫气”的批评文章了。而陈衡哲在《自传》中所说“几年来尤其感到说空话的无益，颇思缄口敛音，以读书养性为标鹄；但积习难除，仍不免时时要说几句话，岂不可愧？……”对于理解晚年陈衡哲的离群索居、缄口不言也有着重要的意义：当时代的潮水将几乎所有人都席卷进去的时候，陈衡哲却似乎与这潮水绝缘了，“泥中曳尾”并非“惜命”而在“养吾真”。再如陈衡哲在《自传》中述及自己曾参与创办《努力周报》与《独立评论》，“因系自办的刊物，都有写作的责任，又常须以字数来迁就篇幅；故作文的风格乃由散放而趋于简洁，这亦许不失为一种进步”。这不仅道出了陈氏创作多简洁明了、风格鲜明的原因，同时也揭示出了中国现代文学史的一个有意思的现象，那就是编辑生涯对作家创作风格有着重要的影响，媒介环境对作家的创作风格以及文体的形成也有着重要的影响。中国现代文学史上许多作家都有过办报办刊的经历，“以字数来迁就篇幅”应该是每个作家兼编辑都会遇到的，因而陈的个体经验其实有着相当的普遍性，这种现象理应引起研究者的关注。

总之，《自传》虽然简略，但却是非常重要的一篇文献，不仅可以厘清现有陈衡哲生平史料研究中的一些模糊之处，同时也为其作品研究乃至20世纪中国文学研究提供了一些富有启发性的研究视角。

乱世中的治世想象*

——以1929～1937年济南书词茶社中的鼓词为中心

国家玮

一

首先声明，选择书词茶社而非戏园作为重点考察对象，更多考虑的是民众参与度与城市特点。无论是“资本”“座数”还是“职工人数”，书词茶社在三者中都略逊一筹。① 统计电影院或戏园的座位自然容易，只是一说到书词茶社，情况就难免要复杂得多——你既可以在趵突泉边的望鹤亭或观兰亭中品茗听书，也可以走进可容三五十人的布棚或动辄百余人同时听书的席棚中专为听书；可这布棚、席棚中的座数实在不好统计。虽尽力搜求，但实在无法找到1932年济南市人口统计数字；不过，若以1934年国内重要城市人口调查为据，济南其时人口也只有433898人。② 举凡政、学、商、工、农各色人等，或在戏园，或在书词茶社，三月中就有6万多人次出入其中。时人据此大胆推算全年入戏园及茶社的人次可达24万之多，这个统计数目还是1932年的结果。③ 新剧仅据首倡之功，未必真要去看；电影自然新奇有趣，不过票价奇高，尝鲜则可，将其作为一种日常生活方式经营未免不够划算。无论如何，将旧戏作为兵荒马乱年景里日常生活中必不可少之调剂者绝非少数。

---

* 本文为山东省社科规划青年项目“民国时期济南、青岛的文学生活研究（1919～1937）”（17DZWJ02）的阶段性成果。

① 据《济南市政府市政月刊》的统计数据，从经营资本上来看，电影院和戏园需要更为精致的装修和更为先进的设备，自然需要更多的资本投入和职工；但从数量上来看，书词茶社则远多于戏园和电影院，是更为大众化的文化娱乐空间。

② 作为比较，将1934年重要省市人口内部统计结果抄录于下：南京735019人、沪3377436人、平1520188人、青448187人、兰96232人、津1348905人、汉774096人。（参见《青年文化》1934年创刊号）

③ 参见《济南市民众娱乐人数统计表》，《济南市市政月刊》1932年第5卷第3期。

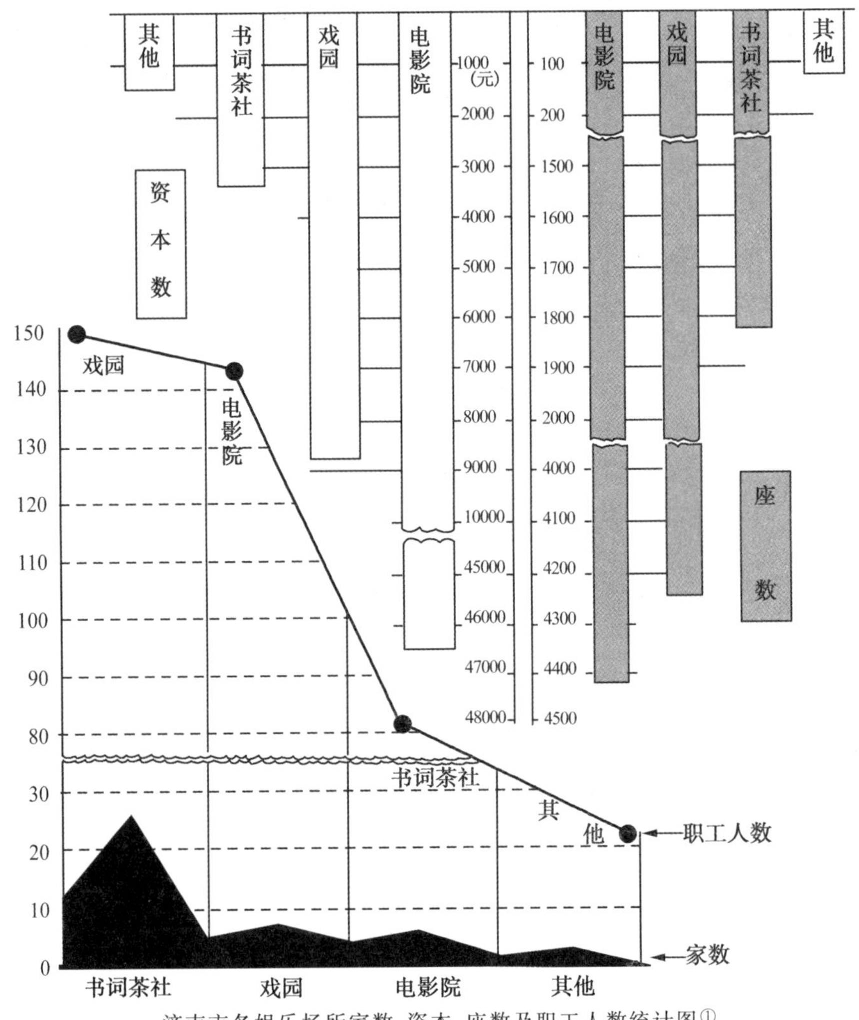

济南市各娱乐场所家数、资本、座数及职工人数统计图①

在正式展开论述之前，另有一事最好也提前交代。虽则歌谣曲艺曾被身担“启蒙”责任的新文学家们“重新”发现并一度颇受重视。然而，由于新文学主力尚在平、沪两地，故此每每谈及鼓词，虽一定不忘从刘铁云明湖居听书一节说起，却也不过是追怀罢了。阿英在古典小说、戏曲、传记文学这一脉络中发掘鼓词描写技巧，与他在上海所听鼓词多为据历史小说——尤其是《三国》——改编大有关系。赵景深于俗文学用功最勤，有《大鼓研究》传世，但也以京音大鼓为正宗。故此，以专门著作论，钻研 20 世纪 30 年代济南梨花大鼓者少有；以演出史论，鼓

① 参见《济南市政府市政月刊》1936 年第 5 卷第 5 期。

词绝对难登大雅之堂;故此,所能看到的大鼓研究也只限于官方因征税及查民风之需发表的统计数字或政府训令,难以重构其时真正的历史场景。征用较多的史料是一份1931年以民众教育馆名义对济南书词界进行的系统调查。[①] 如果细察,能发现调查本身并不用心。虽不一定出现错讹,但是过分强调"改良"使命,反而容易忽略调查对象的复杂性。不知道是由书词茶社上报还是教育馆"分兵派将"到各个茶社观察得来,"济南市流行的旧词和新曲"一项所列,不仅有内容的分别,更有所唱调子的差异。抛开所记常演词曲名称和调子诸材料的来源不说,单论材料编类的可靠性,将新剧《猛回头》《文明辞》之类列入常演剧目就有些可疑。极有可能是为了将"旧词新曲"不同种类填全,才硬要放进几个"与时俱进"的新剧。不过,统计范围大,一些细节上的刻意为之并不能遮蔽其时的真实面貌,鼓词仍是以旧词中的历史及社会两类为主。叙及各派书词的流传范围,以犁铧大鼓为流传最广自然不错,可说河间大鼓只在"河北一部",流传不甚普遍,此言未免失之草率。唱白间可自由转换,节奏更为明快轻松的河间大鼓相对于调缓制严的犁铧大鼓在当时更受民间青睐。可用资料既少,又常因官家制作,难免敷衍之弊;也可见关注民众日常文学生活虽是独辟蹊径的学术眼光,想要深入研究也绝非易事。

无意就书词的唱工、做工及其时济南书词茶社山东大鼓、河间大鼓、京音大鼓、河南坠琴、评词、木板快书、相声双簧等往还竞争的热闹场面多作描摹。真正关心的乃是借助对济南一地鼓词听众的欣赏偏好的描述,呈现"五三惨案"(1928)、"中原大战"(1930)与中国政府正式对日宣战(1937)之间民众的文化/文学生活及其背后的心理状态。

赵景深曾记1934年上海北平书场演出鼓词详目,从3月25日一直到4月16日共20天。在"四马路大西洋茶社西部之北平书场"[②],虽不提供"安乐椅沙发",而是一依旧俗,只有"方凳"和"长板凳",但到晚间时分仍是"人头济济"。南人向来精通生意之道,"不少平津的达官贵人,来到上海避难",自然不会放弃借开书场营利的机会。[③] 来此地者虽不一定都是来沪避难的北人,但大抵还都要"雇车前往",也绝不是"短衣帮"。在赵景深的记录中,除"白云鹏能戏最多"外,唱京音大鼓的其他五人能唱者为25种。这其中,尤以据三国故事改编者所唱次数最多,《战长沙》在20天中所唱次数甚至有24次之多。赵景深据在日本书志学会刊行的《书志学》第4卷第4号上长泽规矩也《家藏旧抄曲本目录》,拈出29

---

① 参见吴极宸:《济南市书词界调查及其改善》,《民众教育月刊》1931年第3卷第6期。

② 鼓翁:《追忆北平书场开幕》,《戏剧旬刊》1936年第3期。

③ 参见燕客:《北平书场速写》,《社会新闻》1933年第2卷第30期。

种少用历史题材而专采民间传说或百姓生活的本子，并据此大胆推断在清光绪之前说不定当时大鼓还不曾占得舞台的地位，只是“走街坊”，唱些后来所谓“文明小曲”罢了。“走街坊”自然是一种可能的形式，而搭席棚也未尝不可。前面曾提及，相对于其时在济南更为流行，动辄形成百人以上观众规模的河间大鼓，梨铧鼓词尚有雅化倾向，非得有相当的文学修为之人，不易完全懂得。1931 年济南民众教育社所做书词茶社调查中，历史题材自然不少，但社会、侠义、滑稽及所谓“迷信”(实为《蓝桥会》一类传奇本子)亦可占半壁江山。此种局面的形成，端赖济南一地，茶园之外，布棚、茶棚遍地，为招徕客人，除去运用历史题材之外，自然多唱劝嫖、劝夫或是情节跌宕起伏的侠义题材。(至于劝嫖之作，为何以行道德说教为名反而赢得大量俗众，暂且按下不表。)不妨将赵景深 1934 年在沪北平书场所听鼓词、长泽规矩也《家藏旧钞曲本目录》中所列非历史题材曲本与济南民众教育馆 1931 年调查中所谓“现在济南市流行的旧词和新曲”作一比较。

赵景深 1934 年在沪北平书场 20 天中所记，有 20 种本子被 6 人反复数次演唱:《战长沙》共唱 24 次、《长坂坡》共唱 12 次、《古城会》共唱 15 次、《群英会》共唱 2 次、《华容道》共唱 2 次、《截江》共唱 9 次、《草船借箭》共唱 14 次、《白帝城》共唱 4 次、《大西厢》共唱 4 次、《子期听琴》共唱 15 次、《闹江州》共唱 3 次、《活捉》共唱 13 次、《坐楼》共唱 11 次、《别母乱箭》共唱 9 次、《取荥阳》共唱 4 次、《南阳关》共唱 4 次、《马前失蹄》共唱 10 次、《刺汤》共唱 5 次、《游武庙》共唱 6 次、《百山图》共唱 12 次。

长泽规矩也《家藏旧抄曲目录》所载非历史题材曲本凡 29 本:《一百黑》《十重思》《蒙正赶斋》《十二月古人名》《连升三级》(两本)、《刘高手探病》《戏班名》《九九图古人名》《渔翁得利》《最喜春光》《劝世文》《小汉子锄地》《二八佳人》《一朵浮云铺满天》《一品当朝》《十五拆》《伶俐的小妞妞》《颠倒古人名》《三月桃花》《十六靠》《遇僧》《十至百花观》《海棠花开》《姑嫂降香》《六月》《三伏》《八难》《彩楼配》。

济南民众教育馆将旧词依类分历史、社会、侠义、滑稽、迷信五类，依类录之。[①]

历史类:《八里桥》《昭君出塞》《战长沙》《吕蒙正赶斋》《秦琼辞母》《借箭》《打

---

① 今人整理这份材料多从己意，将原始资料所列剧目次序据自家意图随手改变且不加说明;另将原始资料中归入“社会”类的《龙凤配》与归入“侠义”类的《张飞赶船》一并归入“历史”类。能理解引者意图，不过原资料既做此安排，也并非无道理。《张飞赶船》虽出三国故事，但突出其侠义劲射亦无不可;《龙凤配》并非一定指三国故事中“甘露寺”一节，以《龙凤配》为名的小段亦有不少。《小王打鸟》亦可名之为《龙凤配》。这份颇多以己意出之而对原始资料多有改动且未以注释注出的整理本不足为据。(参见张军、郭学东:《山东曲艺史》，山东人民出版社 1997 年版，第 304～305 页)

西关》《刀对刀》《长坂坡》《樊梨花征西》《三下南唐》《打丰县》《三顾茅庐》《南阳关》《江东计》《古城会》《碰碑》《马失前蹄》《华容道》《芦花荡》《叫关》《诸葛亮打狗》《箭射盔缨》《单刀赴会》《造白袍》《斩蔡阳》《董凌关》[①]《空城计》《金鞭记》《剑阁闻铃》《河北寻兄》《凤仪亭》《刘公案》《收赵云》《孙夫人祭江》《烧成都》《诸葛亮吊孝》《荐诸葛》《满床笏》《徐昌派兵》《刘备过江》《禅鱼寺》《取成都》《三娘教子》《杨满堂征南》《樊梨花投唐》《徐庶辞朝》《听琴》《白马坡》《东岭关》《徐母骂曹》《游武庙》《定军山》《梁山伯下山》《双锁山》《全本南北宋》《全本隋唐演义》《全本下南唐》《全本名烈传》《呼家大报仇》《五代残唐》《全本列国》《全本杨家将》《全本精忠传》《马潜龙走国》《辞曹》《白帝城》《柴桑口》《黄文下书》。

社会类:《清官断》《王汉溪借粮》《空棺计》《皮袄计》[②]《下苏州》《马前泼水》《王休休妻》《高定宝招亲》《白猿孝母》《苏三起解》《双奇文》《五子登科》《洪武放牛》《潘金莲拾麦子》《大烟叹》《王允休妻》《大西厢》《改良劝夫》《宋江座楼》《鞭打芦花》《金钱记》《丁香孝母》《郭举埋儿》[③]《九子父》《秦雪梅吊孝》《改良劝妻》《贾母探病》《三堂会审》《樊梨花》《劝嫖交友》《鸿銮喜》《祝英台》《海公案》《败子回头》《马寡妇开店》[④]《下苏州》《灯下劝夫》《龙凤配》《春秋配》《双别窑》《女起解》《陈三两把堂》[⑤]《王定宝借当》《老少换》《黛玉悲秋》《宝玉探病》《独占花魁》《妓女从良》《双锁柜》《玉环计》《武家坡》《白绫扇》《晴雯补球》[⑥]《乌龙院》《黄爱玉上坟》。

侠义类:《三侠剑》《闹江州》《李逵夺鱼》《永庆升平》《彭公案》《小八义》《平六国》《黑虎传》《施公案》《魏延抢法场》《宋江发配》《张飞赶船》《王庆卖拳》《五虎平南》《王天宝》。

滑稽类:《黑牛段》《翻车》《拐马车》《黑驴段》《李存孝夺蒿》《三怕老婆》《摔镜架》《小秃闹房》。

迷信类:《胡迪骂阎》《做多罗》《湘子上寿》《日逢三喜》《长生乐》《阴功报》《栓娃娃》《阎王庙》《蓝桥会》《活捉张文远》《金山寺》。

清光绪后盛行《三国》《水浒》《红楼》之鼓词,1912年以来,此风并无多少变

---

① 此为明显误记,并非手民误排。山东大鼓有《东岭关》本子,据此推测,作者可能对鼓词本身不甚熟悉。

② 《皮袄计》中“计”当为“记”。

③ 《郭举埋儿》中“举”当为“巨”。

④ 后又在“迷信”类中出现“阴功报”。但无论是《狄仁杰赶考》还是《马寡妇开店》,不过是《阴功报》的别名。

⑤ 《陈三两把堂》应为《陈三两爬堂》。

⑥ 《晴雯补球》应为《晴雯补裘》。

化。市民文化愈浓之地,此风愈盛,北平即是如此。与之相比,济南的情形要复杂得多。“五三惨案”(1928)后,济南人口总数一度从35万降至20万[①];而其后不到10年又复升至43万之巨。此间济南市居民185199人,同为山东省但籍贯不是济南者则为190962人。[②] 这与1931~1937年中国陷入大萧条,农产品价格下降、农村金融机构崩溃以致农村崩溃大量农民涌入省府济南有关[③];同时,也端赖自开商埠较早,一旦获得些许喘息机会,民众那种向往繁荣生活的信心与将东省作为独立王国经营,怀有“良吏”想象的韩复榘[④]所施政令形成合力,使包括外地入侵屠戮与中原大战军阀混战造成的伤痛奇迹般治愈了。这似乎印证了谢和耐在对《蒙元入侵前夜的中国日常生活》描述后所作的判断:“宽容忍让和相信人类天性,均来自对于社会生活之价值的坚定信念,并成为中国人最突出的道德特点。”[⑤]在这种“重建”带来的“繁华”幻象中,原本优哉游哉、闲适异常的市民文化颇受外埠来此谋生者更为粗粝的文化趣味影响,梨铧大鼓渐渐繁荣不再,河间大鼓随之而起,其实都可以在这个脉络里讨论。上面所列民众教育馆调查中所列词书,既重历史,又重市井百姓日常生活的本子;既有可演一刻钟或半小时的小段,同时也有不少“全本”,连演两三个月之久,个中原委,不能不说与席棚、布棚、茶园并存的现象和商政学工农各界文化趣味差异有关。

二

同样处理道德、欲望、死亡这类话题,且都取资于传统文化,新文学作家更倾向于在六朝志怪、唐宋传奇以及《法苑珠林》所引诸经中填入一点“现代”的味道,显出老手的气息。[⑥] 因情欲难抑,沈从文笔下“夫妇两人爱情虽笃,但因作丈夫的太不注意于男女事情,妇人后来,便居然同那刖足男子发生了恋爱”[⑦]。道德、正义、信念恰如弹簧般可随一时一地人之处境的不同而变得可伸缩,倒是情欲成为人自身无法以理性体察与控制的神秘之物。命运的不可知,情欲的不可控,与

---

① 据1928年《华北每日新闻》转引中国媒体报道:“The Chinese papers report that there are now only 203,000 people living in Tsinan as compared with 350,000 a year ago.”(*The North-China Daily News*,1928年9月8日)

② 参见《济南市人口籍贯统计表》,《济南市政府市政月刊》1936年第10卷第78期。

③ 有关1931~1937年中国大萧条情况的研究,可参见城山智子著,孟凡礼、尚国敏译:《大萧条时期的中国:市场、国家与世界经济(1929~1937)》,江苏人民出版社2010年版。

④ 关于韩复榘如何借助对百姓文化/文学生活的干预以完成其“与民同乐”的想象,可以参见本书关于进德会研究部分的内容。

⑤ [法]谢和耐:《蒙元入侵前夜的中国日常生活》,刘东译,北京大学出版社2008年版,第239页。

⑥ 这里所说,借用了鲁迅在介绍日本现代小说时对芥川龙之介的评价。

⑦ 沈从文:《爱欲》,《现代》1933年第3卷第5期。

死亡的不期而遇，道德的救赎功能因此而被削弱。鼓词中对类似话题的处理方法正好相反，“果报”观承认有超验的“天命”存在，因此将人的行动赋予了道德的边界——不忠不义者必遭天谴。鼓词《张郎休妻》[1]中，张云方与情妇李海棠的私会同样因为情欲难遏，但他毒打发妻陈丁香以至最终休妻，仍是因为丁香无法受孕生子。此番举动的果报是火灾导致张云方双眼被烧瞎，只得行乞度日，再遇早已改嫁到姚家的丁香，而张云方仍不忘对丁香的旧情，为此碰死在灶台边。同样因为情欲而悖伦，与新文学作家将死亡神秘化的倾向相比[2]，鼓词中张云方的暴戾、欲望以及因良心发现而自我了断，都被置于道德的审判之下。

茶社、席棚所唱与“苦心征集并顾曲笔记”而成的“鼓界完全善本”[3]不同，既求“善本”，难免以自家眼光衡量取舍；实地演出则不同，要的是叫好叫座，观众的趣味才是最重要的。既号“文明书词”，则其“写实”一部，多以“劝诫”“救国”名之；同时亦要兼顾“观风”效果，《小佳人送饭》《情人顶嘴》之类庶几有“乐而不淫”的现代诗教意味。以赵景深所录《文明大鼓书词》中写实一部为例，举凡《小放牛》《小寡妇上坟》《丑妞妞做梦》《科学救国》《小两口闹洞房》《摔镜架》《小佳人送饭》《绕口令》《夸阳历》《老汉自叹》《妓女上坟》《妓女悲秋》《妓女悲伤》《妓女得意》《劝妓留心》《叹青楼》《从良叹》《劝嫖交友》《热客回头》《擦白镜》《灯下劝夫》《改良劝夫》《贤良女劝丈夫》《摔子劝夫》《反劝妻》《早婚害》《醒世金铎》《劝孝歌》《劝各界》[4]，观风劝世，文人趣味一望既知。与之相比，席棚演出，虽也不乏《大烟叹》与《败子回头》，但《郭巨埋儿》《老少换》亦受欢迎。

这类词书所叙，较新文学作家中擅写乡土旧俗或底层生活者所写[5]更为阴惨：埋儿孝母、麻袋装民女以 4 两银钱出卖。乱世悖伦，斯文扫地，倒是不难理解。只是鼓词往往将“去道德化”的脉络与“道德救赎”的情节这两个极端并置。埋儿并不足奇，饥饿难耐，“易子而食”也常有；问题在于如果被置于“孝”这样的道德拷问下，“埋儿”庶几成为一个无解的伦理难题。每日米饭只有一碗，要么饿死儿子，要么饿死老母。这与火车失灵后驾驶员选择继续开行撞死在前方五人还是扳向岔道撞死一人这类伦理学难题如出一辙。毫无疑问，郭巨此举当然会“感天动地”，埋儿掘土却挖得黄金白银。更容易的做法是，就此为鼓词传统贴上“大团圆”标签讽刺了之。如何处理人欲与道德的关系，经典的“五四”式答案自

① 又名《休丁香》，以韵散相间体唱 16 回，可演 3 场。端鼓腔，唱词为“花”辙。

② 除沈从文外，曹禺《雷雨》中，家族里年轻人死亡同样被赋予了神秘主义色彩。

③ 雨公：《文明大鼓书词序言》，1922 年 1 月 11 日。

④ 此从赵景深《大鼓研究》中抄录，另可参看武垣尧封编《文明大鼓书词》。

⑤ 新文学作家中擅写此类作品者多写鲁迅所说“遥远的贵州”风俗或四川、云南一带民风，如蹇先艾、沙丁、艾芜、李劼人等。

然是在灵与肉之间找到微妙的平衡。[①] 只有鲁迅这样兼具文学家气质与思想家气质的作家或是老舍这样拒绝对民间土俗世界“隔岸观火”的市民作家才会质疑“灵肉合一”论对民间复杂文化生态阐释的有效性。阿Q的爱情观,《茶馆》中当了十几年兵的老陈、老林合娶一个媳妇,凑“三个人的交情”,在表明两位作家面对土俗世界相当复杂的文化生态时发现真问题的敏锐眼光。只是,真正有此眼光者不同。所谓“启蒙”,其实重在“启”什么、如何“启”,至于“蒙昧者”何以“蒙”,在布道式的“启蒙”结构中是较少被关注的。在这个脉络中理解鼓词,你会发现,一方面,与新文学名目繁多的启蒙话语相比,鼓词对民众的教化只有建基于果报逻辑的劝善式道德主义;但另一方面,纷繁复杂的鼓词题材却打开了欲望危机下土俗世界这一巨大而复杂的空间。在其内部,对道德主义的追求与去道德化的行动是一体两面的东西。

举书词《老少换》为例。[②] 抢民女并以4两银钱出卖,底色本就阴惨,所以以此为背景讲述被修改了的“郎才女貌”故事虽以大团圆作结,但毕竟不同于一般才子佳人的文人套路。同为“才子”,文人笔下出之往往形象典重:不过书词中做了乘人之危、买来民女的勾当,却又缺少担当,遇事大哭不止,斯文扫地。刘进以同乡之交赶来劝解,出自真心,却又不顾同乡情谊,为图女色背信弃义。狼狈怯懦,庶几是席棚中“短衣帮”对知识人的想象。老者刘进,很难以道德名目借善/恶之别对其形象进行描述:见同乡落难心生同情,觉察“老换少”后算计自家利益受损而决不罢休,被恫吓后与现实妥协仍与老妇同归。凡此种种,与其置于善/恶脉络内进行道德判断,不如将其行为放在个体利益最大化这样的视点下理解。老妇与店小二代表了一般民众理解问题的视点。在很多情况下,“庸众”未必是沉默的大多数,他们会以维系土俗世界运行的、在民众心中约定俗成的价值公约数形成“民意”。这种“民意”天然缺乏思想深度和思想应有的批判性,但作为“仪规”,却往往能在民间起到一呼百应的惊人效果。无视王辅臣将民女装入麻袋如商品般售出,无视书生和富贾为求情欲满足而趁火打劫,如买商品一样买来女性身体,无视书生背信弃义,乘人之危,将本为劝解自己的刘进灌醉掉包,是否“般

---

① 参见周作人:《人的文学》,《新青年》1918年第5卷第6期。

② 以韵散相间体唱5回,可演1场。唱词为“花”辙。中述:“山西王甫臣叛乱,抢掠大批民女,装入麻袋以每个四两银卖出。三元县蛤蟆汪老者刘进,家境丰实,买来一袋。打开看是个十七八岁美貌女子,名为郭素秋,欲纳为妾。途经十里镇宿店,素秋不思饮食,大哭不止。凑巧书生米汉臣却买到个满头白发的老妇,用驴驮着也来住店,老妇非要汉臣充作小丈夫,闹得书生大哭不止。刘进听得哭声赶来劝解,认作同乡,邀其上街喝酒。老妇听到哭声也到素秋房中解劝,问明情由,深感同情,遂生妙计老少换装换房。刘进喝得大醉竟被瞒过。汉臣回房见老妇变为年轻女子,十分惊喜。郭素秋怕被刘进发现,催汉臣速速牵驴逃走。翌日,刘进发现上当,欲寻汉臣大闹,老妇却又纠缠不休,店小二半哄半吓巧言排解,刘进方与老妇同归。”(转引自郭学东编:《山东曲艺研究　曲书目概要》,中国开明文教音像出版社2002年版,第93页)

配”在此成为民众度量此事所使用的最大道德/价值公约数。民众因为男女主人公不“般配”而义愤填膺,同时又因为掉包成功而化解了焦虑。席棚中听书词的市民或外来谋生的农工,正是在这个意义上获得了与店小二之流共同的道德快感。关于民间土俗世界中的这种仪规传统(如男女是否“般配”、为人是否“正经”等),我曾在分析鲁迅小说反讽特征时详细谈道:“与律令的强制性不同,仪规虽然表现为一种柔性的‘潜规则’,却同样可以杀人于无形。作为一种强大的道德约束力量,其发挥效力的场域显然不限于乡土中国,具有土俗世界人格血统的城市中的庸众同样会在阮玲玉身上产生‘我虽然没有阮玲玉那么漂亮,却比她正经’这样充满‘正义’的道德感。虽然土俗世界中的‘公德’起源于精英集团的道德经典,不过一旦被放大化、绝对化并内化在土俗世界成为一种心理机制后,它反而变成了知识分子需要克服的仪规。”①

不妨作个总结:第一,如果说新文学作家更关心“蒙”何以“启”,那么词书则更倾向于表现乱世中民众“蒙”之百态,从而瓦解了一般知识人抽象简单的民间想象。第二,词书的道德追求,止步于迎合民众自身利益最大化的需求。“劝嫖”“劝夫”“大烟叹”,并非建立在相互主体性基础上的现代爱情,而是出自对个体健康的焦虑。乱世中,人人自危,心怀恐惧。广为流传的《武家坡》与赵景深提及的稀见本子《吕蒙正赶斋》②,虽以团结剧情煞尾,但人物冲突却起源于丈夫对妻子贞洁与否的狐疑。与长泽规矩也家藏乾隆时期旧钞中《一朵浮云铺满天》《十至百花观》《颠倒古人名》这类灵动有余、文气十足的本子相比,1931～1937 年济南茶社席棚中所唱,固然也有轻巧之作,但唱战乱中悖伦之事或公案者尤多。置于乱世中的人们在茶社席棚观看“乱世”,将民族国家危亡暂时弃置一旁,借助土俗世界中价值最大公约数,如男女是否般配、为人是否正经等类似这样的仪规重新确立了对世俗道德的信念。面对书词中一个又一个阴惨故事,书词伶人与民众一次次以“不正经”“不般配”的名义声讨,由此获得了最大的道德满足感;而这样的道德满足感自然可以让人们暂时逃离外敌觊觎、国内混战的现实,在想象中重新回到那个依靠这些世俗道德足以维系下去的古老而平静的生活中去。

① 国家玮:《启蒙与自赎——鲁迅小说人称、反讽与抒情问题研究》,北京大学博士论文,2014 年。

② 以韵文体唱 1 回,可演 1 场。唱词为“言前”辙。中述:“宋朝宰相吕蒙正幼时家贫乞讨为生,适逢天官之女瑞莲抛彩选婿,竟将彩球抛入蒙正要饭篮内。天官嫌贫爱富,逼吕退婚。刘瑞莲矢志不移,随蒙正同居寒窑。一日,吕蒙正去木兰寺赶斋。归来见窑外雪地上男女足迹混杂,心生疑窦。进窑又见有靴帽篮衫、菜饭肉蔬,以及不少银两,不由连声质问。刘瑞莲故意逗弄蒙正,夫妻几至反目,瑞莲方才说明系母亲派院工、丫鬟送来,夫妻和好如初。”(转引自郭学东编:《山东曲艺研究　曲书目概要》,第 93～94 页)

三

词书与戏剧研究相类,剧本文学史与演出史最好分而论之。《大烟叹》《妓女从良》,从名目上看,讽世与劝世之功兼备,不过,真到茶社、席棚中演出,鼓姬自有发挥。为合观众趣味,有时难免劝百讽一。

随手一例,京剧中《阴公报》一出,书词名《马寡妇开店》。孤男寡女独处一室,书生依旧洁身自好,类似文人对自家完美道德想象之作其实并不少见。不过,去掉这层道德遮羞布,茶社、席棚中,人们真正要窥视的往往是独守空房的女性。夫君在外,自家苦盼其归来,这样的"闺怨"更为传统文人青睐;而"寡妇"则更为茶社席棚中"短衣帮"提供了满足窥淫癖的女性形象。以刊载女性话题实则满足男性窥视欲望的《春色图画半月刊》曾在第3卷第1～10期,每期刊载《马寡妇开店》故事图画一帧以为噱头,足见观者心态。(见下图)

馬寡婦開店(一)

張義璋畫

馬寡婦開店（二）

張義璋畫

讀書人的唯一出路，就是功名大事。

這年子春闈試期，狄仁傑帶了一個書僮入京應考。

馬寡婦開店（三）

張義璋畫

晨初，宿於馬氏旅店。書僮一日辛苦，明天一早又得趕路，早就回過主人自去安睡。狄仁傑為了試期已迫，工作緊張，還在燈下大開夜車！

馬寡婦開店（四）

張義璋畫

這家旅店，男主人已在半年前沒了，遺下了一位如花美眷——馬寡婦。在這樣一個貓兒叫春的天氣，那裏關得住少婦的一顆活躍之心！

馬寡婦開店（五）

轉展反側，不能成寢；日間在店堂裏一瞥，現在在隔室讀書的俊俏書生影子，又給浮上心頭，整個身體都已在熱情的燃燒中！

馬寡婦開店（六）

在狄仁傑室門外躊躇了五分鐘。「天下决不會有喫素的貓兒，柳下惠那裏有第二個？何況自己是這樣一個妖豔的女人」。馬寡婦儘自忖着！

馬寡婦開店（七）

馬寡婦妖冶的素性，遠過於性感明星梅蕙絲！讀者們如身當其境的狄仁傑設身處地想想，該是怎樣一種感覺？

馬寡婦開店（八）

那時候的讀書人，都有一種「美色不能惑」的定力！狄仁傑在馬寡婦肉的誘惑雖下，也不免有一點飄飄然，可是理智强於性感，終於婉詞拒絕了！

（取自《春色图画半月刊》1937 年第 3 卷第 1、2、3、4、6、7、8、10 期）

类似《黛玉葬花》《苏三起解》《小二姐做梦》以及这里提及的《马寡妇开店》之类词书，当然更适合鼓姬来说唱。就 1936 年统计来看，此时济南书词艺人男女比例已经非常接近，与戏园中情形不可同日而语。[1] 白面书生、孀居娘子，又加之以漫漫长夜，虽则最后狄仁杰“讲今论古”而“苦言规劝”，不淫人妇，以致积下阴功“南天门一改状元图”，不过马寡妇殷勤伺候读书，倾诉寡居生活之苦以及百般挑逗书生的桥段才能真正招徕看客。其时，北平市政府不止一次将之视为淫剧禁演。邵洵美《文化的护法》中专讲风靡十里洋场的蹦蹦戏，“原是北平的草篷班子，曲调如梨花大鼓，此举更鄙俗非凡，据说因演一出叫做‘马寡妇开店’的风流戏，而被北平当局干涉，因来上海”[2]。另一则材料则是以北平市 1939 年 3 月 20 日北平市政府训令，矛头所指评戏，《马寡妇开店全本》被列入禁演六剧之首。虽然明令禁止，但往往屡禁不止。1939 年训令直言这个本子“昔年官厅均有禁止，乃日久玩生照常演唱。淫伶于表演时尤极种种淫情浪态之能事”[3]。济南茶社或席棚中如何说唱，看客反应如何，已不可知。不过，端赖评戏大家事后回忆，至少可以借对同名评戏演出追忆想象鼓词说唱场面。

>……演出时大都强调马寡妇想男人的可怜相。她们演出马寡妇深夜私奔书房找狄仁杰这场戏，用各种手段表演思夫的苦处……在梦中见丈夫时唱：“拉丈夫好似猫儿扑鼠，多年不见哪，想死了奴。”在表演这个动作时，一

① 不知道这里所指书词茶社是否包含如布棚、席棚在内，较戏园而言，词书艺人未必都在茶社内，故此数据仅作参考。据统计，1936 年济南茶社男艺人为 228 人，女艺人为 36 人；而书词茶社的情况则是男艺人 129 人，女艺人 95 人。（参见《济南市政府市政月刊》1936 年第 10 卷第 5 期）

② 邵洵美：《文化的护法》，《时代》1935 年第 8 卷第 11 期。

③ 《训令警察局，据社会局呈请禁演〈马寡妇开店〉等六剧，除令准外仰即遵照由》，《市政公报》1939 年第 44 期。

手扑去,但扑空了,一手抓住蜡台,抓紧蜡烛不放手……台下观众怪声叫好。

私奔书房唱:"出门来四周无人影,书房屋里点着灯烛;我到书房走一趟,他要问我就说给他送来暖茶一壶。心急手快烧开水,大叶香片冲满了壶,左手拿着小茶碗,右手拿着一把大茶壶;心里高兴脚步快,眼前来到书房屋。此事凑巧真是巧,婆母知我的孩子也不哭。欢天喜地书房去……"这段表演就各自发挥了:走花梆子,摇肩膀,耍眼珠,抖一个肩膀等……

寡妇见着狄仁杰时,都是"哎呦呦我的夫哇!"用手一拍狄仁杰的肩,狄一躲闪,寡妇接唱:"你休要提起哪个短命鬼儿,提起他来苦死了小奴马……"用调情的眼神看狄仁杰,还故意用肩撞。……观众发了疯似地叫邪好儿……[①]

无论是书词茶社抑或是布棚、席棚,来此听词者以男性观众为多。故此,鼓词唱本自然也多以男性视角展开。明明是满足男性窥私欲,可最终唱本中马寡妇才被塑造成为荡妇。无疑,这是男性欲望在女性身体上的铭写。由此,这类唱本构成了一个有趣的倒转:男性看客希望在唱本中满足欲望,窥视女性,但同时又隐隐感到过于赤裸的欲望流露有悖土俗世界中的道德观。因此,在唱本中,男女主人公一正一邪的形象恰好满足了观众分裂人格的需要:马寡妇身上投射的是男性观众想象中的欲望主体,而白面书生的厉声呵斥又让他们获得了一种虚无的"正义感"。在马寡妇表现出最为旺盛而炽烈的情欲之时,书生毫不留情的吓止给马寡妇带来的尴尬,往往会引起哄堂大笑。情欲戏很快变成了喜剧,最终再以道德劝善作结。情欲、道德、笑料,这三种质素往往同时出现在一个唱本之中,《马寡妇开店》不是特例。在土俗世界之中,"荤口"从来不是对情欲大胆赤裸的描写。"荤"要融入"笑料"之中,才显"轻重平衡"。

四

对席棚唱本的研究,毋庸讳言,受到谢和耐(Jacques Gernet)社会生活史研究策略的影响。这种"由下自上"的方法也是达恩顿(Darnton)理解法国大革命采用的视角。达恩顿花费大量时间调查法国大革命前广泛流传于民间的色情文学、亵渎神学及君主权威的小册子,并在此基础上提出这种源自民间的对传统社会秩序,尤其是对王权合法性的戏谑[②],成为法国大革命成功的因由之

① 新凤霞:《新凤霞回忆录》,百花文艺出版社1980年版,第241~242页。

② 比如《杜巴利伯爵夫人轶事》,在其情色故事背后其实渗透了这样一种意识:最终登上权力巅峰的杜巴丽夫人依靠自己的身体重新激活了路易十五失去已久的性能力,她继而可以左右朝政。以此,王权的合法性这一严肃而神圣的话题就被《杜巴利伯爵夫人轶事》这样的小说颠覆掉了。

一。[①] 如果说法国大革命前的畅销禁书，尤其是那些充斥着露骨色情描写的小书以对王权、教权的挑衅促成了革命，那么，现代中国底层社会的文学生活则与之完全相反，应被理解成“乱世”中的“治世”想象方式。鼓词中大量的三国故事、清官断案故事召唤的都是“治世”中的理想道德。事实上，真正对“五四”以来现代性精神构成威胁的，并非仅仅是提倡旧道德的腐儒或是以惩恶劝善、鼓吹儒教道德为旨规的文学创作。儒教思想本身传播并不是依靠几部经书，土俗世界中大量民众真正接触到的恐怕正是这些常演不衰的旧戏、鼓词、唱本。不是抽象的思想，而是鼓词中活生生的现世现报、青天治国型。从某种意义上说，文学生活最终潜在影响了土俗世界庸众对整个世界的理解。

附表　　　　近代济南曲艺演出场所一览表[②]

市场名称	书场名称	艺员人数		调子名称	每日观众人数	艺员每人每月收支状况		备考
		男	女			收入	支出	
新市场	义兴茶园	4	2	洋琴	工商界 50 余人	916	750	
	玉兴茶园	6	4	河南坠琴	工商界 50 余人	916	750	
	福兴茶园	5	4	同前	工商界 60 余人	777	750	
	光裕茶园	5	4	山东大鼓、河南坠琴	工商界 40 余人	666	555	
	光明茶园	5	6	山东大鼓	工商界 50 余人	909	681	
	三民茶园	3		木板快书、评书	工商界 40 余人	1833	1166	
	双春茶园	4		木板快书、西河大鼓	工商界 300 余人	2125	1875	
	金霖茶棚	4	1	相声、双簧	工商界 100 余人	1000	600	
	布棚	2		河南大鼓	工商界 200 余人	3250	275	
	布棚	2		评词	工商界 80 余人	1750	1250	
	布棚	2		河南大鼓	工商界 100 余人	1250	750	
	布棚	2		木板大鼓	工商界 80 余人	1250	750	

① 不过，达恩顿的这一解释框架也遇到了不小的挑战，比如阅读史学者沙蒂埃就并不认可在广泛流传的禁书与王权神圣信念被瓦解之间存在一种直接的关系。关于达恩顿的研究策略，可参看庞冠群：《自下而上：罗伯特·达恩顿的法国启蒙运动研究》，《史学史研究》2007 年第 2 期。

② 吴级宸：《济南市书词界调查及其改善》，《山东民众教育月刊》1937 年第 3 卷第 6 期。

续表

市场名称	书场名称	艺员人数		调子名称	每日观众人数	艺员每人每月收支状况		备考
		男	女			收入	支出	
趵突泉	四面亭	3	7	山东大鼓	政学界30余人	650	550	
	玉兴茶园	5	6	山东大鼓、河南坠琴	工商政学界40余人	500	409	
	望鹤亭	5	6	山东大鼓	政学界30余人	772	681	
	民众茶园	3	4	山东大鼓	商界30余人	642	500	
	四季春	9	12	京韵大鼓相声、双簧	商政学界10余人	357	309	
	卫生社			京韵大鼓洋琴、嘣嘣	政学商界10余人	406	344	
	布棚	2		评词	工商界30余人	500	500	
	布棚	2		木板快书评词	工界40余人	1000	500	
	观澜亭	4	5	山东大鼓	政学界30余人	833	722	
劝业场	立奎茶棚	2		评词	工界50余人	1000	500	
	布棚	2		洋琴	工界30余人			
	布棚	2		评词	工界30余人	500	500	
	布棚	3		洋琴、坠琴	工界50余人	500	300	
	席棚	4		河间大鼓	农工商1000余人	2500	750	
北城头	席棚	3		相声、双簧	工界80余人	833	未详	
	席棚	1		评词	工商界40余人	1000	未详	
	席棚	1		木板快书	工商界50余人	1500	未详	
	席棚	1		评词	工商界60余人	1500	未详	
西市场	文安茶园	4		河南大鼓、评词	工农商100余人	1125	875	
	民乐茶园	4		木板快书、河南坠琴	工农界50余人	875	625	
	四合轩茶园	3		河南大鼓	工界30余人	500	500	
	三乐茶园	2		评词	工界30余人	750	750	
普利市场	同乐茶园	5	6	山东大鼓河南坠琴	工商界40余人	590	500	
	广兴茶园	5	5	同前	工商界40余人	550	450	
北市场	席棚	4	2	洋琴	工界70余人	750	750	
	布棚	3		竹板快书评词	工界40余人	833	833	
合计	38所	240人		12种				

乡土文学的审美形态简论

张学军

自新文学诞生之后，在乡土文学创作中就一直存在着两种审美形态：一种是以深刻的文化批判意识对农民病态的文化心理结构进行审视，或是以深刻的人道主义同情揭示出农民的悲苦命运，或是以饱满的政治热情反映农民群众在中国革命历史进程中的生活道路，都具有强烈的理性精神和深刻的写实风格；另一种是以爱与美为审美原则，追求淡泊和谐的审美理想，或描写出古朴的乡土宗法社会中和谐的人际关系，或表现世外桃源中自然的人性人情，或对乡风民俗进行诗情画意的描绘，都具有浓郁的诗情与平淡和谐的田园诗风。这种写实与写意（或称为抒情）的审美形态，构成了乡土文学的两极，贯穿于新文学自发端到今天的整个发展过程之中。

乡土文学的两极，都可以在鲁迅的小说中找到最初的源头。鲁迅是抱着启蒙主义的目的来做小说的。基于启迪民众、解剖国民性的出发点，鲁迅把占中国绝大多数的农民作为文化批判的载体，批判他们的文化心理弱点，关心他们的命运，并从他们的命运中进行深刻的社会批判。鲁迅在《阿Q正传》中，以冷峻犀利的笔锋剖析了国民性的弱点；在《祝福》等小说中揭示出封建文化对农民精神的戕害，并对被侮辱与被损害者寄予深切的同情。这些小说形成了"哀其不幸，怒其不争"的主题内涵。其后，新潮社诸作家，以及王鲁彦、许钦文、蹇先艾、台静农、彭家煌、许杰、茅盾、王统照、丁玲、沙汀、赵树理、周立波、柳青、高晓声等后起的作家，都是沿着鲁迅开创的这条道路进行乡土文学创作的。鲁迅在高扬着清醒的文化批判精神的同时，对乡土文化社会也有着深深的眷恋。《故乡》中家庭的败落，希望的渺茫，人与人之间的隔膜，汇成了悲凉的情调，回旋在小说的始终，有着古代文人对意境的追求。《社戏》则是对童年生活诗意的怀旧，充满了纯真自然的童趣。这两部作品以浓郁的诗情、写意的笔调追求着返璞归真的人性美、人情美。《故乡》的还乡视角，《社戏》的儿童视角，也在叙事方式上影响了后来者。废名、沈从文、萧红、艾芜、孙犁、汪曾祺、刘绍棠、迟子建等作家是沿着鲁迅开创的这一方向迈进的：一是写实，二是写意。鲁迅的这些典范性的作品成为乡土文学创作中两极的奠基之作。鲁迅这些小说的审美形态，也成为后来乡土文学创作的稳固的审美范例。

乡土文学创作中这两种不同的审美形态是由作家的文化价值取向、审美理想和审美情感所决定的。乡土写实作家继承了“五四”的科学民主、个性解放和人道主义的启蒙思想，以清醒的文化批判意识，关注着乡土社会萧条败落的现实，揭示农民悲苦的命运，审视着他们的精神弱点，以此来实现为人生并改良人生的启蒙主义思想。杨振声的《渔家》写出了渔民的悲苦生活，王鲁彦的《菊英的出嫁》写冥婚风俗，许杰的《惨雾》写乡村械斗，台静农的《拜堂》写叔嫂过堂的习俗，蹇先艾的《水葬》写出了残酷的乡俗对人性的扼杀并表现出母亲失子之后的痛苦之情，等等。这些作品写出了普遍的悲苦人生，揭示出封建宗法制度和封建礼教为老中国儿女造就的精神炼狱，蕴含着对国民劣根性的解剖并体现出深刻的社会批判，带有浓重的阴暗苍凉的色调。茅盾的《农村三部曲》、王统照的《山雨》都写出了农村的凋零破败和农民自我觉醒。赵树理的小说、丁玲的《太阳照在桑干河上》、周立波的《暴风骤雨》等揭示出翻身农民在共产党领导下所走过的生活道路。“山药蛋”派小说、李锐的《厚土》系列小说、高晓声的“陈奂生”系列小说等，敢于正视和揭露农村现实中的矛盾和农民的精神弱点，在农业文明与历史进步的冲突中，以时代的需要为尺度，对农民文化中劣性的历史积淀进行了批判嘲讽。乡土写实作家在现实人生中感受到美与丑、善与恶的对立和冲突，感受到现实的黑暗和人生的缺憾，在作品中就真实地再现出来，揭示出美和善在丑和恶威逼下的毁灭，展示出一幕幕人间悲剧，表现出崇高的审美理想。在这儿，作家审美感受的客观再现占主导地位，作家的审美理想就形成在这审美感受之中，其审美理想与审美感受是一致的。

乡上写意小说家的审美理想也与人道主义的世界观相联系。但他们先验的向善爱美之心超越了现实感受的经验，审美理想与现实审美感受是割裂的。因此，他们就把丑恶排斥在审美感受之外。我们知道，同样的生活信息在不同的审美感知结构中会产生不同的效果。虽然他们也感受到现实的恶浊、社会的黑暗，但作家向善爱美的审美情感与趋于和谐的审美理想却规定了他们的审美选择，即不再去真实地再现客观现实，而是着重于理想化地表现客观对象。他们以浓郁的诗情，过滤掉现实中的丑恶，去表现美和善的形态，用幻想编织出如诗如画如梦的世外桃源，来与人生的悲苦相抗衡，有着明丽的色调。废名说过：“终于是逃避现实，对历史上屈原、杜甫的传统都看不见了，我最后躲起来写小说，乃很像古代陶潜李商隐写诗。”[①]沈从文说：“不管故事还是人生，一切都应当美一些！丑的东西虽不全是罪恶，总不能使人愉快，也无从令人由痛苦见出生命的庄严，

① 废名：《废名小说选·序》，人民文学出版社1957年版，第1页。

产生那个高尚的情操。”[①]孙犁说：“我喜欢写欢乐的东西。”[②]汪曾祺说：“我想把生活中真实的东西、美好的东西、人的美、人的诗意告诉人们，使人们的心灵得到滋润，增强对生活的信心、信念。”[③]由此可见，乡土写意作家同样感受到现实中的黑暗、罪恶和苦难，只是他们的审美理想和审美情感不允许他们花费过多的笔墨去写这些东西，因为丑恶和苦难不能使他们产生美感，有悖于他们的向善爱美之心。于是，他们或是以遁世来逃避苦难，或用抒情的色调来营造远离尘嚣的世外桃源，或是着力发掘日常生活中所蕴含的诗意，都表现出趋于和谐的审美理想。废名的《竹林的故事》对乡土宗法社会的渐趋解体有一种惋惜之意，以优美的文笔描绘出恬淡淳朴的田园风光，展示出清新自然、温情和谐的风俗人情。沈从文的《边城》，在一个近于桃花源般的湘西小城中，借少女翠翠朦胧的爱情故事，展示出人性的美好善良，写出了一种“优美，健康，自然，而又不悖乎人性的人生形式”[④]。其他描写湘西地方的作品，也都有着同样的关于人性的思考，把人性供奉在希腊小庙里，对古朴美德的失落唱出了一曲挽歌，隐含着对现代文明物欲泛滥的批判。孙犁《荷花淀》《嘱咐》等作品的贡献在于，从儿女情、家务事等平凡的生活场景中发掘美的意蕴，表现出注入时代内容的人性美和人情美。汪曾祺的《受戒》中，那明丽如画的水乡风光，少年男女纯真朦胧的爱情，自然欢快的生活情趣，犹如一幅恬淡和谐的水墨画，清新怡人。其他的如张炜的《芦青河告诉我》、铁凝的《哦，香雪》、何立伟的《白色鸟》《小城无故事》、贾平凹的《商州三录》、迟子建的《清水洗尘》《雾月牛栏》等，都写出了自然的人性、温暖的人情。在邻里之情、乡亲之谊中，表现出作家的道德理想。乡土写意小说在整体倾向上，具有传统的文化乡土精神，对传统美德与和谐的人际关系及人性中善的一面倾注更多的热情。因而代表美好欢乐的青年女性成为他们讴歌的对象，他们是真、善、美极致的追求者和歌唱者，以理想化的乡村图景来取代现实，来发掘平凡生活中闪光的亮点，进行诗情画意的描绘，具有浓郁的诗的特质。

由此可见，在对人性的问题上乡土作家采取了不同的态度。乡土写实作家写出了人性的恶，而乡土写意作家则写出了人性的善。可否这样说，写实是现代的，是崇高的，是客观再现的。写意是古典的，是和谐的，是主观表现的。这种判断难免有简单化之嫌，但也有某种合理性的成分在内。

在艺术创造上，乡土写实作家注重冷静客观地再现，在情节结构上强调事物

---

① 沈从文：《看虹摘星录·后记》，《沈从文全集》第16卷，北岳文艺出版社2002年版，第342页。

② 孙犁：《文集自序》，《孙犁全集》第10卷，人民文学出版社2004年版，第466页。

③ 汪曾祺：《美学感情的需要和社会效果》，《汪曾祺全集》第3卷，北京师范大学出版社1998年版，第285页。

④ 沈从文：《习作选集代序》，《沈从文全集》第9卷，北岳文艺出版社2002年版，第5页。

发展的动态过程，注重矛盾冲突和人物性格的展现，强调人物思想性格的发展变化，故事性强，有一种动态感。乡土写意小说家注重抒情写意的表现，善于截取事物发展过程中相对静止的阶段进行表现，不注重矛盾冲突，而看重静态描绘，有一种散文化倾向。在人物塑造上，不关注人物性格的刻画，而重视人物美好心灵的表现，以美好的人情人性来弥补现实的缺憾。在情感的抒发上，从无浮躁之气、愤激之意，而是恰当地掌握住情感能量释放的度，无过无不及，追求一种情理均衡、温和适中的形态，很符合“温柔敦厚而不愚”的儒家诗教，具有“中和”之美。

还有一个值得注意的现象，就是乡土写意小说都与“水”有着密切的联系。水在传统文化中具有柔顺、韧性的特征，水也赋予人淡泊平和的性情。沈从文、汪曾祺都谈到过水对他们的性格乃至创作风格的影响。水是至柔之物，也是田园风光描绘中不可或缺的意象。水的意象与年轻女性的美好心灵相得益彰，犹如欢快温馨的轻音乐，给人恬静和谐之感。再与引人向善的道德力量相融合，就体现出中国古典美学尽善尽美、美善合一的艺术精神。

乡土写实小说家以小说的艺术形式，参与中国现代的思想革命和历史发展。他们揭示出病苦，引起疗救的注意，在新民主主义革命和社会主义革命过程中，起到了重要的作用，具有深刻的思想性、鲜明的时代性和震撼人心的艺术力量。而乡土写意小说则以宁静和谐的审美理想、平淡冲和的审美趣味，描绘出清新明丽的田园风光，展示出人性人情的温和与美好，流淌着曲折委婉的情感细流，给人以欢乐恬静之趣。这两种难以相互替代的审美形态，构成了中国新文学中多姿多彩的乡土文学的艺术世界。

论《食草家族》及其含混性意义

丛新强

从2012年10月获得诺贝尔文学奖，时隔五年，2017年9月开始，莫言新作陆续问世。比如，2017年第9期的《人民文学》发表戏曲文学剧本《锦衣》和组诗《七星曜我》，2017年第11期的《人民文学》发表短篇小说《天下太平》，2017年第5期的《收获》发表以“故乡人事”命名的三个短篇小说《地主的眼神》《斗士》《左镰》，2018年第1期的《十月》发表短篇小说《等待摩西》和诗歌《高速公路上的外星人》，2018年第1期的《花城》发表短篇小说《诗人金希普》《表弟宁赛叶》和诗歌《雨中漫步的猛虎》。由此，莫言研究再度引发新的关注。以短篇小说《天下太平》为例，虽然编者做出了全新的阐释——“以少年心肠体察社会世相，乡村的生活和观念变化、人在新时代有所建立有所卫护有所顾忌有所敬畏的心性和行止，被童真的镜子照出了形形色色的模样。既质朴又轻灵、有含量也有向度，这时代乡村文明的新生态和新风俗，活润于其中”①，但仍然让我们不禁想起那部发表于20世纪80年代后期的争议十足的《食草家族》。在《天下太平》中，一个名字叫马迎奥的儿童被鳖咬住指头，一番周折之后，警察用猪鬃伸进鳖的鼻孔，趁其喷嚏之时拽出手指。显然，其中的核心情节和结构模式直接来源于《食草家族》的“第五梦”《二姑随后就到》中的“二姑”儿时情景：二姑从小就会咬人，牙齿锋利，爷爷左手的食指弯曲着难以伸直，就是被她咬的：

> 她咬住东西轻易不肯松口，像沼泽地里那种黄盖的鳖，牙床上打着狠狠，耸动着耳朵，眼睛里闪烁碧绿的光线，那样子可真叫吓人，那样子谁见了谁怕。父亲说他杀猪一般地嚎叫着，痛楚深入骨髓，甩动手臂，带动着那小妖精像皮球一样滚来滚去，但终究无法甩掉她。……父亲说我们的老爷爷折了一根草棍儿，轻轻地戳着她的鼻孔，终于戳出了一个大啊啾，趁着这机会，我们爷爷血淋淋的手指才从她的嘴里解放了。那年她才三岁多一点，就恁般厉害，家族中人谁不惧她！你们的老爷爷说：都躲着她点，她是个属鳖

① 《人民文学》2017年第11期“卷首语”。

的，咬住东西不松嘴。[①]

已经毫无疑问，在此二者之间，情节大同小异，细节如出一辙。那么，为什么时隔五年后的新作又回到了三十年前的“旧作”，显然需要重新面对《食草家族》。

《食草家族》创作于1987～1989年，由《红蝗》《玫瑰玫瑰香气扑鼻》《生蹼的祖先们》《复仇记》《二姑随后就到》《马驹横穿沼泽》六个“梦境”故事连缀而成。原名拟为《六梦集》，的确如作者所言，这是一部“痴人说梦般的作品”。虽然断断续续写作，却是一个完整长篇；虽然形式各自独立，但是思想内在统一。“‘六梦’是我整个创作中的一种特殊现象，是我自己也难以说清的现象。这实际上是一大堆纠缠着我的问题，是很多无法解决的矛盾。我承认本书中很多思想是混乱不清的，我可能永远解不开这些混乱。这本书里，处处都有我个人的影子，是我把自己切出了一个毫不掩饰的剖面。”[②]

作为作者创作中的“特殊现象”，关于《食草家族》的专业评论和整体研究相对薄弱，基本停留在印象式的批评层面，而且负面性评价占据主导。其实就莫言研究整体而言，对于《食草家族》的研究很不充分，尤其文本细读不够深入，也就无从谈论这部作品在莫言整体创作中的应有的意义。从另一个角度来说，既然是连作者自己也难以说清的现象，是无法解决的矛盾，是永远解不开的混乱，那么最好的方式还是回到“六梦”本身。如有的研究者所指出的，这部小说“在高密东北乡的凝重背景上，以“食草家族”各色人等的际遇兴衰、悲欢离合为线索，创造了一个深藏着人生之谜，浸透着作者对人生本原意义的探寻与思索的梦幻世界”[③]。只有深入每一个梦境之中才不会偏离主旨，即便无法“解梦”，也不至于产生太多误读。只有回归“六梦”本身，才能理解作者把自己切出了怎样的“毫不掩饰的剖面”，进而看清究竟呈现出怎样的含混性意义。

一、“三次”蝗灾、文明进程与“食草家族”的终结

在“第一梦”《红蝗》中，由一只画眉鸟而引出遛鸟的老人，再由老人而引出蝗灾。其实，蝗灾不仅发生在当下，也曾经发生在过去。作为故乡人的遛鸟老人，就是在几十年前的大蝗灾后为生计所迫而流浪进城。伴随着蝗灾发生的，还有“食草家族”的爱恨情仇和欲望纠葛。如果说蝗灾决定着“食草家族”命运走向的外在境遇，那么决定其内在变迁的恰恰是与生俱来的欲望和情感。整体而言，“食草家族”曾经面对着三次蝗灾，而每一次蝗灾经历又都伴随着奇特的家族秘

① 莫言：《食草家族》，上海文艺出版社2012年版，第311页。

② 莫言：《食草家族》，第352页。

③ 杨守森、贺立华：《说梦：人生之谜的沉思——莫言〈食草家族〉序》，《山东社会科学》1992年第5期。

史及其复杂的人性内涵。

第一次蝗灾发生在所谓的“四老爷”时期。

作为乡村知名中医的四老爷，在出诊返回的途中发现蝗虫出土。他“在驴上反复思考着这些蝗虫的来历，蝗虫是从地下冒出来的，这是有关蝗虫的传说里从来没有听说过的”。他“想起五十年前他的爷爷身强力壮时曾闹过一场蝗虫，但那是飞蝗，铺天盖地而来又铺天盖地而去”。他明白了，“地里冒出的蝗虫，是五十年前那些飞蝗的后代”。[①] 面对蝗灾及其族人们的束手无策，四老爷根据自己的梦境指导来应对蝗灾的发生——兴建蚆蜡庙。因为按照他的说法，“食草家族”的首领遇上了更加强大的吃草家族的首领。以四老爷为代表的“食草家族”，遭遇了更强大的以蝗虫为代表的“食草家族”。如果不修庙，蚂蚱王会率领着他的亿万兵丁，把高密东北乡啃得草芽不剩。于是，在四老爷的主持下，乡民凑钱修庙。

伴随四老爷发现蝗虫并主持修庙的过程，还发生了对家族伦理关系影响深远的“捉奸事件”。四老爷曾经劝告四老妈像所有嫁到“食草家族”里的女子一样学会咀嚼茅草，却遭到四老妈断然拒绝。及至后来的彼此奸情，纵有家族遗风的隔阂，更有人性深处的欲望。四老爷捉奸四老妈并泄愤伤害锔锅匠，却也与邻村小媳妇相好，并且涉嫌为情杀人，而且以专业手艺来隐蔽手段。捉奸之后的四老爷，除了继续看病行医，还要筹集银钱购买砖瓦、木料、油漆等建庙所需材料，而且起草休书把四老妈打发回娘家。在行医的过程中，不能排除用蝗虫尸体炮制骗人的药丸以谋取钱财的可能；在修庙的过程中，又伴随着四老爷涉嫌贪污公款的用人技巧；在休妻的过程中，则伴随着“食草家族”的传奇故事。举行祭蝗典礼的那一天，护送因犯通奸罪被休掉的四老妈回娘家的光荣任务落到素以胆大著称的九老爷头上。四老妈撕碎休书，同时也顺势把四老爷和九老爷之间的恩怨情仇揭示出来，制造了“食草家族”兄弟反目的一个侧面。

当四老爷出现在祭蝗大典之时，九老爷牵着毛驴驮着因与众妯娌侄媳们告别时哭肿了眼睛的四老妈走向村口。四老妈个性张扬，不避众人，毛驴的突然脱缰成就她的出神入化和光彩照人：

> 九老妈胆最大，她跳到胡同中央，企图拦住毛驴，毛驴龇牙咧嘴，冲着九老妈嘶鸣，好像要咬破她的肚子。九老妈本能地闪避，毛驴呼啸而过，九老妈瞠目结舌，不是毛驴把她吓昏了，而是驴上的四老妈那副观音菩萨般的面孔、那副面孔上焕发出来的难以理解的神秘色彩把九老妈这个有口无心的

① 莫言：《食草家族》，第28页。

高杆女人照晕了。[①]

在母亲她们看来，四老妈在驴上挥手告别的一瞬间，其实已经登入仙班，所以骑在毛驴上的已经不是四老妈而是一个仙姑。"既然是仙姑，就完全没有必要像一个被休掉的偷汉子老婆一样灰溜溜地从河堤上溜走，就完全有必要堂堂正正地沿着大街走出村庄，谁看到她是谁的福气，谁看不到她是谁一辈子的遗憾。"[②]显然，这是神性的解释，其实更是人性的需要。即便出于对死者的尊敬，出于对四老妈悲惨命运的同情，母亲她们是对事情进行了艺术性加工，即便"我"要去探究事情的本质，也不得不再度面对独具特色的"家族秘史"。"食草家族"的丰富历史，不仅是男人创造的，也是女人创造的；不仅是当事者创造的，也是讲述者创造的；不仅是家族内创造的，也是家族外创造的。即使深受其害的锔锅匠，也展现出英雄侠义的性格，最终为四老妈而殉情，以此而同时实现了雪耻，也为"食草家族"的复杂历史涂抹上浓重墨彩的一笔。

在四老爷的主导下，一老一少两个公鸡长相的泥塑匠人制作蝗神塑像，"公鸡"与"蝗虫"的对照异常醒目。祭神活动本来威严神圣，但四老爷领导的祭祀仪式不仅受到灵魂出窍的四老妈的冲击，而且本身就是权宜之计，况且明显包含着损人利已的成分。在四老爷高声诵读的祭文中，一方面自诩食草家族敬天敬地、畏鬼畏神，不敢以万物灵长自居，甘愿与草木虫鱼为伍，拳拳之心皇天可鉴；另一方面则祈求对方率众迁移，"河北沃野千里，草木丰茂，咬之不尽，啮之不竭，况河北刁民泼妇，民心愚顽，理应吃尽啃绝，以示神威"[③]。不仅明确挑动蝗虫过河就食，而且不留后路。这在讲究仁义道德的"食草家族"历史上，不能不说是呈现出其狭隘自私甚至恶毒的一面。

四老爷自身和以其为代表的"食草家族"的两面性，及其呈现出的种种迹象，无疑预示着面对蝗灾的无力和失败，也预言着整个家族的混乱和衰败。

第二次蝗灾发生在所谓的"九老爷"时期。

仿佛祭祀成功见效，蝗虫迁移到河北。蚆蜡庙前残存的香火尚未散尽，冰雹又来到"食草家族"的上空。大旱之后是冰雹，野蛮而疯狂地发泄着对人类和食草家族的愤怒。还没有来得及被蝗虫扫荡的大地，提前遭受冰雹的洗礼。仿佛是对"食草家族"的愚弄，三天后蝗虫大军就从河北飞来。此时，因为兄弟反目而把四老爷打翻在地的九老爷自然成为"食草家族"的领袖，蝗灾随之进入"九老爷时代"。"他彻底否定了四老爷对蝗虫的'绥靖'政策，领导族人，集资修筑刘将军

① 莫言：《食草家族》，第 64 页。
② 莫言：《食草家族》，第 64 页。
③ 莫言：《食草家族》，第 78 页。

庙,动员群众灭蝗,推行了神、人配合的强硬政策。"[①]不同于四老爷的委曲求全和转移目标,九老爷发动群众利用一切农具采取一切手段进行灭蝗,甚至采取置之死地而后生的火烧策略。

然而当更大的烈火燃烧起来的时候,"食草家族"遗传下来的对火的恐惧中止了他们对蝗虫的屠杀。"食草家族"的另一段"家族秘史",再次呈现出来。那就是,为了制止近亲交媾导致家族衰败而采取的惨无人道的生命牺牲。手脚粘连蹼膜的孩子不断出生,向家族发出了警告信号,也就有了严禁同姓通婚的规定。对家族的延续具有革命性意义的族规,具体到正在热恋着的一对手足生着蹼膜的青年男女而言,则成为剥夺生命的事例。他们被架上家族祭坛承受火刑,近亲爱情导致生命的惨烈牺牲。家族的生命延续却是以个体的生命消逝为代价,这样的悖论选择冲击着一代代族人的每一根神经。"这场轰轰烈烈的爱情悲剧、这件家族史上骇人的丑闻、感人的壮举、惨无人道的兽行、伟大的里程碑、肮脏的耻辱柱、伟大的进步、愚蠢的倒退……已经过去了数百年,但那把火一直没有熄灭,它暗藏在家族的每一个成员的心里,一有机会就熊熊燃烧起来。"[②]曾经照亮过祖先们的烈火,一直照耀着家族成员们的灵魂。在无情地剥夺生命的同时,也萌发着对于生命的敬畏。因此,当面对蝗虫而诉诸火刑的时候,也就刹那间转向对于神力的祈求。

与四老爷根据梦境而修建蚆蜡庙抵御蝗灾如出一辙,九老爷于火光之夜也被托梦而修建刘猛将军庙以抵御新的蝗灾。所以在九老爷的主导下,清扫蝗虫与修筑刘将军庙的工作同时进行。虽然还是没有保住庄稼和树木,只余下一片空荡的大地,但毕竟出了一口恶气,也是强硬抵抗路线的胜利。

根据小说开篇的遛鸟老人的回忆:"我流浪出来时十五岁,恍恍惚惚地记着你们村里有两座庙,村东一座蚆蜡庙,村西一座刘猛将军庙。"[③]显然,"四老爷时代"的绥靖政策和"九老爷时代"的抵抗策略,其实都没有解决蝗灾问题。当第三次蝗灾发生的时候,"我"也就成为家族历史的见证者。

第三次蝗灾发生在"食草家族"的衰败期。

此时的四老爷已是风烛残年,再也没有当年的威仪;此时的九老爷已经沉迷邪趣,再也没有当年的果敢。人种退化的同时,蝗种也在退化。当蝗灾再次发生的时候,政府派遣蝗虫考察队,让部队参加灭蝗救灾。告别了食草家族的梦境时代,迎来了科学治理的新时代。当农业飞机盘旋在高密东北乡食草家族上空的

---

① 莫言:《食草家族》,第107页。

② 莫言:《食草家族》,第38页。

③ 莫言:《食草家族》,第19页。

时候，蝗虫们也失去了它们祖先预感灾难的能力，躲得过冰雹却躲不过农药了。四老爷时代没能灭蝗，九老爷时代也没能灭蝗，只有到了新时代才彻底解决了蝗灾。殊不知，咀嚼着茅草的"食草家族"的命运本就伴随着蝗虫的兴风作浪，消灭了蝗灾也就同时终结了"食草家族"的存在。

伴随着"食草家族"的爱恨情仇和欲望梦想，"三次蝗灾"串联起"食草家族"的历史和兴衰。"用火刑中兴过、用鞭笞维护过的家道家运俱化为轻云浊土，高密东北乡吃草家族的黄金时代已经一去不复返，我面对着尚在草地上疯狂舞蹈着的九老爷——这个吃草家族纯种的孑遗——一阵深刻的悲凉涌上心头。"[①]为什么蝗灾总会发生在"食草家族"的上空？因为蝗虫本就是"食草家族"的同类。"食草家族"本就与蝗虫打成一片，某种寓意上说，蝗虫的消失也就表征着食草家族的消亡。这是对一种家族历史的梦幻般地还原和呈现，更是对一种文明失落的留恋和对一种文明断裂的哀挽。

二、多重复仇、野蛮杀戮与"食草家族"的另一种终结

如果说"第一梦"还是不断地从"野蛮"走向"科学"和"理性"的进程，那么从第二梦开始，则是不断回归"野蛮"和"杀戮"的"非理性"进程。

"第二梦"《玫瑰玫瑰香气扑鼻》以"食草家族"的后裔——舅舅和外甥对话的讲述方式，呈现出一种欲望与报复的循环。支队长一再拜托黄胡子将自己的红马喂胖养好，与高司令的黑马一决高低。赛马的背后，则是对对方女人的占有。支队长的目标是高司令那儿的"夜来香"，高司令的目标则是支队长那儿的"玫瑰"。"玫瑰"香气扑鼻，不仅吸引着支队长，也吸引着高司令，更吸引着养马的黄胡子。当黄胡子从"玫瑰"房间跑出来的时候，遭到支队长的咒骂、羞辱与鞭打。虽说后来也相安无事，但黄胡子却在赛马前夕对支队长的红马做了手脚，使之输于高司令的黑马，进而输掉了"玫瑰"。黄胡子以此实现对支队长的报复。其实赛马前他已经烧掉钞票，已经不留退路。待到被支队长识破，二人扭打纠缠，黄胡子在卡死支队长后也随即栽倒在地，实现了同归于尽的复仇。

在这一梦中，除了欲望与报复的因素，也涉及"食草家族"的历史侧面。100年前的一片荒草滩，家畜野禽成群结队。50年前的20户人家，与吃青草的家族有亲戚瓜葛，纠缠不清。"大外甥，小老舅舅粗人不说细语，人其实比兔子繁殖得还要快，一眨眼的工夫，路上行人肩碰肩啦。不过你也别担心，天生人，地养人，周文王时人比现在还多，可也没人饿死。麦秀双穗，马下双驹，兔子一窝生一百，

① 莫言：《食草家族》，第79页。

吃不完的粮食吃不完的肉,搞什么计划生育!"[①]显然,在对传统家族文明的追溯中,也有着对现代社会进程的质疑。这里,其实也流露出后来的《蛙》的创作端倪。

"第三梦"《生蹼的祖先们》更是梦境的连环及其圈套。不仅有通神入玄、仿佛看穿人世的儿童青狗儿,更有起死回生、生死绵延的爷爷,还有那来去莫测并生着蹼膜的梅老师、县政府资源考察队的男女队员,尤其以"小话皮子"为代表的万物有灵的展现。这一切的梦境以及梦境中的梦境,又都发生在如梦似幻的"红树林"。"有好事者曾想环绕一周,大概估算出红树林子的面积,但没有一人神志清醒地走完一圈过,树林子里放出各种各样的气味,使探险者的精神很快就处于一种虚幻状态中,于是所有雄心勃勃的地理学考察都变化为走火入魔的、毫无意义的精神漫游。"[②]正是在这片神秘的红树林里,发生了皮团长对于"生蹼的祖先们"的"阉割"。这里,是否也有后来的《红树林》写作的某种激发因素?

面对"食草家族"的以"生蹼"为标志的家族衰败,在梦境中见过千百遍的、像太阳一样照耀着食草家族历史的皮团长,开始以革命的名义用暴力的方式对待"生蹼的祖先们"。"从今之后,凡手脚上生蹼者,一律阉割。有破坏革命者,格杀勿论!"[③]进而被上升界定为"律法"的性质:"通过代表大会的反复讨论,我们决定:今后凡有生蹼者出生,一律就地阉割;本族男女,有奸情者,一律处以火刑;若干年后,红头发的洋人必来修筑铁路,到时,我们要跟他们血战经年,凡有贪生怕死、通敌叛变者,一律斩首。这三项决议,将镌刻在石碑之上。"[④]其实在这里,也有了后来的《檀香刑》的某些创作因素。

对于手脚粘连蹼膜的恋人,皮团长论证"火刑"的必要性并切实付诸实施;对于手脚生着蹼膜的幼年男孩,则毫不留情地实施"阉割"。尽管依靠阉割并不能解决根本问题,但战争的爆发破坏了皮团长的长远规划。那些被阉割过的男孩逐渐长大,那个童年时代的巨大耻辱像一道永远难以愈合的深刻伤痕铭刻在记忆中,一旦回忆就怒火冲天。"这种情绪导致我们逢佛杀佛、遇祖灭祖,连老天爷都不怕。"[⑤]于是,"我们"发起了杀死皮团长而报仇的"革命"行动。正所谓,"领袖是革命的产物,革命是形势的产物,形势是阉割男孩觉醒"[⑥]。皮团长以革命的名义进行"阉割",这里同样以革命的名义进行"阉割造反"。双方都是以"革命"的名义,只要有了"革命"的名义,所有的行为也就都具有合法性。"这是亘古

---

① 莫言:《食草家族》,第117页。
② 莫言:《食草家族》,第181页。
③ 莫言:《食草家族》,第178页。
④ 莫言:《食草家族》,第185页。
⑤ 莫言:《食草家族》,第216页。
⑥ 莫言:《食草家族》,第217页。

未有的奇耻大辱。就是因为我们多生了一层蹼膜吗？这是人种退化的标志吗？……这是人种的进步！这是人类的骄傲！亲爱的生蹼的弟兄们！它赋予我们征服大海的力量，我们的同族兄弟已走向大西洋！要知道，当贪婪的人类把陆地上的资源劫掠净尽后，向海洋发展就是向幸福进军！……皮团长是个刽子手，向刽子手讨还血债的日子终于到了！”①“生蹼的祖先们”天生就是水中的能手，甚至代表着人类进步的力量，却在“净化”的旗帜下惨遭屠戮。哪里有压迫哪里就有革命，哪里有革命哪里就有镇压，哪里有镇压哪里就有自相残杀和互相残杀。准备起义像开玩笑，起义被镇压也像开玩笑，但生命的死亡却是真实的不是在开玩笑。不管枪决、绞刑、活埋，还是被逼冲锋陷阵，最后通通死在旷野。以至于这一切是真是假都令人生疑，这个世界上什么又是真实的呢？然而，“阉割”的或者“被阉割”的文化却是亘古存在，“我究竟被阉割过还是没被阉割过？是仅仅从精神上被阉割了还是连肉体加精神都被阉割了？”②即便没有肉体上的被阉割，又有谁能摆脱精神上的被阉割呢？某种意义上说，后者更为触目惊心。

“第四梦”《复仇记》是儿童幻想中的“复仇”故事，更是权力话语和伦理生活的复杂关系。在恶劣社会环境和畸形家庭关系中成长的大毛、二毛两兄弟，始终被复仇的情绪所充满。面对父亲的冷酷、残忍和乖张，兄弟两个展现出超常的生存能力。而父子间的爱恨恩仇，又与村书记老阮密切相关。其实，大毛、二毛的实际父亲恰恰是阮书记，这就带来了权力与伦理的错综关系。正因如此，在那“大养其猪”的年头，名义上的父亲才被阮书记选来做饲养员的美差。在这里，关于养猪的情节以及后面的关于那头成了精的母猪的描写，其实已经预演了后来的《生死疲劳》“猪撒欢”的相关情景。

在煮死猪肉的间隙，孪生兄弟又承受着来自两个父亲的身心折磨。名义上的父亲对抗着实际的父亲，进行着刻毒的羞辱，并用暴力强迫他们去舔着后者的脚后跟。当他们在梦境中张大嘴巴咬下去的时候，又遭到新一轮的暴打。名义上的父亲体验着复仇的快感，而实际的父亲虽痛苦不堪却又无从争辩。就在成年人的仇视和对抗中，无辜的孩子们却承受着无尽的苦难。在接下来的吃肉环节中，更加充分展示了阮书记的权力力量，不仅暗示出阮书记对于知青身份的赤脚女医生的威逼利诱和趁火打劫——“什么都不要发愁一切有我给你做主入党啦回城啦上工农兵大学啦一切都包在你阮大叔也就是我老阮的身上啦”③，也从侧面的王先生之口暴露出特殊权力对于乡村伦理的践踏——“狗东西啊狗东西！

---

① 莫言：《食草家族》，第 218 页。

② 莫言：《食草家族》，第 221 页。

③ 莫言：《食草家族》，第 260 页。

大公鸡大公鸡！把一村的母鸡都踩遍啦！”[①]尤其这里对于吃肉场景的描写极为醒目——扑着、抢着猪头、猪腿，忍着热度，激烈吞咽，吸骨髓，喝猪油，接近于撑破胃的限制，吃肉吃累了，吃肉吃醉了。那种不顾一切的疯狂状态，既是物质匮乏的现实，也是权力压抑的表征。其实在这里，也已经隐含了后来的《四十一炮》的某些写作因素。

除了玩弄权力话语于股掌，阮书记还善于赤裸裸地诉诸暴虐和滥杀。对于像所谓的“老七头”这样的“坏分子”，可以当场定性并且命令吊起来直至摔死，还要求煮烂了埋在树下当肥料。对于像“我”这样的“小杂种”，则无需定性，可以直接拉到白杨树下去枪毙。既然权力为所欲为，“吃人”也就自然而然、司空见惯。这一切的一切，再加名义上的父亲的临终遗言，促使孪生兄弟竭力报仇。于是，也就有了儿童视角和幻想中的“复仇记”。在儿童的世界里，你死我活的报仇也只不过是一场东躲西藏的游戏。一切都是按照幻想中的计划而进行，一切也就不可能实现。按计划进仓库、偷钥匙、钻狗洞、偷皮袄、放毒药，如此的复仇逻辑，看起来周密细致，实际上拖延时间，也只能在无力复仇的儿童世界里得以发生，而且发生在梦幻中。于是在无力报复肉体的情况下，首先要去对付魂灵，也就有了登门借九姑法术以实施复仇计划的虔诚。这不仅是对于恐惧心理的安慰，其实也是又一次的延宕。待到终于逼近阮书记家的漂亮住宅之时，却没想到复仇对象已经被赶下台而要接受任意处置了。所谓冠冕堂皇的革命，也不过是复仇的转换。昔日耀武扬威的阮书记，如今已经末路穷途。当孪生兄弟从墙角跳出来要求申冤和报仇之时，对方则以欢迎态度积极主动地响应他们。当孪生兄弟想要砍腿而又不敢动手的时候，对方则自己动手，并且量好尺寸，主张砍齐了才好看。当两条腿被剁下来并在一起时，孪生兄弟落荒而逃。仇人坐等复仇，复仇者处心积虑；仇人自行了断，复仇者狼狈逃窜。这是怎样的复仇，恰恰是对复仇的瓦解或者复仇的严重错位。这是发生过的“复仇记”，更是讲述中的“复仇记”；这是梦境加传说里的“复仇记”，更是儿童幻想中的“复仇记”。离开儿童视角，也就无以理解《复仇记》，也就无以理解其中的复仇情结及其伦理关系。

显然，《食草家族》不仅是“复仇”的集大成者，而且呈现出“复仇”的不同层面，甚至由浅入深而且环环相扣。相对于“第四梦”《复仇记》中的“复仇”的幻想及其错位，“第五梦”《二姑随后就到》则进一步推及至非理性的赤裸裸的杀戮。其中的“二姑”也仅仅构成复仇的一个引子，这里的杀戮不需要任何的理由。如果“二姑随后就到”，杀戮或许能够停止，但关键是最终也没有等到“二姑”的出现，也就意味着杀戮的继续和无休无止，甚至代代相传而不断循环下去。

---

① 莫言:《食草家族》,第 261 页。

高密东北乡出现北虹的那年秋天，应验了杀人如麻的可怕的民谚。而这一切又是与二姑的两个儿子密切相连，甚至那年的高密东北乡历史也是他们用“食草家族”的鲜血写成的。二姑的两个儿子，一个叫天，一个叫地。“天地之大德曰生”，而这一天一地带来的却是“食草家族”的恐惧和死亡。

天和地的出场不同寻常。虽然不明来路、不明身份，但是来者不善、杀气腾腾。他们毫不犹豫地逼近既是族长又是村长的大爷爷，自我介绍是二姑的两个儿子，并且宣布“二姑随后就到”。“二姑”何许人也？当高密东北乡曾经盛极一时的“食草家族”走向衰落的时候，二姑的传奇形象为这个神秘家族注入了异端的力量。家族的衰落已经不可逆转，又出生了双手生着粉红蹼膜的“二姑”。这是“食草家族”的独特返祖现象，“她更像我们的祖先——不仅仅是一种形象，更是一种精神上的逼近——所以她的出生，带给整个家族的是一种恐怖混合着敬畏的复杂情绪”[①]。带蹼婴儿的每次降生，都标志着家族史上一个惨痛时代的开始。那些与蹼膜直接或间接关联着的鲜血和烈火淋漓燃烧在族人面前，然而时代变迁，过去的酷刑不能再用。于是只有遗弃山野荒庙，并预备着、期盼着被葬身野兽。出乎意料的是，二姑命大，又被完好如初地送回家中。尽管自然而然成为邪恶的象征，却禀有异常顽强的生命力。尽管被无情地扔进狗窝，却依然茁壮地成长，并让家族中人噩梦连绵。家族的“净化”，非但无法凭借杀戮而解决，反而致使更加污秽。“大家都在等待着二姑奶奶卷土重来。一天天等过去，一年年等过去，一等等了二十年。二姑奶奶没到，她的两个儿子，却如两位天神，伴随着北虹到来，当天晚上，就给了我们一个下马威。”[②]家族的伤害与报复、报复与反报复，仿佛贯穿“食草家族”的每一个时空。不管如何修正着、创造着、确立着传说中的二姑奶奶的形象，其实这里，二姑的在与不在以及来与不来都不重要，重要的是已经拉开了杀戮的序幕。

虽然大奶奶素以齐啬而闻名，但为了突然降临的不速之客，也是倾其所有地招待和讨好。就在族人的众目睽睽之下，天、地二位旁若无人、心安理得地狼吞虎咽，饥饿难耐并且吃相难看。同时，他们没有忘记自己随身的武器。标志着死亡与威严的枪，始终挂在他们的腰间和脖子。其实这里，“吃”和“枪”已经为后续的疯狂杀戮做好了铺垫。

咀嚼茅草是“食草家族”的独特标志，所以当大奶奶向天和地敬献茅草的时候，看起来是礼遇，实际上是考验。而在天和地看来，这无异于贬低和侮辱他们，所以拒绝吃草。而这同时又成为“冒牌货”的见证，也再次引起对他们真实来历

① 莫言：《食草家族》，第 305 页。

② 莫言：《食草家族》，第 317 页。

和真实意图的质疑。所以当大爷爷怒吼着质问“你们的母亲”“派你们来干什么”并且追问“她什么时候回来”之时，几乎同步而遭到对方的枪击。伴随着“她随后就到”的庄严宣告、严厉警告和振聋发聩的提醒：“我听到了对于“食草家族”的最后判决，像红色淤泥一样暖洋洋甜蜜蜜的生活即将结束，一个充满刺激和恐怖、最大限度地发挥着人类恶的幻想能力的时代就要开始，或者说：已经拉开了序幕。”[①]其实这里，天和地的来历已经不重要，重要的是他们已经迅速进入杀戮的角色。在悲痛和愤怒中咒骂的大奶奶手握炸弹准备同归于尽，结果却被天和地纠集仅有的几个男孩取笑并俘获，从而任人宰割，进而开始了再一次的杀戮循环。如果说天和地的作恶来源于人性深处的嗜血成性的一面，那么这几个男孩的自始至终的积极参与作恶，则既摄于天和地的暴行和淫威，也有弑父的潜在意识。当大爷爷的脑袋被割下来展示之时，大奶奶已经被捆绑，被剜掉眼睛，并被押到桥头堡前。此时，他们可以直接宣判大奶奶的罪行，并强制要求路人必须参与对大奶奶的刑罚执行。面对路过的屠夫，他们指着疯叫不止的大奶奶，作出更加暴力的判决。“我们判了这个老婆子凌迟罪，我要你一刀从她身上割下四两肉来，割多了，我们就割你的肉，割少了，你再从老婆子身上割，一直割足四两为止。”[②]在这里，显然已经具有了后来《檀香刑》中的关键元素。

当屠户磕头哀求着说“祖爷爷们，饶了我吧。我是个杀猪的，割猪肉行，割人肉不行”之时，天说：“你不要太谦虚了。猪和人都是哺乳动物，能杀猪就能杀人，会割猪肉，就没有不会割人肉的道理。问题在于你没把道理想清楚。你总认为人是杀不得的，其实这是陈腐的偏见。人生来就是被杀的，你不杀她，我就杀你。”[③]在杀人者眼中，已经没有人的存在。这就是他们的杀人之道，并且付诸实施。当屠户因精神崩溃而逃跑时，自然遭到无情射杀。“随后那些来赶集的，有被逼割了大奶奶肉的，有下不了手想逃跑的——逃跑者都跟屠户同样下场——有当场被吓死的——虽然表现形式人人各异，但有一点是共同的，这就是——恐惧。”[④]天和地的到来，本质上就是为了制造恐惧，而且已经制造了恐怖。甚至暴力虐杀带给他们的，竟然是无聊。而无聊则又激发他们进一步的暴力虐杀，这才是最可怕的杀戮。这里已经不是什么所谓的“复仇记”，而是复仇之外的血腥延伸。杀死大老爷爷和大老奶奶后，作为家族尊长的七老爷爷和七老奶奶便成为下一个目标。虽然天不怕地不怕、诸多恶事都沾边的七爷爷和善良慷慨的七奶

① 莫言：《食草家族》，第 303～304 页。

② 莫言：《食草家族》，第 323～324 页。

③ 莫言：《食草家族》，第 324 页。

④ 莫言：《食草家族》，第 325 页。

奶同样地倾尽所有来接待，但连恶狗都被两个杀人魔头镇住的场景显然暗示着或铺垫着更加疯狂的杀戮。“二位老人，你们俩年纪不小了，活够了没有?”“活够了活够了，活得够够的了!”“那为什么还不想法死?”“大外孙，虽说是活够了，但阎王爷不来催，也就懒得去。”“阎王爷这就来了。”“好外孙，饶我一条老命吧……你娘的事我真的没插手……”“起来，起来，横竖逃脱不了的事。”“大外孙，皇帝老子也不杀无罪之人，要杀我们，总得有个讲说。”“好一个糊涂老婆子，要杀你就是要杀你，还要什么讲说。”“你不说明白，我死也不闭眼。”“那你就睁着眼死吧。”①……杀人就是杀人，就是为了杀人，杀人既是目的也是手段，杀人既是过程也是结果。杀人的本质，没有任何原因，更没有道理可讲。接下来，便是对七老奶奶的剁手、剁脚、割掉眼皮，目睹这一切而被吓傻的七老爷爷直接遭到活埋。至此，老爷爷一辈就这样被杀戮殆尽。

把老爷爷辈屠杀之后，是与叔伯们的激战。把叔伯们几乎全部杀死后，便是对48个以花卉命名的姐妹们的刑罚。比此前的杀人手段更胜一筹，对姐妹们开始实施更新的花样杀法。那就是被强迫每人从鹿皮口袋中摸出一张标着特殊刑法的骨牌，再按照骨牌的刑名来执行。在摸骨牌之前，先对各种刑法作了解释，共有“彩云遮月”(剥额头皮肤)、“去发修行”(沸水浇头)、“精简干部”(切割耳鼻)、“剪刺猬”(剪碎皮肉)、“虎口拔牙”(钳子拔牙)、“油炸佛手”(油炸十指)、“高瞻远瞩”(滑车吊人)、“气满肚腹”(身体充气)、“步步娇”(赤脚走鏊子)等48种酷刑。把杀戮当游戏，是最可怕的杀戮，而且被赋予冠冕堂皇的名义，甚至被赋予并非一般的恩惠。“你们别怕，执行刑法时，你们的二姑姑会来观看……你们的二姑姑不忍伤了你们的性命，这些刑法，只要施刑方法得当，保证死不了人。所以希望你们要积极配合，不要反抗、挣扎，否则会更难受，弄不好还有性命危险。你们的二姑姑说:“食草家族”的女孩子，都不是平凡人物，都是注定横行世界的角色。只要你们能咬牙熬过这一关，往后，世上的人就奈何不了你们了。”②这哪里是什么不忍伤害性命，而且现场观摩，并且已经分头准备各种施刑的器具，分明是残酷至极、无耻至极的杀戮游戏和本色演出。施加这样的刑罚，倒不如直接剥夺生命更显人道。对照而言，尽管后来的《檀香刑》惨烈无比，但也不及如此多的花样。这里的游戏和杀戮互为本质，与后来《檀香刑》的表现已经并无二致。

在接下来的等待二姑的时刻，即将充满血腥的场面乱作一团。“二姑的出现必将是一个辉煌的时刻，我知道不仅仅我在盼望着、不仅仅我的那几个堂哥们盼

① 莫言:《食草家族》，第332页。

② 莫言:《食草家族》，第339页。

望着、连那些手握刑名骨牌的姐妹们也在盼望着。"[①]一再声称"二姑随后就到"中的二姑，最终也没有出场。这样，连同此前的一系列杀戮也就师出无名。其实，也就在本质上否定了杀戮的"历史性"，而强化了其得以发生的"人本性"的层面。

《二姑随后就到》将人的杀戮本性表现得淋漓尽致。即便这个世界上没有无缘无故的爱，也没有无缘无故的恨，但却有无缘无故的杀戮。退一步说，伴随着"食草家族"的以"二姑"为代表的叛逆者和以"天和地"为代表的后续复仇者的出现，伴随着外来势力的入侵和屠杀以及内部的家族子孙的反戈一击，绵延不绝的"食草家族"再一次走向没落、瓦解乃至于灭绝，终究消逝于现代文明进程所同步伴随的"野蛮"和"杀戮"的"非理性"之中。

三、家族兴衰、文明断裂与文本的含混性意义

在"第六梦"《马驹横穿沼泽》中，再次集中回应"食草家族"的兴衰秘史。在马驹横穿沼泽的流传故事中，男孩与马驹相濡以沫，不离不弃，终成眷属；男孩长成"男人"，马驹变成"草香"，男人和草香开疆拓野，繁衍生息，创世家族。却又因伦理纠葛而拿起屠刀、说破秘史，终究回归原初，以悲剧告终。"兄妹交媾啊人口不昌——手脚生蹼啊人驴同房——遇皮中兴遇羊再亡——再亡再兴仰仗苍狼……"[②]其间由生出"蹼膜"而引发的"火刑"和"阉割"，也根本无法决定"食草家族"的兴亡。甚至由此而发生的"遗弃"及其恩怨，也能导致后续的不可控制的复仇与杀戮。如有研究者所指出的，"蹼膜作为祖先基因有形的残留物，追溯它就是追溯人类崇拜的始祖，而追溯的结果却是：发现自己原来是始祖乱伦的后裔。异类结合也罢，乱伦也罢，都是人类繁衍的特定时代曾经有过的现象，即使在后代身体上留下痕迹，也不是什么原罪，而是人类作为动物的本真。但是，许多身上留有祖先痕迹的人，却因此被歧视、被残害、被虐杀，这就展示了人类社会极其残酷的一面"[③]。如何面对如此的个体的、家族的乃至人类的悖论式困境，只能寄托于传说中的苍狼之鸟。"苍狼啊苍狼，卜蛋四方——声音如狗叫飞行有火光——衔来灵芝啊筑巢于龙香——此鸟非凡鸟啊此鸟乃神鸟——得见此鸟啊万寿无疆——"[④]传唱着苍狼之歌四处游荡，也就寄托着对于"食草家族"的无限想象和兴亡惆怅。这是一曲理想之歌，更是一曲哀伤挽歌的绝唱。

就《食草家族》整体而言，如果说"第一梦"《红蝗》中，"食草家族"终结于"文

① 莫言：《食草家族》，第340页。

② 莫言：《食草家族》，第351页。

③ 弓晓瑜：《"蹼膜"：〈食草家族〉中的一个原型意象》，《名作欣赏》2012年第6期。

④ 莫言：《食草家族》，第351页。

明”的“科学理性”，那么到“第五梦”《二姑随后就到》，“食草家族”则终结于“野蛮”的“杀戮非理性”。不管面对文明还是面对野蛮，或者面对文明伴随野蛮的历史进程，“食草家族”终将走向终结。这是个体和家族的困境，也是民族和人类的困境；这是民族进程的隐喻，也是文明断裂的焦虑。

至此，再度回到开头提出的问题，莫言为什么说《食草家族》的创作属于“思想混乱”“难以说清”“问题纠缠”“无法解决”？而且到底是把自己切出了怎样的“毫不掩饰的剖面”？之所以产生如此情绪，其实是因为写作灵感的集中爆发和巨大爆炸，有太多的创作资源及其元素集中涌现，是因为如此多的创作线索无法在这样一部作品中得以呈现，还需要后续的众多作品来加以扩展、延伸和深化，甚至于已经迫不及待。显然，《食草家族》已经隐含了或者奠定了莫言后来的创作的诸多元素。比如后来的《红树林》，对应于“第三梦”《生蹼的祖先们》中的同样神秘的“红树林”，前者中的秦书记父子的盛宴对应于“第四梦”《复仇记》中的“吃肉”；比如后来的《檀香刑》，对应于“第三梦”《生蹼的祖先们》中的“洋人修铁路”的预言，对应于“第五梦”《二姑随后就到》中的“刑罚”的集大成展示，甚至直接对应于“游戏”与“杀戮”的互为本质和文化特质；比如后来的《四十一炮》，对应于“第四梦”《复仇记》中的“吃肉”情结，其中的疯狂既是物质匮乏的反应更是权力压抑的表征；比如后来的《生死疲劳》，对应于“第四梦”《复仇记》中的“大养其猪”及其猪精的描写；比如后来的《蛙》，对应于“第二梦”《玫瑰玫瑰香气扑鼻》中的“家族繁殖”及其“计划生育”质疑。甚至于莫言创作“间歇期”五年以来的新作《天下太平》，如前所述，其中的核心情节和结构模式也直接来源于“第五梦”《二姑随后就到》中的“二姑”儿时情景。归根结底，《食草家族》在莫言的创作中具有里程碑式的启后价值，而这也正是其含混性意义之所在。

莫言在谈及《食草家族》时说，它是“疯狂与理智挣扎的纪录”[①]。所谓的“疯狂”，是不是可以理解为创作灵感的大爆发；所谓的“理智”，是不是可以理解为相对具体的写作线索。“所以本书除是一部家族的历史外，也是一个作家的精神历史的一个阶段。所以读者应在批判食草家族历史时，同时批判作家的精神历史，而后者似乎更为重要。”[②]从“六梦”整体而言，《食草家族》表现的不仅是独特的家族兴衰的秘史，也是对文明与野蛮交替的历史进程的文化批判，更是个体精神的深层焦虑和主体意识的充分自觉的象征。每一种文明都有其自身的过程，没有一种文明可以作为判断另一种文明的尺度。进一步而言，《食草家族》是对一种曾经的人类文明的衰落和断裂唱出的满怀焦虑的挽歌。

---

① 莫言：《食草家族》，第 353 页。

② 莫言：《食草家族》，第 353 页。

媒体政治视域中"中国叙事"的个案诠释

叶诚生

作为人文学术释义实践的一个重要路径,"文化研究"在半个多世纪以来的历史认知和文本阐释活动中始终显得非常活跃。文化研究固有的左翼思想背景确保了它的批判视野,而在方法论上的杂糅色彩又使它保持着灵活应对复杂对象的话语开放性。实际上,在媒体政治的日常效应被无限放大的今天,文化研究的阐释力也正是人文学者克服疏离感、重建与现实实践之间有效关联的推动力。特别值得关注的是,文化研究在语义分析中强调事实背后的价值解析,不断解构看似自然的意义模式,努力恢复对象的历史相关性,这就使得我们不再停留于对象的表层叙事,而是将诠释活动还原为一个包含诸多意义冲突的语义场。本文试图选取一个富有代表性的西方主流媒体在一个重要历史时刻(2008)有关当时重大事件(汶川大地震、北京奥运会火炬传递)的相关言说,考察其"中国叙事"所建构起来的"中国形象"的暧昧语义,从而为我们观照相类对象提供一个文化研究的视域。

2008年与中国相关的重大事件在某种意义上使人产生一种与"历史"本身直接对视的强烈感受。汶川地震发生后,海外媒体同样作出了迅速反应。《洛杉矶时报》作为加州地区乃至全美富有影响的大报,除了曾在头版显要位置突出报道中国地震灾情之外,还不时在评论版面作出深度评析。地震发生一周后,该报5月20日的A14版面上刊出一篇时评,题为"The Good China",全文通过对比中国与缅甸政府在处理各自灾难时的不同态度,试图建构起一个意味深长的"中国形象"。

将中国与"好的""健全的"乃至"正义的"这些价值判断联系在一起,在一些西方媒体的话语中可以说是少见的。特别是在这篇时评出现之前的两个多月里,人们似乎难以想象包括《洛杉矶时报》在内的美国主流媒体能够一反常态,对中国作出上述正面的评价。可以记起的是,当奥运火炬在旧金山传递时,《洛杉矶时报》的图文报道凸显的是当时现场的冲突与不和谐,画面与文字中更加容易出现的显然不是彼时彼地占据绝对优势的北京奥运的支持者与欢庆场面(笔者由于亲眼目睹了旧金山的真实情形,所以对当地华人、留学生乃至为数不少的美国人对北京奥运表现出的亲和与支持有切身感受，由此也就更加对那种别有用意的报道感到刺目)。当然，被不少人认为似乎更加切近新闻自身属性的西方媒体惯于施展“新闻价值”的魔力来引人看取报道对象的不同寻常之处，像奥运火炬传递中的种种大小风波、像2008年更早些时候突然爆发的民族骚乱等等，绝对符合新闻价值中的“反常性”，媒体予以报道乃至渲染也不出其自身逻辑。不过，这种过度关注与传播背后的国际政治语境又显然是不言而喻的。如果说，在不久以前甚至可以说在相当长的时间里，西方媒体塑造出的“非正义的中国形象”是某种刻意的政治行为，那么这一次有关地震的报道与评论所勾勒出的“好的中国”的轮廓是否表明西方媒体果真完成了一次“政治自新”呢？

这篇时评实际上是在一个道德评判的框架中作出评断的。在时评的论者看来，中国政府的“正确反应”并非源于其有效的政治机制或一贯的政治理念，而是在伤亡如此惨重的灾难性时刻所表现出的“道德力量”(Moral Fiber)。在民众陷入极端无助与灾难重压之下的特殊时刻，政府能否立即表达关爱、实施救助是其道德正义性的重要指标。在这一点上，论者不吝用了“Exemplary Response”(举例说明)这样的高度评价来肯定中国政府的作为。当然，这种道义性价值也具有政治进步的内涵，论者并没有完全回避，只是不忘指出这种源于道德感而非体制力量的进步背后仍然有重重特定的压力。显然，道德正义性本身并不能替代西方眼中的“政治不正确”(姑且借用一下这个在美国社会有特定所指的惯用概念)，这篇时评的论者所肯定的“中国形象”虽然一时居于伦理高地，但远未抵达一个真正“好的”政体(Regime)。进一步看，如果成功应对地震灾难的中国政府不是基于一种西方所认可的政治机制，而是在一种所谓“政治不正确”或不足够正确的前提下，表现出了极其强大的政治动员力量和极具感染力的道德激情，那么在西方媒体的主流话语中，这种政治效果和社会感召力还会在多大程度上或多长时间里被视为一种正面的力量呢？

实际上，这篇时评仍然未能走出西方媒体“中国叙事”的惯常“语法”，只不过在当时那样一个极为特殊的语境中，论者的措辞甚至心理偏向发生了自觉不自觉的变化。面对全人类迄今仍无法掌控的自然大灾难，普遍意义上的人性关切确实有机会暂时越过其他时候万难跨越的政治障碍，人们似乎更愿意表达对同类的同情。在这里，无论是中国政府面对无助的灾民，还是西方媒体面对遭难的中国，大家的眼光和心理尺度取得了暂时性的一致。这也是中国成为The Good China的主要原因。然而，“语境中的”价值判断与情感立场恰恰具有致命的历史性，其易于激发与易于退却无不源于对语境本身的依赖。甚至，在同一篇时评中，我们并不难读出已经出现的相反的语义。或者说，论者在表彰中国政府道德正义性的同时，一再小心翼翼地保持着一种十分警醒的态度，那就是不忘直接告诫中国或暗暗提醒自己——中国仍是一个不一样的国家:中国政府的救灾形象尽管已经成为差不多同时的缅甸政府处理相似问题的“鲜明的对比”(Stands in sharp contrast),但中国仍未真正反省其国际政治的立场,也就是仍未改变其对缅甸、津巴布韦、苏丹等所谓“非正义性”国家的态度。当论者在时评的最后一节忽然荡开一笔,大谈中国对某些“君权”(Sovereignty)国家“不可动摇的支持”以及中国在联合国安理会究竟该如何再思自己“大有问题的”的“反对干涉内政”的国际政策时,时评论者的用意显然又回到了所谓“中国叙事”的本来轨道上。如同前文提到的某些地区一样,这里出现的与地震或飓风并不相干的苏丹、津巴布韦等,也同样是在提示我们一个“潜文本”的存在,而通篇被与中国作对比的当时的缅甸政府也就具有了更多的意味——也许,在论者那里,缅甸对中国而言,并非只是一个反面烘托的角色。

在一个道德性的框架里,这篇时评对地震灾难中的中国政府作出了有限的肯定,这样一个有限正义中的“中国形象”在文本中或者说在西方人内心深处是并不稳固的。可以说,在当下特殊语境的背后实际上还有一个西方人言说中国的更大的语境,在当下“好的中国”背后还有一个西方媒体更惯于建构与评说的不一样的中国,而那样一个语境和“中国形象”似乎更是稳固的。即使在这样一篇相当“正面的”时评中,即使在有限的道德判断下,话语背后特定的政治叙事仍然是十分活跃的,甚至都不是所谓“深藏的”。

读出西方人字里行间对中国的政治歧见当然不是什么新鲜事,我们需要的也许是在层出不穷的正反话语中寻找真正深藏的我们自己的问题。自然灾难造成的深重伤害已经无以避免地发生,我们在一次次全力救灾之外,如果不做诸多方面的深长反省,那就真的又丧失了一次更生的机会,而且是这样一种代价惨重的机会。至少,我们需要在种种声音中仔细辨识可能的真相,在抑扬褒贬中寻找适宜的借鉴。《洛杉矶时报》的这篇时评之所以值得解读,当然并非由于其报道的“正面性”,而是由于它再次提醒我们去关注所有语义背后实际上都有复杂的语境的存在。当然,西方媒体的某种政治偏执也并不是完全建立在对中国的无知上,毋宁说,这种偏执有时候也恰恰是抓取了中国社会的某些实相之后的产物,像该文中提及的低劣校舍建筑与可能的腐败(Shoddy Construction and Possibly Corruption)就是有目共睹的顽疾。虽然从最根本的意义上说,西方人惯于建构的“中国形象”的确是利益攸关的国际政治博弈的产物,我们的此番解读也不无这一意义上的批判,但是,仅有这种究极意义上的释义显然又是危险的。当我们以“政治叙事”之名揭示西方媒体并未坚持一个统一的普遍道德立场的同时,是否也曾意识到我们自身其实也无法建立起一个真正稳固的人类视野?笔者愿意举出2008年亲历的加州大学洛杉矶分校中国学生的一场烛光祭奠仪式作为一个参照的“文本”,正如当时在场的有限的几位同学所觉察到的,这一活动的“语义”从对死难者的祭奠逐渐转向越来越强的民族意识,最终结束在民族富强的呼告中。人们也许觉得只是悼念死者、为灾民祈福不足以表达所有的感受,但似乎未意识到前后发生的美国中部地区龙卷风、缅甸热带风暴等灾难的受害者同样需要得到祈祷。在这里,人性关怀与人类视野同样轻易地被民族的政治理念所遮蔽。我们有足够的理由认同这种民族意识与政治憧憬,也同样有足够的理由去反观它。无论“中国形象”抑或“西方形象”,其充分的正义性都无法离开真正的人类视野。在双方彼此作出“好的”或“非正义的”评断之前,也许首先需要意识到各自的真正局限。

论近松世态剧中的死亡美感
——以《曾根崎情死》为例*

刘 姝 叶杨曦

近松门左卫门是日本著名剧作家。在其世态剧中,主人公均以自杀或者双双殉情为结局,死亡成为近松文学中无法绕开的话题。死亡常常令人生畏,但近松笔下的死亡却受到町人的狂热欢迎,甚至引发观者的死亡美感。那么,近松笔下死亡究竟美在何处?这种死亡为何会引起町人阶层的强烈共鸣,并使其将死亡当作一种美来审视?这些问题引起笔者对近松世态剧中死亡主题的浓厚兴趣。因篇幅所限,本文选取近松世态剧中最具代表性的《曾根崎情死》进行分析,并试图对其中表现的死亡主题进行审美阐释。

笔者认为,近松笔下的死亡之所以美,首先在于其独特的死亡形式给人直观的审美感受。其次,除外在形式外,死亡真正的美还得归因于主人公死亡行为背后蕴含的深意。最后,从观众(即町人阶层)的角度看,死亡之所以能让他们产生美感,还在于他们对死亡主题的接受与共鸣。因此,本文试图从具体的死亡形式、抽象的死亡意义、观者对死亡主题的接受三个方面阐释剧本中的死亡,以期可以更为全面地解读近松文学中的死亡之美。

一、具体的死亡形式

在近松门左卫门笔下,死亡不是一个随随便便的举动,而是一场经过主人公精心准备的生命的华美落幕。当观者在欣赏死亡情节时,往往会最先被剧本中的具体的死亡形式所吸引,进而产生美的感受。本章将以《曾根崎情死》中的死亡情节为例,对近松笔下独特的死亡形式进行具体分析。

首先,在近松多数的世态剧中,男女主人公在赴死之前往往会有一场盟誓。可以说,相互发誓是男女主人公为赴死所做的第一项准备工作。阿初和德兵卫也不例外。在剧本的后篇,当九平次在天满屋公然羞辱他们时,二人首次萌生赴

---

* 本文为山东大学基本科研业务费专项资金资助项目(2016HW010)、山东大学青年学者未来计划的阶段性成果。

死的念头。[①] 可当时德兵卫正藏在被阿初罩衫所盖住的廊沿底下，所以二人根本不可能通过对话来告知对方内心的所思所想。那么，怎样将自己“心中”的想法传递给对方呢？这里上演了一场精彩的“足问答”：“（阿初）说着，伸足廊底试探；廊沿下，点头相招无人见；（德兵卫）抱起她脚跟，抹过自己喉管；叫她知道：刎颈自甘。”[②]在这里，二人以一种无声的方式达成了赴死的盟约。普通的死亡因为有了盟誓而变得庄重。

当决心共同赴死之后，男女双方便开始精细地为死亡做准备。首先是一番精心打扮。近松笔下的殉情者往往会盛装出席，共赴黄泉。在《曾根崎情死》中，阿初“赴冥途，内衬白无垢，情天路幽，上罩玄色小袖”[③]。“白无垢”不仅是入殓时的装束，也是女子的嫁妆，阿初穿上“白无垢”与爱人赴死，很容易让人感觉这是穿上嫁衣的新娘与爱人共赴幸福殿堂，死亡被赋予了浪漫的色彩。装扮完后，男女双方便会选择死亡的地点。在近松的大多世态剧中，男女主人公通常会将死亡地点选在森林、草地、寺庙等附近。这些场所要么是回归自然，远离尘嚣；要么是僻静优美，靠近佛堂。《曾根崎情死》中，阿初与德兵卫将殉情之地选在了曾根崎神社旁。剧本中写道：“阴森森，黑树林；这儿？那儿？吉兆寻。”[④]男女主人公希望选择一个有吉兆的地点完成死亡，这本身就是一种赋有审美意味的选择。那么，这一死亡地点究竟美在哪里呢？一方面，自然是无功利的、超现实的，相比于复杂的社会，自然本身就给人一种美感。而主人公将死亡地点选在曾根崎大森林中，这本身就意味着对现实社会的逃离和对纯粹自然的回归。另一方面，死亡地点的选择还寄托着主人公对来世的美好祝愿。靠近神庙意味着靠近信仰，靠近佛祖许诺的彼岸世界。由此可见，死亡地点不是随便选择的，它凝结着主人公对纯粹自然的回归和对来世幸福的渴望，这难道不令人觉得美吗？

选择好死亡地点后，主人公便开始了具体的死亡操作。近松笔下的殉情者对死姿也非常讲究，他们希望自己以一种美的姿态死去。在《曾根崎情死》中，德兵卫对阿初说：“莫叫世人嘲笑我俩死相难看吧。何当连理枝上身紧绑，留下个心旷神怡，世无伦比的往生相。”[⑤]在生命的最后时分，他们内心所想的居然还是如何以最优雅的姿态走向死亡，这难道不是一种触目惊心的美吗？不仅如此，在殉情的最后一刻，男女主人公还要对世界做一次深情的告别。就像阿初对德兵

① 本文凡引用《曾根崎情死》，都出自钱稻孙译《近松门左卫门选集》，上海书店出版社 2012 年版。

② 《近松门左卫门选集》，钱稻孙译，第 36 页。

③ 《近松门左卫门选集》，钱稻孙译，第 38 页。

④ 《近松门左卫门选集》，钱稻孙译，第 43 页。

⑤ 《近松门左卫门选集》，钱稻孙译，第 46 页。

卫所说的:“相思苦命天作合,宿世因缘后必双。”[①]他们约定来世再结姻缘,再做夫妻。深情的告别不仅令人感叹爱情的美好,也使原本恐怖的死亡充满了诗情画意。

综上所述,近松笔下的死亡形式本身就在追求一种美。这种男女双方精心准备下的死亡过程类似于一场庄严的仪式,不论是死前的盟誓、死亡的地点,还是优美的死姿、深情的告别,都无不给人一种美感。当观者看到如此华丽庄重的死亡仪式时,又怎能不由衷地感到赏心悦目呢?

二、抽象的死亡意义

近松笔下的死亡形式以其高度的仪式感为观者带来了最为直观的审美感受。然而死亡之美如果只存在于外在形式,那么这种美既不深刻也不会令人长久记得。因此,除了外在形式之外,死亡真正的美还得归因于主人公的死亡行为背后所蕴含的深意。本章将从以下三方面对剧本的死亡意义进行解读,并分析其背后所蕴含的审美意蕴。

1.死亡与解脱

在近松众多的世态剧中,死亡往往是主人公摆脱现实困境的唯一方式。对于他们而言,死亡与其说是痛苦,不如说是解脱。这一点在《曾根崎情死》中体现得尤为明显。先来看德兵卫死前的生存实态。首先,前篇一上来便交代了他的生存困境。德兵卫父母双亡,寄人篱下,在叔叔家里做个店伙计。身份卑微的他“不单是,银钱事,百般窘困”[②],还要处理生意场上“数不清的麻乱纷争”[③],更要应付长辈们在婚姻问题上的逼迫。这是一种极其劳累、束缚的生活状态,使他不禁感慨:“这德兵卫的窝囊运,满可写一本好戏文!”[④]为了追求所爱,他果断拒绝了东家的逼婚,但此举也惹恼了东家。东家将德兵卫驱赶出门,这使得他彻底失去了维持生活的经济来源。此外,东家给了德兵卫的继母二贯妆银作为订婚金,德兵卫要想真正解除婚约,就必须按时偿还银两。可当他好不容易向继母讨到银两时,又遭到了九平次的陷害。九平次的阴谋不但令他清白受辱,而且使他丢掉了本应还给东家的银两。既然偿还银两已成为绝望,那德兵卫就必须遵守婚约;如果不信守契约,就会遭到世人的唾骂,沦为非人。因此,此时的德兵卫已被双重地剥夺了生存之道,他不仅在经济上陷入了困境,同时在伦理上也被打上了

① 《近松门左卫门选集》,钱稻孙译,第43页。

② 《近松门左卫门选集》,钱稻孙译,第19页。

③ 《近松门左卫门选集》,钱稻孙译,第19页。

④ 《近松门左卫门选集》,钱稻孙译,第19页。

非人的烙印。这样,他作为人生存的一切基础、条件都被毁掉了,想立足于此世已不可能。事到如此,唯有死亡才是他摆脱现实困境的出路。

再来看阿初的死前的生存境遇。阿初是身份卑贱的妓女,一举一动都不自由。于她而言,“生”即意味着“囚”。她生前最大的心愿便是能与德兵卫终身厮守,但她同时又明白,深陷困境的德兵卫已不可能再为她赎身。因此,对于阿初而言,赎身不成,又不愿意抛弃所爱,那么就只有死亡才能让她重获自由身,才能让她在现实的囚牢中得到拯救。

由此可见,对于男女主人公来说,唯有死亡才能让他们远离义理的困扰和屈辱的生活。正因为如此,他们在逃离家门共赴死亡之路时,才无不表现得轻松、欢快。当阿初与德兵卫逃出大门时,他们“面对面,同声笑”[①],不禁感叹:“啊呀!喜也!”[②]这是一种类似小鸟出笼、犯人逃狱后的自由与喜悦。于他们而言,死亡意味着彻底的解脱。因此,当观者看到他们携手共赴黄泉路时,不但不会觉得异常悲伤,反而会被他们的欢快所感染,会为他们彻底摆脱了现实困境而心生欢喜。

2.死亡与坚守

在近松笔下,男女主人公虽然身份低贱、软弱无能,但也并非一味的受难与逃避。除了追求解脱之外,死亡这一行为本身也包含了他们的坚守与反抗。

首先来看德兵卫。他本是东家的侄子,寄人篱下,身份卑微。东家看中了他的忠厚老实,想将内侄女嫁给他,顺便让他继承家业。这在常人眼里是一件多好的美事。可德兵卫“心中意中,唯有阿初,怎便肯改节变志?”[③]因此,他毅然拒绝了叔叔,这不仅是对长者权威的反抗,还是对阿初爱情的坚守。而当德兵卫被九平次陷害,陷入经济与义理的双重困境时,他本可以选择妥协——履行东家婚约,回去继承家业,这样不仅可以苟活下来,也不失为一种町人的美好生活。但德兵卫并未这样做,因为他知道那样不仅意味着受制于人,还意味着对阿初的背叛。最终,不肯妥协的德兵卫以自我毁灭的方式完成了对爱情誓言的践诺。而阿初亦是如此。她是天满屋的妓女,虽然身份低微,但至少可以得过且过,勉强生存。当德兵卫失去了双重生存地盘时,她大可以置之不理,同往日一样过安稳的生活,但心底那股不可抑制的爱却不允许她这样做。最终,为爱痴狂的阿初选择与爱人共同赴死,她以这种决绝的方式完成了对爱情的追求与守护。

由此可见,尽管主人公大多身份卑微,力量弱小,但在面对真挚爱情和自我

---

① 《近松门左卫门选集》,钱稻孙译,第 40 页。

② 《近松门左卫门选集》,钱稻孙译,第 40 页。

③ 《近松门左卫门选集》,钱稻孙译,第 20 页。

本心时,他们从来都没有放弃妥协。于他们而言,死亡既是对美好爱情的坚守,也是对最本真的人性的遵循。因此,当他们选择死亡时,读者不但不觉得他们软弱,反而会为他们反抗社会义理所迸发的勇气而震撼,为他们维护爱情的坚定信念所感动。他们用死亡守住了人性的本真和爱情的纯粹,并将其推向了最高峰。

3.死亡与超越

在近松笔下,死亡通常是超越了“无”的“有”。对于男女主人公而言,死亡并不意味着现世的终结;相反,它能够超越现世的短暂,令美好的事物永存。

首先,从死亡的主观原因来看,男女主人公之所以敢义无反顾地去死,一个很重要的原因在于他们相信,死亡能够让爱情得以永恒。在近松多数世态剧中,男女主人公都是深受佛教思想影响的人。《曾根崎情死》的序篇一上来便向我们描绘了“三十三观音堂巡礼”的盛大场面,这也是当时人们的信仰风俗之所在。而对于身处痛苦中的主人公而言,佛教那种“舍命以后,必定往生于极乐世界”的教义无疑充满着强大的诱惑力。根深蒂固的佛教思想使他们相信佛祖许诺的来生,相信无法实现的爱情定会在来世得以圆满。正因为如此,德兵卫与阿初才会勇敢地赴死,他们将殉情地点选在曾根崎神庙,并在临死前告诉对方:“相思苦命天作合,宿世因缘后必双!”[①]由此可见,他们是带着极为美好的心愿去死的。在他们看来,肉体的毁灭是去往彼岸乐土的必由之路,而在那里,他们不仅可以摆脱前世的不幸与苦痛,还可以“生生世世做夫妻”,使美好的爱情永生永存。

其次,从死亡的客观结果来看,死虽然带来了肉体上的毁灭,但却使主人公的爱情事迹在世间得以广泛流传,“做了相思的范本垂型”[②]。这是不是另一种方式的永恒呢?阿初与德兵卫虽离开了人世,但他们的故事“不知是谁传的,布边了通城”[③]。他们原本身份低微,卑贱无能,可是死亡将他们变成了“爱情楷模”,让他们的事迹被永远地追随与传颂。如此一来,死亡便有了独特的意义:它不但使平庸的殉情者实现了现世存在的价值,也让他们的爱情在不断地模仿与怀念中升华为诗、美和永恒。

由此可见,从主观原因上看,近松笔下的主人公是带着美好的希望赴死的,这使原本恐怖的死亡变得柔和起来。于他们而言,死亡不是爱情毁灭,而是使它得以永存的唯一途径。从客观结果来看,死亡虽带来了肉体的毁灭,却让美好的恋情被世人永远地铭记,于殉情者而言,这应该也是另一种意义上的永恒吧。

---

① 《近松门左卫门选集》,钱稻孙译,第43页。

② 《近松门左卫门选集》,钱稻孙译,第49页。

③ 《近松门左卫门选集》,钱稻孙译,第49页。

三、观众对死亡主题的接受

近松笔下的死亡之所以能让人产生美感，除了剧本自身所表现的死亡形式、死亡意义之美外，还在于当时的观众对死亡主题的共鸣与接受。换言之，即死亡符合了日本观众（主要指当时的町人阶层）对美的定义，满足了他们获得审美的心理需求。本章将从社会心理需求和日本传统美学两个方面，进一步分析死亡美感产生的原因。

1.死亡与社会心理需求

近松的世态剧大多取材于真实发生的新闻事件，具有一定的事实依据。《曾根崎情死》也不例外，它取材于元禄十六年四月在曾根崎森林发生的一桩男女殉情案。虽然近松有意识地对其进行了文学加工，但实际上，剧本首先向我们展示的仍是其写实的一面。剧本中的主人公多是中下层町人中的一员，而他们的种种行为活动，不论是生意活动、家庭纠纷，还是町人之间的交往、婚恋等，都是俗世生活的真实体现，是当时町人阶层生存实态和历史命运的如实写照。

上面提到《曾根崎情死》中，德兵卫和阿初的生存状态是极其束缚、不自由的。剧本中有一个情节值得注意，当德兵卫与阿初决心逃离天满屋，共同赴死前，他们实际上正处于一种被监视的状态——天满屋的女佣、楼主、妓女等都在“看护”着他们。为此，他们只能小心翼翼、蹑手蹑脚，费尽九牛二虎之力才从“毒蛇口里逃”①。笔者认为，这一象征性的情节呈现着这样的意义：对德兵卫和阿初而言，日常生活完全是被压制、被监视的状态，根本没有自由可言。而这种“被囚禁”“无自由”的状态，又何尝不是元禄时代中下层町人的生存状态的真实写照呢？在元禄时代，町人阶层作为一种新兴力量出现在历史舞台，他们奉行主情主义与享乐主义的生活观，频繁出没于娱乐场与声色场。但与此同时，等级身份制仍以法与伦理的形式严格地规范着他们的生活。因此，町人们无论在“内里”怎样放纵，都无法突破社会义理、制度层面的约束。特别是中下层町人，他们总是深陷家庭、社会等义理之网的重重包围之中，始终无法真正获得身与心的自由。生活于他们而言，亦是一种“囚牢”状态的呈现。因此，当他们在剧本中看到与自己有着相似生存困境的德兵卫时，便会自然地生出惺惺相惜之情，不自觉地与他站在同一条战线上。

然而，近松笔下的德兵卫究竟不同于一般的町人。在生命深处强大爱欲的支配下，他断然拒绝了叔叔的婚约，并最终以死亡的方式彻底抛开人伦义理的束缚，获得了真正意义上的自由。可是，反观现实世界，那些真实生活在现世“牢

① 《近松门左卫门选集》，钱稻孙译，第40页。

笼”中的町人们,又有多少能像剧本中的德兵卫那样幸运呢?首先,他们未必能够像德兵卫那样,遇到让自己完全沉溺的爱情;即便是遇见了,迫于社会的压力和义理的束缚,他们也未必能像德兵卫一样勇敢。为了生存,大多数町人只能选择默默忍受,继续做社会义理、体制下的顺从者。然而在他们的心底,又何尝没有“摆脱义理囚牢”的心愿呢?因此,对于广大町人观众而言,他们需要在虚构的文本中找到一份力量与慰藉。他们需要在那个虚构的世界里,勇敢地冲破义理牢笼的束缚,完成对自我与真爱的追逐,以此弥补现实生活中的遗憾。正是怀着这样的心理需求,对町人观者而言,近松笔下的死亡才会如此富有美感吧。

2.死亡与日本传统审美

在日本,“物哀”是一个极具分量的词,它既是日本重要的审美概念,也是其显著的文化特征,更是日本文学不同于其他国家文学的民族精神之所在。那么,究竟何为“物哀”?简单讲,“物哀”就是“感物而哀”,就是从最自然的人性人情出发,抛开政治道德伦理功利的束缚,对万事万物的包容、理解和共鸣。作为一种民族传统美学,“物哀”不可避免地对观众的审美方式产生了影响。那么,受此影响的观众为什么会对近松笔下的死亡产生美感呢?笔者认为,可以从以下两方面分析。

首先,作为一种审美传统,“物哀”深深影响着日本观众的审美习惯。于他们而言,高兴、有趣之事给人的感触并不深刻,而悲哀、忧伤之事,却不由地令人刻骨铭心。他们将这种刻骨铭心之感特别地称作“哀”,并认为只有能引起“哀感”的事物才更有审美意味。而死亡本就是一件令人哀伤的事,所以在观众的眼里,相较于大团圆式的结局,双双殉情的结尾更能给人一种美感。其次,能真正引发“哀感”的“物”往往是超道德的、无功利的东西。在近松的世态剧中,男女主人公之所以选择死亡,往往是为了挣脱社会义理的束缚,完成对心中所爱的追求。这种基于对爱与美的追求的死亡行为,本身就是一种超道德、无功利的行为,它更符合“物哀”之“物”美,因此更能给人以美感。

另一方面,“知物哀”的审美思维也是日本观众之所以产生死亡美感的原因。“知物哀”是一种无功利的、超越道德判断的审美方式。不能否认的是,近松世态剧中主人公都并非完美。他们多数性格懦弱,且有着这样或那样的道德缺陷。以德兵卫为例,当他被九平次暴打一顿后,只知道坐地痛哭,想着“不如一口气死了去”[①],这是典型的弱者的表现。因此,倘若以既定的道德标准对他们进行判断,很难觉得这种背德的、懦夫式的死亡是美的。然而,于日本观众而言,“知物哀”的审美思维却使他们能够抛开道德伦理的约束,从最自然的人性人情出发,

① 《近松门左卫门选集》,钱稻孙译,第29页。

对剧本中的主人公给予同情和理解，为他们的不幸遭遇而哀伤，被他们基于爱而选择的死亡行为所感动。正是因为如此，他们才更能够从剧本的死亡中获得美感。

三、结　语

在本文中，笔者选取了近松最具代表性的世态剧《曾根崎情死》进行分析，既从文本内容切入，阐释了近松笔下的死亡美在何处；又从观者的角度出发，分析了死亡美感产生的原因。这不仅是对近松文学研究的补充，也有助于我们更好地认识日本的审美方式和社会心理。

从话语角度看文学批评的理论化倾向

凌晨光

一、何谓“话语”

“话语”(discourse)一词的现代语言学背景是显而易见的。索绪尔在其语言学理论中区分了“语言”(langue)和“言语”(parole)两个概念。视前者为潜在于语言表达中的深层规则,后者为对语言规则的实际应用。对照这两个概念,话语当然不是纯粹的抽象的语言因素,而接近于言语式的实际表达,因为它可以指在特定社会中由特定的人说出的话。仅从这一点上,就可以见出话语概念的复杂性之一斑。话语概念曾在新批评派和结构主义的批评文本中偶有出现,后来苏联学者巴赫金,特别是法国学者福柯,使这一概念在文学研究和文化语言学研究领域里的地位日趋突出,乃至成为现代语言学的一个分支——话语语言学的一个核心概念。

“话语”在现代批评理论中成为关键性概念的时间虽然较为短暂,但由于使用范围广阔、用法变化多端,因此对它的界定是具有一定难度的。国外著名学者巴赫金、利科、福柯等人都曾着力探讨过“话语”问题。

巴赫金将“话语”视为人文科学研究的一个基本对象。他认为,文本是所有人文科学的共同研究客体,而这个文本客体又只是人文科学实际研究客体的迹象与表征,这“实际客体就是谈话的,借助其他形式表达的人”,“言语、话语,这就是人类生活的全部”。[①] 巴赫金区分了两种不同的研究语言的学科,一种是语言学,另一种是转换语言学(又称“元语言学”),他认为语言学所研究的语言产生于对言语具体现象的抽象化,这种抽象化是必需的、合理的,否则就不能建立语言的系统。但是,语言学没有考虑到具体的话语构成形式和它的社会及意识功能,所以用转换语言学发展语言学的研究又是完全必要的。在谈到这个转换语言学的研究对象时,巴赫金提出了“话语”这个术语,他区分道:语言学客体是由语言及它的细分部分(因素、词素、分句等)构成,转换语言学的客体则与话语有关,话

① [法]托多洛夫:《巴赫金、对话理论及其他》,蒋子华、张萍译,百花文艺出版社2001年版,第207页。

语是由个体的陈述文本组成的,“话就是整个活的具体的言语;话语则是言语的整个具体现象,话语就是陈述文”[①]。

利科在他的《解释学与人文科学》一书中,将“话语”视为“语言的一种符号性实现”。“话语是作为一个事件而被给予的:当某人说话时某事发生了。”[②]他在把话语界定为一个陈述事件的同时,还强调了话语构成的另外一端,即“意义”这一端。话语显示了事件与意义之间的张力,两者之间的关联构成了话语语言学的研究重心,而且“这种关联是全部解释学问题的核心”[③]。利科指出,话语作为事件与意义之间的理论张力引出了说话与书写的关系、文本与话语的关系、语境与意义的关系等与文学批评联系密切的相关问题。在利科看来,“话语”是在特定环境中由一个特定的人就一个或几个特定的问题为特定的目的向特定的对象说出的“话”,所以作为一种事件的话语,其意义的确定就至少涉及以下几个方面:第一,谁在说话,即说话主体问题;第二,对谁说话,即话语接受者问题;第三,在何种情况下说话,即话语的语境问题;第四,说什么事,即话语的信息问题;第五,怎么说话,即话语的策略、方式、风格问题。凡此种种,是在话语研究中应当关注与回答的中心问题。

福柯的话语理论,在巴赫金和利科的基础上,将话语陈述与人的信仰、价值观念的表达联系起来,于是在福柯那里,话语不仅是言语或书写,而且它构成了一种看待世界的方式,构成了对经验的组织与再现,构成了用以再现经验及其交际语境的语码。“毋宁说,话语构成了一种意识形态,把这些信仰、价值和范畴或看待世界的特定方式强加给话语的参与者,而不给他们留有其他的选择。”[④]在这里,话语不再是一般性的说话或陈述,而同说话者以及他所处的社会环境和文化氛围相关联,它体现了一种力量,包含着权力、意向和价值取向。对于这样的话语,研究者关注的焦点不仅是话语本身的意义表述问题,而更多地转向了话语运作中所包含着的各种力量或权力。

简单说,“话语”狭义上指语言的具体运作,它可以是口说的,也可以是书写的;而从社会的、文化的知识背景中去考察话语,它则被看作是一种社会实践的形式,作为人的一种表达方式,它不是一个纯粹个体的行为,而是显示了话语主体的社会位置、社会关注和社会身份。话语不仅表现世界,而且能够说明世界、组成世界和建构世界。

---

① [法]托多洛夫:《巴赫金、对话理论及其他》,蒋子华、张萍译,第 209 页。

② [法]利科:《解释学与人文科学》,陶远华等译,河北人民出版社 1987 年版,第 135 页。

③ [法]利科:《解释学与人文科学》,第 137 页。

④ 陈永国:《话语》,赵一凡等主编:《西方文论关键词》,外语教学与研究出版社 2006 年版,第 226 页。

二、话语的交流、陈述和权力特性

话语特性主要体现在以下方面：一是促成人际间特定交流的手段和方式，二是表达说话者意向的陈述，三是社会实践中权力关系的体现。

话语不是一个固定僵死的语言单位，而是语言在实际交流活动中的呈现。话语是语言性的交流，这种交流是在说者与听者之间展开的，它是一种人际间的活动，它连接了语言运用的个人性与社会性。

人际间的话语交流活动，即为对话，它是人们的一种特定的交流和沟通方式。对话突出了参与各方的平等性，彼此之间特定的人际关系可以通过对话形成和确立，参与者表达意见和观念的自由权利得以认可和实施，个体思维与集体性思维得以参照与融合。这一切都显示了话语在人际交流关系中不可替代的地位和作用。

巴赫金在《陀思妥耶夫斯基诗学问题》中，曾对“话语”与“句子”加以区分：一个句子是一个语言单位，而一个话语则是一个交流单位。① 存在于单个说话者的言语之内的句子，能够表达相对完整的思想，一句话的意思可以根据构成句子的词语之间的语法逻辑关系分析出来；而话语的意思却不能单独从抽象的规范化语法关系中分析出来。话语只有置身于具体的社会环境之中，才能成为主体思想的表述，加入人际交流活动。“不论人们什么时候进行表达，它将永远取决于这个表述的实际条件，首先取决于离它最近的社会环境。缺少这种与具体环境的联系，对话将永远不会被理解和解释。”②也就是说，作为语言单位的句子和作为话语单位的陈述之间的差别在于，话语陈述必须要在特定的环境中产生，它因此而具有社会性，而句子本身则不需要具体语言环境的参照。

在巴赫金的理论中，话语作为一个言语交际的实体，进入到人际对话关系之中。此时话语不像一个句子那样，可以脱离言语主体和言语环境而单独存在，而是与发话人，与听话者，与交谈的背景、环境发生具体的对话关系。话语是对话性的，它不是说话者的无目的、无对象的自言自语，而是一种陈述和表达。它指向对话者：“通常情况下，没有一种陈述只能归因于唯一的说话者，它是对话者的相互作用的产物，是复杂的社会情况的产物，它在其中突然出现。”③相对说话者而言，听话者（或对话者）的出现，这第二人的存在就产生了“社会”，话语交流因此而超出了个人性，具有了社会性。

---

① 参见陈永国：《话语》，赵一凡等主编：《西方文论关键词》，第 225 页。

② ［法］托多洛夫：《巴赫金、对话理论及其他》，蒋子华、张萍译，第 233 页。

③ ［法］托多洛夫：《巴赫金、对话理论及其他》，蒋子华、张萍译，第 214 页。

关于话语的交流特征，法国哲学家格雷马斯也作了论述，他认为传递性问题是话语首先要面对的问题，而交际策略则是所有话语的共同特征。他说："言语行为首先意味着真实的或假设的接受者必须在场，这样话语主体就可以作为发话者发送话语。话语既是生产过程又是用于交际的产品，这样就产生了认知和认知对象的传递性问题。""传递性问题属于交际策略范围，而交际策略又是话语组织策略的补充。"①

巴赫金等理论家在谈到话语时，曾以"陈述"作为它的参照系。陈述指的是一种言说事件和行为。作为言说行为的陈述，按照语言学家奥斯汀的分析，像所有言语行为一样包含了三个方面：一是以言表意，二是以言行事，三是以言取效。② 比如，"请你把门关上"这句话，我说这话时，做了三件事：一是表达一种意义，从而使两个对象(你和门)与一个行为(关)联系起来；二是通过这句话，我发出了一道命令或请求，以影响你的行动；三是这句话能够产生某种后效，比如说服了你，或刺伤了你等。奥斯汀的学生塞尔(John Searle)进一步发展了这种理论，他为了深入界定言语行为的特性，引入了"意向性"的概念：言语行为不仅使用了语言符号，而且表达了说话者的意向。"最简单地说，我们必须把人发出的声音写下的记号视作一个具有特定意向的人给出的，而不是像瀑布轰鸣或树皮上的纹路一样是一些自然现象。"③塞尔和奥斯汀的理论对于话语与陈述关系理解的启发是，将话语及话语行为的意义与特定的话语环境相联系，话语因表达了说话者的意向而成为一种陈述。

将话语视为一种陈述，就意味着人们关注的不再是一句话本身的"意思"，而是整个表述行为所表达的"主题"。巴赫金区分了"意思"和"主题"，认为，"意思"一词在这里主要是用在语言中，词典收集了所有词的意思，它是可以重复使用的。而"主题"则存在于实际的对话中，它是唯一的、不可重复的，它不仅由语言形式本身决定，而且与唯一的对话环境有关。如果人们忽略了环境因素，就无法真正理解一段话陈述的主题，不能把握其真正含义。巴赫金把一段陈述文字比喻成为一个小剧本，剧本中有起码的角色，陈述文也包含着说话人、受话人、信息等。剧本只有被表演，角色只有被实际扮演，才能成其为剧情；同时，话语只有在实际的陈述行为中，才能因对话双方的实际的"角色扮演"，而产生出不可重复的交流意义。总之，陈述意味着话语行为与某种特定语境的维系，话语的真正内涵只有参照其语境方能确定和把握。

① [法]格雷马斯：《符号学与社会科学》，徐伟民译，百花文艺出版社 2009 年版，第 18 页。

② 参见陈嘉映：《语言哲学》，北京大学出版社 2003 年版，第 240 页。

③ 陈嘉映：《语言哲学》，第 241 页。

话语与权力的关系,在福柯那里得到了充分的研究。福柯认为,权力暗含在日常的社会实践之中,这些实践弥漫在社会生活领域的每个层面上,并且人们经常从事着这种实践。可以说,“权力无处不在;不是因为它包含一切事物,而是因为它来自所有地方”①。

关于权力的各种不同类型与表现,有西方学者作了这样的研究,指出有三种不同的权力观:“单一向度的权力观”是指 A 能够让 B 去做某件他本不愿做的事;“双向度的权力观”是指群体 A 不仅可以决定有利于他们的结果,而且可以决定有利于他们的“游戏规则”;“三向度的权力观”指拥有权力者可以通过塑造人们的观念、认识和喜好,使人们接受他们在现有秩序中的地位,将这种秩序和自己的地位看作是别无选择、理所应当或有益于己的。权力通过这种方式防止人们产生丝毫的怀疑与怨情。② 可以说,第一种权力观中的权力具有强制性;第二种权力观中的权力力图把这种强制的结果变成是合理的,即合乎权力拥有者自己制度的规则;第三种权力观则是让人产生一种虚假的意识,盲目地相信这种现存权力合情合理,于己有利。这与意识形态和霸权等观念有许多相似之处。

然而,上述三种权力观与福柯所说的权力并不一致。上述三种权力观都是否定性的,它们显示了人们如何被阻止去做自己想做的事,被阻止自己制定应有的游戏规则,被阻止用自己的头脑去思想。与此相反,福柯认为权力是生产性的,一切与通过一种特定方式创造和再造世界相关的东西都是权力。权力存在于话语、制度、客体、身份等的创造之中。权力可以生产出对知识的分类,这种分类限定了我们对人与自然之间关系的理解;权力能够生产出身体,这种身体可以在工厂、监狱中被改造得更具有生产性……权力是这样存在于话语中的,“当话语进行自我调整或向外扩张而显示它的存在的时候,也就是话语赋予它本身产生意义的权力,并实际上强制性地使得接收话语的对象和整个环境承认话语所赋有的意义,实际上就是在完成它本身的权力的正当化”③。话语揭示了知识与权力的关系,福柯指出,权力的生产性可以这样理解,比如,并不是在抓捕罪犯中权力才存在,权力首先存在于生产“罪犯”这一概念中。“没有相关的知识领域建构,就不存在权力关系,任何知识都以权力关系为前提,并建构着权力关系。”④可以说,话语就是一个为知识确定可能性的系统,一个用来理解世界的框架或知识领域,一套话语作为一系列规则而存在,这些规则决定了可以作出的陈述的类

① [英]阿雷恩·鲍尔德温等:《文化研究导论》,陶东风等译,高等教育出版社 2004 年版,第 97 页。

② 参见[英]阿雷恩·鲍尔德温等:《文化研究导论》,陶东风等译,第 97 页。

③ 高宣扬:《后现代论》,中国人民大学出版社 2005 年版,第 78 页。

④ [英]阿雷恩·鲍尔德温等:《文化研究导论》,陶东风等译,高等教育出版社 2004 年版,第 32 页。

型，决定了什么样的事情可以被谈论，以及对这些事物可以谈些什么。现代权力不是由特殊的权力拥有者自上而下地强加给集体或个人，而是借助知识的传播和话语的运用，从下而上地发挥作用的。简单说，当我们从事一种话语陈述行为的时候，就已经处于权力关系之中，并且同时成为这种权力关系的体现者。

三、文学批评作为话语

视文学批评为话语，显然具有20世纪语言学理论的知识背景，尤其在巴赫金、利科和福柯的话语理论于人文科学界产生广泛影响之后，这一概念在包括文学研究在内的诸多学科领域地位日渐突出，批评被看作是一种话语已经成为顺理成章的事情了。

话语本身是一个大于句子的叙述单位，它是在特定的社会文化行为中进行表达活动或从事表述实践时形成的口语或书面叙述单位。作为叙述的结果，话语还可以指用语词表达的具有特定知识价值和历史实践功能的思想客体。从本质上讲，话语并非单纯的语言学概念，而是一个具有多元综合性的关于意识形态在一定生产方式下的实践概念。话语问题早在现代语言学产生之前就曾被人关注，英国实用主义哲学家边沁将话语定义为"通过符号传播思想的方式，形成一种孕育了语言的社会行动"①。当时的学者们已经看到话语的实践性和构成性，指出它具有建构周围世界的能力：我们所生存的现实世界无非是多种话语的集合体。每一个单独的话语都编织出一个意义领域，它们的综合构成了我们世界的模式。对此，当代学者也发表了类似看法："现代社会，话语生产的意义并不亚于物质生产，话语的生产意味着规定一个社会的主导词库，意味着让这些词语的意义成为社会的强大信念。在这个意义上，话语生产无疑是意识形态的重要组成部分。"②

文学批评也是一种生产性的话语实践，它在意义生产过程中既参与意识形态的生成与建构，又在与其他生产性话语实践的交往融合中进行着理论的增殖。正如美国学者爱德华·赛义德所言："我的观点是，如果批评不仅仅是一种自我生效的形式，它就应当靠近知识，更主要的是，批评应试着去处置、表明和生产同理性和意愿相关的知识。"③当代文学批评研究者不再满足于像20世纪40年代的新批评派那样，潜心致力于对文本的语言符号、层次结构、韵律节奏、隐喻意象

---

① 转引自[德]沃尔夫冈·伊瑟尔：《怎样做理论》，朱刚等译，南京大学出版社2008年版，第13页。

② 南帆：《理论的紧张》，上海三联书店2003年版，第8页。

③ [美]爱德华·赛义德：《福柯与德里达》，汪民安等主编：《后现代性的哲学话语》，浙江人民出版社2000年版，第433页。

的分析与解释。他们已经走出所谓“内部研究”的狭小圈子，回到“外部研究”的广阔天地之中，当然这种向外部研究的回归决不是往19世纪社会学、心理学研究的倒退，而是走向了一种新的综合。美国文学理论家乔纳森·卡勒认为自1960年以来，文学和文学批评研究领域中发生的一个重要事实是对于“理论”的普遍关注，他说：

从事文学研究的人已经开始研究文学研究领域之外的著作，因为那些著作在语言、思想、历史或文化各方面所做的分析都为文本和文化问题提供了更新、更有说服力的解释。这种意义上的理论已经不是一套为文学研究而设的方法。而是一系列没有界限的、评说天下万物的各种著作，从哲学殿堂里学术性最强的问题到人们以不断变化的方法评说和思考的身体问题，无所不容。“理论”的种类包括人类学、艺术史、电影研究、性研究、语言学、哲学、政治理论、心理分析、科学研究、社会和思想史，以及社会学等各方面的著作。诗论中的著作与上述各领域中争论的问题都有关联，但它们之所以成为“理论”，是因为它们提出观念或论证对那些并不从事该学科研究人具有启发作用，或者说可以让他们从中获益。成为“理论”的著作为别人在解释意义、本质、文化、精神的作用、公众经验与个人经验的关系，以及大的历史力量与个人经验的关系时提供借鉴。①

美国新马克思主义学者弗雷德里克·詹姆逊在其论著中也重点谈到了这种“理论”文本的出现，并将其作为后现代主义的特征之一“边界或分野的消失”的一个主要例证加以分析说明：

在上一代，还存在着专业哲学的专门话语——萨特或现象学家们的庞大体系，维特根斯坦或分析哲学或普遍语言哲学的著作——还可以与其他学科——例如政治科学、社会学或文学批评这些相当不同的话语区别开来，现在，我们渐渐有了一种直接叫做“理论”的书写，它同时都是或都不是那些东西。……我将建议把这类“理论话语”也归入后现代主义现象之列。②

理论研究的出现，改变了传统的文学研究和文学批评的程序，传统文学理论往往依附于某种确定的哲学、美学理论体系之下，对文学的对象、范围、性质、特征、产生、发展、文学作品、文学创作、文学欣赏、文学批评学等问题作出明确统一的理论界定。而当代的“理论”研究则把这些作为论述前提和逻辑起点的概念本身，变成了自己的研究对象。对于原本来说是不证自明或理应如此的基本文学概念，“理论”研究进行了重新的辨析，这些概念包括“文学”“文本”“作者”“读者”

---

① [美]乔纳森·卡勒：《当代艺术入门：文学理论》，李平译，辽宁教育出版社1998年版，第4页。

② [美]弗雷德里克·詹姆逊：《文化转向》，胡亚敏等译，中国社会科学出版社2000年版，第2～3页。

“意义”“阐释”“理解”“历史”“故事”等。由于这种辨析多是由后结构主义者、女性主义理论家、新马克思主义研究者结合自身的研究领域作出的，所以，有人说“理论”这个词已成为后结构主义、女性主义、新马克思主义理论的同义词。“‘理论’这个词可以定义成一种话语，这种话语是在曾是理所当然的假定和概念变成了讨论和争辩的对象的情况下产生的。”①可见，“理论”的对象是那些原本是构成一种理论的代码词汇，而“理论”研究的目的则是对这些词汇、这些概念提出质疑，加以讨论。

四、批评话语理论化的意义和局限

理论化的批评话语对人们阅读文学作品的经验和理解带来了什么样的影响和变化，它的作用是什么？对此问题的回答一般有三种答案：一是认为理论化的批评话语可以使阅读不再是一种天真的活动。与天真伴随的是真诚和轻信，真诚地接受一首诗传达的情感世界，轻易地相信一篇小说的现实再现。理论以其天生的怀疑精神让我们体会到了真诚背后的虚妄、现实背后的幻象，理论化的批评话语让读者从天真的少年变成了深思熟虑的成人。另一种答案则认为，理论化的批评话语可以使阅读成为冒险性的探究行为，它使阅读不再是对个人已有经验的验证、综合和延续，而变成一种充满活力和挑战性的尝试，它能让读者认识和体验到平时难以接触的对象和它的被掩盖的方面。第三种答案认为，理论话语可以使文学理解变得更加客观外在。读者的阅读经验不再被形容为“灵魂在杰作中的伟大奇遇”这种纯粹个人经验和主观品味式的行为，批评因而超越了个人印象式的表达，而成为具有普遍可理解性和更有客观说服力的逻辑化文本。尽管这种理论化批评文本也许永远达不到自然科学理论的“硬理论”程度，而会一直被看作是伊瑟尔所说的“软理论”，但它毕竟有人文学科所具备的内在逻辑，通过引入隐喻或开放性概念，作出“勾勒”(mapping)式的试探性工作。理论化批评话语的这种功能用伊瑟尔的话讲就是：“理论将艺术经验变成认知。”②

理论化批评话语的上述作用对于我们理解和鉴赏艺术作品是否产生了全部是正面的影响？它在强调某种东西的时候是否又忽视了什么？理论化的批评能否代替人们对艺术品的朴素而直观的把握？对这些问题的思考让我们看到了理论化批评话语的另一面。

由于理论化的批评话语善于从文学艺术之外的相关人文社会学科领域寻求

① [美]杰拉尔德·格拉夫：《理论在文学教学中的未来》，拉尔夫·科恩：《文学理论的未来》，程锡麟等译，中国社会科学出版社1993年版，第344页。

② [德]沃尔夫冈·伊瑟尔：《怎样做理论》，朱刚等译，第10页。

理论支持和思维动力,所以像社会机制、经济关系、种族冲突、性别意识、文化模式等方面的术语和逻辑大举侵入文学艺术文本的分析领域,文学性或艺术性的内涵被经济、政治、文化、种族、性别等种种规范和律条遮蔽了。就如同卡勒指出的:“在这种情况下,文学研究及其文本分析的方法就只能遵从社会学意味很强的文化研究模式,沦落为文化研究的一种‘症候式解释’。”[①]理论式批评话语强调的东西和它所遗漏的东西一样多,甚至会让人觉得得不偿失。说到“症候式解释”,弗洛伊德对《哈姆雷特》或达·芬奇绘画作品的解读就是现成的例子,而热衷于文化批评的理论家的视野和思路多数与之大同小异。

理论化批评话语的另一为人诟病的特点是它可能会破坏读者与文本的理想关系,阻碍读者与文本的亲密接触,因而对读者的鉴赏力的提高和审美趣味的培养起不到积极作用。例如海德格尔对凡·高画的农妇鞋子的解读:“从鞋之磨损了的敞开着的黑洞中,可以看出劳动者艰辛的步履,在鞋之粗糙的坚实性中,透射出她在料峭的风中,通过广阔单调的田野时步履的凝重与坚韧……”这种解读可以看作是哲学家借助画家的作品对自己原已成熟的思考的一种借题发挥式的表达,它并没有告诉我们,凡·高的这幅作品与别的画家笔下的鞋子有什么不同,这幅画的艺术价值到底体现在什么地方。就那段评论画中鞋子的话语,它可以用在很多描绘鞋子的画中,也就是说,它不必是针对凡·高的这双农鞋,不必是只适用于这幅画的评论文字。那么它在我们体会凡·高这幅作品的独特意味方面,有能告诉我们什么呢?我们在领略了哲学家思想深度时是不是忽视了画面的构图、色彩、笔触等看似肤浅,却又更加实在和有力的特征呢?

美国学者斯蒂芬·戴维斯在《艺术哲学》中探讨了从理论出发的艺术诠释话语的特点,它提到了两种结果:一是争议性的诠释,二是玩笑性的诠释。上文提到的弗洛伊德和海德格尔的例子都可归为第一种。在这些例子中,诠释的目标是要证实与说明理论,而不是要理解艺术作品本身。关于玩笑性诠释,戴维斯说道:“理论提供了描述作品的又一种新方法。如果我们把某种理论应用于某作品,但艺术家的作品与这种理论完全扯不上关系,并且作品中也没有那一种理论的蛛丝马迹,我们大读特读这种理论,导致作品变得面目全非,那么,我们就是在玩笑性地诠释这件作品。”[②]戴维斯没有给出这种玩笑性诠释的具体例子,但可以想见,那些基于预成理论对作品的过度诠释的批评话语都多少有这种玩笑的性质。当然开玩笑也是一种智力游戏的形式,福柯在《词与物》中,用一个整章的篇幅分析西班牙画家委拉斯凯兹的名画《宫娥》,以展开他对可见性与不可见性

---

① 参见[英]拉曼·塞尔登:《当代文学理论导读》,刘象愚译,北京大学出版社2006年版,第329页。

② [美]斯蒂芬·戴维斯:《艺术哲学》,王燕飞译,上海人民美术出版社2008年版,第128页。

之复杂关系的哲学思考,其中智力与玩笑的比重如何协调也许只有作者本人能知道了。理论的热情在于维特根斯坦所谓的"对普遍性的癖好",这种普遍性在多大程度上妨碍了批评话语的适用性,这是很值得注意的。英国诗人休姆说:你赞美某种东西新鲜,意味着它之所以好是因为它新鲜,但这不一定正确。对于新鲜本身而言,其实并没有什么让人向往的,艺术作品并不是鸡蛋。休姆在此提醒我们,对于一个对象是好的评价标准,用在别的对象身上可能就毫无意义。这种情况在艺术批评领域尤为常见。因此,理论化批评话语的适用性就变得格外重要了。

艾布拉姆斯这位美国文论家曾用一个视觉化的比喻来说明批评理论的作用:"批评理论的用处不在于它反映既定的艺术事实,而在于用作武装自己批评视野的'观察工具'。"[①]如果我们进一步引申这一比喻,可以把理论化批评话语比作望远镜或显微镜,我们借助它们看到正常视力所看不到的东西,就相当于赋予我们一个全新的视野,认识到了作品中那些非凭借理论话语就不能看到的层面。当然,批评还可能是偏振镜甚至是哈哈镜,通过改变对象的光线反射角度乃至对象比例结构来提供新的视觉经验。这就意味着,对于批评理论话语,我们在为其别致的洞察力和出其不意的诠释效果而喝彩的时候,不应该忘记这未必显示了作品对象的常态,它也未必能够取代人们对作品的寻常理解。也就是说,通过特殊的视觉工具,我们可以看到很多仅靠肉眼看不到的东西,但如果以为,通过仪器观察到的就是事物普通的样子,或者忘了工具的存在,忘了工具可能会改变对象的比例结构与相对大小,我们的判断就会出错。至此如果我们联想到苏珊·桑塔格那篇宣言式的文章《反对阐释》,应该会更理解作者的用心。她所反对的阐释是指一种文本转换——对作品中被抽取的一系列因素用一系列先前已存在固有观念去说明。在她看来,这种阐释是把事实变成寓言,把显而易见变成寓意深刻,把阐释者对文本的改动变成原意如此。于是她思考了"批评应该成为什么样子,才能服务于艺术作品,而不是僭取其地位"这个问题,她的结论是:"首先,需要更多地关注艺术中的形式。如果对内容的过度强调引起了阐释的自大,那么对形式的更广泛、更透彻的描述将消除这种自大。其次,需要一套为形式配备的词汇——一套描述性词汇,而不是规范性词汇。"[②]

看来,当理论化的批评话语过度关注作品内容而忽略了形式,过度强调对工具的借助而忽略了直观的透明性,过度倚重其他学科的话语成果而忽略了自身感受力的时候,它就变成了读者和文本间的隔膜。

---

① [美]M. H. 艾布拉姆斯:《以文行事》,赵毅衡等译,译林出版社2010年版,第39~40页。

② [美]苏珊·桑塔格:《反对阐释》,程巍译,上海译文出版社2003年版,第15页。

语言学

《左传》单音词情感意义探析*

杨振兰

《左传》作为先秦时期的一部传世典籍，其词汇在音节方面的特点是以单音节词占优势的。从语言研究上看，研究该书词汇的情感意义，单音节词是首先要面对和加以讨论的。词是音、义结合体，虽然其中的“义”主要是针对词的词汇意义而言的，但是词的所有意义内容都在词的语音形式的标记之中，情感意义也不例外。如果仅仅就单音节这个物质形式看，它与意义内容的结合似乎是很简单的关系，音、义之间没有必然的联系，是由社会约定俗成的，体现出语言符号的典型的任意性特征。但是另一方面，单音节也同时意味着单词素，意味着在一个词的形式中，无论是意义还是结构，没有相伴相生，也没有相互修饰和限制、相互补充和说明，这样的音节形式标记的意义无论是作为主要内容的词汇意义还是作为附属内容的其他意义（如情感意义等），都显示出一种不同于复音词尤其是复合词的特征。

《左传》中存在大量的单音词，这符合汉语词汇发展的阶段特点，同时也符合汉语基本词汇与一般词汇发展的阶段特点。可以说，《左传》中的单音词大部分都具有基本词汇的性质，它们不仅为汉语词汇和词汇意义的传承，而且为情感意义的传承奠定了基础；另一方面，作为拥有极强生成能力的核心成分，为一般词汇及其词汇意义和情感意义的形成和发展奠定了基础。因此，分析《左传》单音词的情感意义对于探索该书整个词汇的情感意义而言无疑是十分重要的。

一、《左传》中含有情感意义单音词的分类

词所包含的情感意义伴随人类情感的丰富和细腻而呈现为丰富性和多类型化特点，如褒扬、贬斥、喜悦、痛苦、恐惧、悲凉等，但褒义和贬义无疑是构成情感意义的最重要的两个类别。我们查找了《左传》所用单音词，将其中含有褒贬情感意义的成分找出，其中褒义类别的约有 162 个，贬义类别的约有 205 个，总计约 367 个。本文的单音单纯词的情感意义分析即以此为基础和语料范围。褒义

* 本文为教育部人文社科项目“《左传》词义色彩研究”（项目编号：07JA740008）阶段性研究成果。

情感倾向指词中蕴含的褒扬的肯定的情感倾向。它的内部又因细微差异可以区分以下几种不同的小类:赞美类,如“美”“休”“令”“明”“知”“忠”“勇”“才”“果”“毅”“善”“茂”等;尊敬类,如“子”“崩”“薨”等;喜爱类,如“香”“馨”“甘”等。以上几种类别又以赞美的情感意义为主要情感倾向,该类褒义词在《左传》中数量最多。贬义情感倾向指词中蕴含的贬斥的否定的情感倾向。它的内部也可以再区分为以下几种不同的小类:憎恨类,如“残”“顽”“叛”“淫”“侈”“昏”“暴”“狂”“凶”“恶”“虐”“弑”等;厌恶类,如“懦”“苟”“偷”“惰”“滥”“轻”等;鄙视类,如“谄”“谀”等。在贬义色彩中,憎恨的类别最多,与褒义色彩中赞美的类别相对应。但是将褒、贬两大类别加以比较,可以看出《左传》中贬义色彩在数量上多于褒义色彩,这是值得我们进一步探讨的。

从所依附的理性意义看情感意义的类别。如果从情感意义所依附的理性意义看,也可以进行区分。理性意义的不同对其所蕴涵的情感意义会产生一定的影响。第一,理性意义标记事物概念。某些词的理性意义标记了事物概念,事物又有具体事物和抽象事物之分。考察《左传》后发现,含有情感意义的标记抽象事物的词要多于标记具体事物的词,即抽象的意义范畴更多地获取了某种类别的情感意义。如“功”“勋”“劳”“绩”“施”“尚”“荣”“名”“罪”“祸”“乱”“耻”“辱”“羞”“暴”“殃”“妖”“孽”等,这些抽象范畴拥有或褒或贬的情感意义。而某些具象范畴如“宝”“玉”“羔”(鲁尚羔,以羔为贵)、“蠹”“厉”(恶鬼)等虽然也被赋予了或褒或贬的情感倾向,但相比之下数量较少。表人概念的可以归入具象范畴,数量也不多,如“能”(能者)、“人”(人才)、“材”(人才)、“望”(有声望之人)、“子”(男子敬称)、“栋”(栋梁)、“盗”“寇”“贼”“仇”“敌”等。第二,理性意义标记动作行为概念。表行为动作概念的褒义色彩词很少,如“字”(慈爱、爱护);贬义色彩者较多,如“叛”“害”“蛊”“惑”“专”“构”“间”“比”“干”“弑”“冯”“陵”“虐”“妄”“纵”“从”“欺”“诬”“侮”“背”“蔑”“蒙”(欺骗)、“僭”“媚”等。在动作概念上两者相差很悬殊。值得思考。从具体与抽象的角度看,表抽象行为动作的概念远远多于具体行为动作概念。第三,理性意义标记性质状态概念。标记性质状态概念的拥有褒义和贬义两类情感意义的数量都相当多。褒义类别的如“善”“仁”“贤”“忠”“美”“好”“令”“嘉”“孝”“良”“明”“勇”“聪”“艳”“温”“和”“睦”“顺”“诚”“元”“香”“丰”“昌”“俭”“茂”“友”“敏”“懿”“直”等;贬义类别的如“凶”“恶”“很”“诈”“虐”“狡”“猾”“泰”“汰”“侈”“傲”“秽”“污”“顽”“贪”“冒”“回”“邪”“左”“伪”“固”“浅”“倨”“愎”“曲”等。性质状态类,主要是性质类褒义词和贬义词,在《左传》中数量多,每种都在上百个,而且一般是常用概念,许多都延续至今,这说明在该书中,形容词是褒贬词聚集的区域,也是评价意义和评价情感聚集的区域。从具体与抽象的角度看,表抽象的性质状态的概念远远多于具体性状概念。

综上所述，从情感意义所依附的理性意义看，《左传》表现出了两个鲜明的倾向性。第一，从具体与抽象的属性看，无论哪种类别的理性意义，即无论是标记事物概念、行为动作概念，还是性状概念所对应的词的理性意义，均表现出一个共同的特征或倾向，即抽象概念占优势，具象概念占少数。拥有抽象性理性意义的词更多地具有情感意义，或者说情感意义更倾向于与抽象性的理性意义共处一词。第二，从情感意义所依附的理性意义的类别看，标记性状的概念要远远多于标记事物和动作的概念，当然这也就意味着形容词要远远多于名词、动词等词类。

二、从评价理论看《左传》单音词的情感意义

评价理论中包含的评价内涵是相当宽泛的，包括态度、情态、语气等内容，我们此处的评价仅指其中的态度评价，尤其是态度评价中的褒贬评价。考察《左传》整体篇章，其言语蕴含着鲜明浓郁的评价性，这种评价性无疑是由多种评价手段（如语音的、词汇的、语法的、修辞的等）综合表现的，显然词汇构成其重要的评价资源的一部分。在词汇层面上，由于《左传》单音词占据着优势地位，所以探求单音词的评价意义、评价特征和评价倾向就成为该书词汇情感意义研究的重要内容。

就评价的对象及倾向看，褒扬真善美、贬斥假恶丑是《左传》的整体评价格调；就评价的具体类型看，可以说涵盖了感觉评价、精神评价、实用评价等多种评价类别，但《左传》中表现的精神评价更明显，尤其是精神评价中的伦理评价、道德评价，不仅词量多，而且使用频率高、应用广泛。如“善”“忠”“信”“礼”“义”“慈”“孝”“诚”“恶”“诬”“贪”“淫”等所体现的人品态度、伦理观念的褒贬倾向就属于精神层面的评价，这也正构成了《左传》语篇所倡导的惩恶扬善、褒贬分明的价值取向的基础。就该书中的评价倾向而言，作者首先看重的是道德价值。当然，该书作者所重视的还有客体对象的欣赏价值，如“大（哉）、美（哉）”等词体现的就是一种欣赏价值。此外，还有对客体使用价值、效用价值的肯定或否定的情感评价。

因为标记人品道德、伦理意识的概念属于抽象概念的范畴，所以如前所述，单音词情感意义所依附的理性意义主要表现为抽象概念，两种情形是一脉相承的。另外，道德、伦理评价所渗透的理性意义主要表现为性状概念，更重要的是性状概念体现情感评价更直接、更鲜明，所以在该书中，如前所述形容词更具情感评价优势，两者也是一脉相承的。

就评价类别的具体与一般的情况看，评价理论分为具体评价与一般评价，两者之中具体评价词语远远多于一般评价词语，一般评价词语数量不多但应用频

率高。[①]《左传》中“善”“良”“恶”等词所体现的评价意义就属于一般评价的范畴;而“慈”“忠”“端”“勇”“虐”“奢”“骄”“邪”等词所体现的评价意义则属于具体评价的范畴。在该书中一般评价词语是高频出现的,具体评价词语使用频率有高低不同的差异。

评价理论一般把评价词语分为描述性词语、描述性兼有评价性词语和兼职评价词语,专职评价词语数量极少,语言中大量存在的应该说是兼职评价词语,既有描述性意义,也有评价性意义,两者兼而有之。这是评价词语最多也是最重要的存在形式。《左传》中兼职评价性词语数量多,比例高,甚至可以说兼职的分量更重,这也是与单音节的优势数量有关的。也可以说越是年代久远的词,兼职的比重越高,兼职的数量越多。因此,《左传》中出现和使用的该类词,多数是评价意义和描述意义渗透融合在一起的,既有具体的描述意义,也有具体的评价意义,两种意义都得到突显。

评价理论也重视评价语境的分析。评价语境包含评价者、评价客体、评价条件、评价时代等因素。《左传》文本就是其词语的评价语境的重要构成部分,其中该书作者就是总的评价者,在文本中作者会借助各个人物之口来实现自己的评价取向(贬恶扬善的伦理价值取向),评价客体为其中所有的人和事件。

评价词语将其独立出来,可以形成静态的存在,它们在当时的其他典籍中和交际中同样应用,是先秦断代词汇系统的有机组成部分,但是在《左传》中出现的评价词语确实又是特定语境中的评价词语,是同时代评价词语在《左传》中的具体应用,所以它们同时蕴含了语言和言语的性质与特点,即一方面是语言词语评价特征的应用和体现,另一方面又在该语境中出现了评价特征的言语变体,可以从中去抽象和归纳语言性质。可以说,《左传》语篇的评价词语是融合了语言和言语两种性质和身份的。

三、《左传》释义所体现的单音词情感意义

《左传》文本对有些词语是通过多种不同方式予以解释的。“《左传》正文中有不少语言片段对某一个,甚至某一组群聚词的词义进行了具体的解释和说明。作者的意图当然并不是要对词义内容做出探索,而是借助词义的解释,作为正文的不可剥离的有机组成部分,用以阐述某种思想意识、哲学观点、政治主张,表达某种是非褒贬、评价态度,论证某种事理关系。”[②]《左传》正文中对词义的解释方式、内容、目的等等是多种多样的,如解释方式有直解、定义、对比等,解释内容有

① 参见杨家胜:《从语言学角度看评价意义》,《外语学刊》2002年第3期。

② 毛远明:《左传词汇研究》,西南师范大学出版社1999年版,第164~165页。

语言意义与言语意义、理性意义与情感意义等，解释目的有阐明观点、表明褒贬评价等。从这种解释中也可以看出词语的情感意义的不同体现和不同类别，以及作者对情感意义的一种主体意识和内在追求。总起来看可以分为以下几种情形：第一，词本身有或褒或贬的固定情感意义，在不同语境中，作者依据特定情景的需要，做出特定的界定和解释，从而使得这种情感意义拥有了细微差异。如“礼”，无论在孤立状态还是在语境中，都是一个褒义色彩词，但是在《左传》的不同语境中，作者却赋予其并不完全相同的意义和内涵，也具有了不完全相同的情感意义。《隐十一》：“君子谓郑庄公‘于是乎有礼。礼，经国家，定社稷，序民人，利后嗣者也。’”可见，作者在此语境中赋予“礼”的褒义倾向是非常明显的。《僖七》：“子、父不奸之谓礼。”此中的“礼”与前例相比，语义侧重点不同，情感意义也有重与轻的细微差异。第二，词本身不一定具有固定的情感意义，在语境中被作者临时赋予某种情感意义。如“刑”，《僖二十八》：“礼以行义，信以守礼，刑以正邪。舍此三者，君将若之何？”此例中作者将“刑”作为矫正邪恶的手段，显然孤立状态下中性的“刑”在此获取了褒义的情感色彩。

《左传》正文的释义，有的指出事物的意义范围，有的说明事物现象的功能，有的解释事物现象的性质属性，有的比较事物现象的细微差异等。我们发现，该书很善于从事物现象的功用方面加以解释，尤其是社会功用方面，这往往使标记该类事物现象的词获取了褒义的感情色彩，无论它本身在孤立存在时是何种感情色彩意义。如前所举的“礼”“刑”等事实上都是解释社会和人生各种功用的情形。其他如“度”“莫”“明”“类”“长”“君”“顺”“比”“文”，《昭二十八》：“心能制义曰度，德正应和曰莫，照临四方曰明，勤施无私曰类，教诲不倦曰长，赏庆刑威曰君，慈和偏服曰顺，择善而从之曰比，经纬天地曰文。九德不愆，作事无悔。故袭天禄，子孙赖之。”上面9个词，在此主要从功能角度进行了解释，而且全部带有褒义感情色彩。此外，解释事物性质属性的词也往往会显示出褒贬评价的倾向性。从事物的性质属性出发，以概念意义为基础，又不仅仅局限于概念意义，而是渗透着鲜明的情感意义。

应当说，《左传》释义所体现的情感意义是属于言语范畴的，相比语言范畴的情感意义，自然会发生一些变化，如程度、侧重点等方面，以及中性词临时获取某种情感意义等。但既有情感意义，词一般都不会偏离语言意义的情感属性。如“勇”，《文二》：“共用之为勇。”即为国所用而死叫“勇”。《哀十六》：“率义之谓勇。”遵循道义而行叫“勇”。两个语境中的“勇”与语言意义的“勇”，在理性意义上是有差异的，但是都呈现为褒义的情感意义，这一点与语言意义的情感褒义范畴是一致的。再如“信”，《宣十五》：“臣闻之，君能制命为义，臣能承命为信，信载义而行之为利。”臣下接受君命并能贯彻执行为“信”。《哀十五》：“叶公曰：‘周仁之谓信。'”密合仁道便叫“信”。两例中的“信”,都是依赖语境存在的言语意义,但无论理性意义的具体内含有何种个体差异,其情感意义却是同属于褒义范畴。

四、《左传》单音词情感意义的特征

《左传》单音词在负载情感意义方面体现了以下几个方面的特征。第一,基本性。《左传》中的单音节词有许多都是标记了基本的概念,属于基本词汇的范畴。“《左传》的基本词汇共968个,占总词汇的10%,全部为单音词。”[①]同样的,其中含有情感意义的也多数具有基本词汇的特点,或者说更多地具备了基本词汇的特点。第二,稳固性。《左传》词的情感意义绝大多数在传承中都没有发生很大的变化,情感倾向古今有相当大的一致性,情感倾向与客体特征的结合古今也表现出相当强的一致性,即显示出很强的稳固性特征。当然具有稳定性也不意味着一成不变,但发生变化的数量是极少的。这一点下面情感意义的标记功能部分还会有所涉及,此处不再详论。第三,类型化。《左传》单音词的情感意义体现出类型化特征、类型性色彩,而且是一种大类型化特征、大类型性色彩。如“勇”类,更丰富、更具体、更富于个性的情感意义是依赖“英勇”“奋勇”“骁勇”“勇敢”“勇于”“勇气”等复合词来体现的。再如“暴”类,更细密的情感意义也同样是需要“残暴”“凶暴”“狂暴”“粗暴”“暴躁”“暴虐”“暴行”等复合词来体现的,而《左传》中是没有该类大量复合词的。那么单音节形式的“勇”“暴”等词,在情感意义方面确实表现出了一种宽泛、浑沦的大类型化特征。这一特点的形成也是与该类词理性意义的特点密切相连的。单音单纯词的理性意义义域宽广、意义浑沦,这也决定了渗透其中的情感意义也具有宽泛、浑沦的特征。如“善”在《左传》中可以是“善人”“善事”“善物”“善行”“良善”等多种意义,“勇”在不同语境中可以是“勇气”“勇敢”“勇敢的人”等多种意义,这些不同侧面的意义需要《左传》文本不同的语境将其加以区分。

基于以上几点,可以说《左传》中的词,尤其是占据绝对数量的单音节词不仅在理性意义方面体现了汉语基本词汇的显著特征,而且在词的情感意义方面同样体现了汉语基本词汇的显著特征,也可以说是汉语基本情感词汇的一个形态。

五、《左传》中含有情感意义单音词的情感标记功能

应该说《左传》中含有情感意义的单音词在《左传》文本中均体现了情感的标记功能,不同的词标记了不同的情感,从当时的历史段看该类标记属于一种共时标记。当然《左传》语篇的整体情感表达不仅仅是由词来完成的,但是数量多、使

---

① 毛远明:《左传词汇研究》,第21页。

用频率高、覆盖面广的单音节情感意义词确实在情感标记中发挥了重要的功能。

从历史发展的角度看,《左传》中的大部分含有情感意义的单音词流传、使用下来,不断地应用于各种复合词的制造,并将自身携带的情感成分融入新的复合词中,成为该类复合词情感意义的标记符号。体现了其情感标记功能的历史传承性。其中又可以区分为以下几种不同的情形。

首先,从情感意义本身的倾向所出现的变化情况看,有几种不同的情形。第一,《左传》的单音词以其固有的情感意义沿用下来,千百年保持不变直至现代汉语,该种类型占据了其中的绝大部分,只有个别的例外。如"很"作为"狠毒"的意义没有沿用下来,那么在上古作为贬义情感的"很"也就不再具有贬义情感的标记功能。我们在《左传》中发现了"很""贰""壹""治"几个词。前两个词在《左传》中体现的是贬义色彩,后来逐渐消失;后两个词在《左传》中体现的是褒义色彩,后来逐渐消失。当然,这种情感标记功能的丧失并不绝对,可能在个别的复合词中还留有痕迹。该种情形与该类词表现的基本词汇的属性是密切相关的,基本词汇的稳定性表现在理性意义也表现在情感色彩意义等意义的各个方面,《左传》中单音节词的情感意义的稳定性从一个侧面验证了这一点。第二,《左传》中有个别的词在发展中依然保存了自己的情感标记功能,但是情感意义的倾向发生了变化。如"优"在现代汉语中显然是一个褒义标记成分,无论是从其自身而言,还是从"优秀""优良""优异""优美"等复合词而言,都是如此,但是在《左传》中,"优"作为调戏的意义,带有贬义的情感意义,属于一个贬义标记成分。其他如"亀"在《左传》中表现的是中性情感倾向,即没有特殊的情感标记功能,但是发展至后来,"亀"增加了贬义标记功能,成为一个贬义情感符号。

其次,从负载情感意义的单音节词的古今语言形式和语言性质的变化发展看,也有几种不同的情形。第一,单音词在后世发展中多数变成单音词素,自身不再独立成词,但并未从汉语词汇系统中消失,而是以词素身份出现在新的复合词中,在新词的结构中,它们依然发挥情感意义的标记功能,而且是原有情感意义的标记功能,将原有的情感倾向赋予新的复合词。如"聪"在《左传》中无论是"耳聪目明"的"聪",还是智力意义上的"聪",都是一个褒义的符号,在语言发展中产生的"聪明""聪慧""聪颖"等复合结构中,"聪"依然充当了褒义标记。"恶"也是如此,当它构造"恶意""丑恶""恶性""恶行""凶恶"等复合词时,其身份是贬义情感意义的标记。应该说,伴随着汉语词汇双音节化的发展规律,该类情形是最多,最普遍的。第二,单音词在后世发展中一直保留了词的身份,既可以单独应用,也可以用以构造新的复合词。如"好""善""美""丑"等,该类情形数量较少,但它们一直具有情感意义的标记功能,既标记自身,也标记由此所构成的复合词。

再次,从单独标记和共同标记看,有的成分在复合结构中起着单独标记的作用,而有的成分在复合结构中与其他成分起共同标记的作用,但是更多的成分表现为在有的复合结构中单独标记,在有的复合结构中共同标记。如在“善人”“善行”“恶人”“恶行”等复合词中,“善”“恶”都起着单独标记的作用;而在“善良”“慈善”“丑恶”“恶劣”等复合词中,“善”“恶”都起着共同标记的作用。

最后,从标记的显隐状况看,可以分为显性标记与隐性标记。与情感意义依附的理性意义的典型性有关,典型意义与非典型意义是不同的。如“善”“恶”的标记是显性的,“轻”的标记是非典型的,因为“轻”作为“轻视”“轻率”中的标记是显性的,但是独立看“轻”,在发展过程中其轻重的意义而非轻率的意义是其典型意义。“偷”的情形与“轻”不同,在上古,“偷”是“苟且”的意义,是一个贬义情感词;在发展中,该意义无论是作为词还是作为词素都较少被使用,取而代之更多的是“偷盗”的意义;在现代汉语中,作为孤立存在的单音词“偷”,“偷盗”作为其典型意义,不同于《左传》中的“苟且”的典型意义,两者虽然都含贬义倾向,但程度不同,在“偷盗”“偷窃”“惯偷”“小偷”等复合结构中所拥有的情感标记功能也是与上古汉语所不同的,只有“偷生”“偷安”“苟且偷生”等少数复合词或固定结构中还保留“苟且”的意义及相应的贬义情感标记功能。

从词的整体看情感意义的标记,在词素的选择上可以是某些词缀也可以是某些词根,可以标记情感意义中的赞美与憎恨、喜爱与厌恶等情感倾向。但是对于《左传》语篇而言,由词缀来标记某种情感意义基本上不存在现实性,所以《左传》的情感标记主要是由单音节的词根来显示的。从另一方面看,在词中,语音、语义、语法、修辞等因素都有可能形成情感意义的标记,但在《左传》中,语义标记是最重要的,尤其单音单纯词更是如此。从某种意义上说,《左传》中单音词对于自身的标记和后来的复合词的标记,可以看成是一种语义标记,也可以看成是一种音义结合体的词素标记。

中古道经口语词例释*

刘祖国

中古汉语主要指东汉至隋时期的文献语言，蒋礼鸿先生认为："所谓'中古汉语'，和前汉以上的'上古汉语'有其不同的地方，那就是它的语汇的口语化。"①蒋绍愚先生在谈专书词汇性质划分问题时也指出："从汉语词汇史研究的角度看，我们首先关心的是专书中的反映这个时期词汇新面貌的口语词汇。"②可见，若想真正发现中古汉语的奥妙所在，必须花大力气去研究其中的口语词，也只有这样，才能洞悉中古汉语词汇系统发展的真实面目。

道经是道教思想传承的工具，需要有一定的口语性才能为广大民众所接受。中古道经中有些内容非常接近生活，用词生动、平实、浅显，客观记录了不少当时的方俗俚语，且出现了一些特殊的词语表达方式，是汉语史研究的宝贵材料。例如六朝灵宝经《太上洞玄灵宝智慧定志通微经》，整个故事口语性极强。试看此段文字：

> 母归至家忆儿，兄弟甚相珍重，食息嬉戏，及其出入，未曾不同，得一异味，辄相分与，终不独噉。一日分别，我今独反，为福故也。胤祖在后，甚怀忧思，闻母大得钱还，知弟不归，拭泪掩手，跪问母曰："婆与奴别，奴啼若如。"母欲割其思，欺曰："不啼。姨常念汝兄弟，得之欢喜，抱不离膝，喂以众果，笑与吾别，寄汝钱耳。"胤祖知其必啼，婆诱祖耳。其眠好与祖俱，今独在彼，怳怳未习，亦当思恋阿爷及忆阿祖，且新与婆别，那得不啼？

简短的一段文字中就包含了"婆""奴""若如""姨""怳怳""阿爷""阿祖""那得"等口语用法。

---

* 本文为山东大学文学院重大项目"新编《道教大词典》及道教文献语料数据库建设"、山东大学人文社科青年团队项目"宗教社会历史文献整理与研究"成果。

① 转引自王云路、方一新：《中古汉语语词例释·序言》，吉林教育出版社1992年版，第1页。

② 蒋绍愚：《〈入唐求法巡礼行记〉词汇研究·序》，董志翘：《〈入唐求法巡礼行记〉词汇研究》，中国社会科学出版社2000年版，第1页。

分析、判定口语词[①],既是中古汉语研究的重点所在,也是难点所在。纵观汉语词汇发展的历史,口语词一直是词汇系统中最为生动与宝贵的组成部分,值得我们更为深入、更为系统地加以研究。下面酌取数例中古道经的典型口语词作一考察。

一、二三、一二(乙二)

《周氏冥通记》卷一:"闻二君及府中诸监僚选卿为保籍丞,此位乃始立,以助领诸簿录。其任数小而高清为美,兼得宗庇真仙,二三为宜。"

《真诰》卷十二:"余数人不能一二道之,例皆取平贞正直,体隐神清,即侍郎之才,不限男女也。"

"二三",犹言再三。周一良先生认为,《魏书》卷五五《游明根传》:"二三之理,直在萧赜。"但此处之"二三",为南北朝时始见之用法,即再三也。《魏书》卷十四《元子思传》:"旋省二三,未解所以。"《宋书》卷六九《刘湛传》:"量算二三,未获便相顺许。"意皆同。《魏书》卷七八《张普惠传》载其奏文:"二三之趣,停之为便。"《南齐书》卷二二《豫章王嶷传》:"遂使太子见臣必束带,宫臣皆再拜。二三之宜,何以当此?"所谓"之趣""之宜"疑皆当时奏章公文习语。"二三"云云,意犹"再三",以表恳切。[②]

"二三",本谓"不专一;反复无定"。《书·咸有一德》:"德唯一,动罔不吉;德二三,动罔不凶。"孔传:"二三,言不一。"引申可表约数,不定数,表示较少的数目,犹言"几"。《国语·吴语》:"(越王)曰:'勾践用帅二三之老,亲委重罪,顿颡于边。'"汉王褒《僮约》:"日暮以归,当送干薪二三束。"亦可指"二成"或"三成",如汉班固《西都赋》:"草木涂地,山渊反覆,蹂躏其十二三,乃拗怒而少息。"又指"再三,多次",中古道经例如《周氏冥通记》卷三:"于时至尊垂恩,为置宋长沙道士二廨,并左右空地,于此廨西,复为起观,前左右即是许长史旧墓,窃恐侧近真踪,或以致谴,故二三因闻耳。追恨不得作方畐通辞,方畐通辞,则亦应方畐酬答也。"《真诰》卷十一:"今大茅山南犹有数深坑大坎,相传呼之为金井,当是孙权时所凿掘也。今此山近东诸处,碎石往往皆有金砂。云兵帅仍屯居伏龙,今则无复有。唯小近西有述墟,昔乃名术墟,今是良民。述墟前十数里,大茅有吴墟村,以号而言,乃欲相似而复不关金陵。长史宅西北,近长隐小冈下,乃时有故破瓦器,焦赤土甚多,疑是人居处。既经耕垦,基域不复存,而了无井,亦恐如长史井湮没

① 黄征先生认为区别俗语词和非俗语词的办法主要有:(1)搜寻旧注;(2)后人对前代俗语词的考证成果;(3)大量阅读口语性文献;(4)以典范文言作为辨别俗语词的参照系。(参见黄征:《汉语俗语词研究的几个理论问题》,《杭州大学学报》1992年第2期)

② 参见周一良:《魏晋南北朝史札记》,中华书局1985年版,第355页。(张延成:《中古汉语称数法研究》,武汉大学出版社2013年版,第181页,亦仅指出中古"二三"表示再三,是新用法,并未作进一步分析)

耳。又小茅、大横不见采金处，大茅金井若是，复不应顿如此远居，二三疑昧。"《真诰》卷十二："《魏书·王修传》又云：修往来南阳，多止张奉舍。奉举家病，修营拯之。按张范兄弟，乃尝避地往扬州，投袁术，又非刘表，不应在南阳，二三为疑也。"

"南北朝史籍中又常见一二之词，意为详尽。甲乙用法与一二同，当亦详尽之意。"[①]中古道经亦有见，《真诰》卷十三："李伯山，李冲父也。冲，汉时为白马令，行阴德，或积世有道，中行所钟。此二府仙人，皆一进再进，得入此府耳，未必尽径来也。别更一二，密可示尔同气，令知斗处幽闲之泰也。"

另外，《真诰》中还有"乙二"，如卷七："何以致丧家？保命君言。欲服符饮水，使即愈，不欲者当与。定录君语。寻自差。保命君语。多有所道，甚云云。觐当乙二，第七无虑也。"卷十七："羲白：'得主簿书，云野中异事，郄书别答。奉觐乙二，谨白。'"卷十七："羲白：'野中未复近问，然华新妇已当佳也，惟犹悬心，奉觐乙二。'""乙二"最早可追溯到东汉道典《太平经》。《太平经》卷九十《冤流灾求奇方诀》："吾不空乙二与真人道事也，乃天示教敕，吾下言之也。"《太平经合校》云："乙同一。"[②]《太平经正读》曰："乙二，一一，逐一。"[③]

二、那、那得

《周氏冥通记》卷三："寻既未知应为此位，那言不大欲为，恐是悬照此意。"

《真诰》卷十四："阴成水际出山高，则是高乃应云阳九，而言百六，似是误言，亦可是水起际如此高，非先水退际尔。但水性平，又非湍濑，二山相去不远，未解那得顿孤悬如此。"

"那"，汉末六朝常用疑问副词，相当于文言中问原因的"何"，谓"怎么""如何""为什么"。《东观汉记·刘玄载记》："更始韩夫人曰：'莽不如此，帝那得为之。'"

中古道经用例多有，如《周氏冥通记》卷一："郎善又来架子上取枢，触此左右，善便倒地，此左右以手接之。此人问：'那得此小儿子？'子良答：'家在钱塘，姓俞，权寄此住。'"又："仍手指壁上所疏桃竹汤方云：'脱觉体不快，便依此方浴。此方要，卿那得？'子良答：'写《真诰》中得。'"卷四："周大夫即太宾。《真诰》亦云在蓬莱。司阴君主天下水事，出《马君传》。前不知那住在蓬莱。小方诸多事道事，亦出《真诰》。"《真诰》卷十三："地号今亦存，有大路从小茅后通延陵，即呼为姜巴路也。但秦孝公时，未并楚置郡。巴陵县始晋初，不知那有巴陵之封，恐是

① 周一良：《魏晋南北朝史札记》，第355页。
② 王明：《太平经合校》，中华书局1960年版，第345页。
③ 俞理明：《太平经正读》，巴蜀书社2001年版，第286页。

巴蜀之巴故也。”卷十四:“《后汉书》云:何苗是何进异母弟,为车骑将军,党附阉势。进被害时,苗于朱雀阙下,与进将吴匡战死被斩。董卓又破棺出尸,支解之。既非故为兵解去,不知那遂得来居此。其母亦被刑。苗既非进同生,官位复异,具苗而字达,于义不类,恐别是一弟,不必是名苗战死者耳。”

“那得”,意为“怎得”“怎会”“怎能”,中古新兴疑问词,《三国志·魏志·曹洪传》:“于是泣涕屡请,乃得免官削爵土。”裴松之注引三国魏鱼豢《魏略》:“太祖曰:‘我家赀那得如子廉耶!’”唐钱起《送李秀才落第游荆楚》诗:“离居见新月,那得不思君。”

陶弘景道教作品中有多处用例,《真诰》卷一:“又告云:‘汝憎血否?’答曰:‘实憎之。’云:‘血在路上,若汝憎之,当那得行?’又答曰:‘当避之耳。’”卷十三:“越翳王是句践四世孙,初不肯立,逃入菁山穴,越人董出之,后于吴徙还会稽,以周宣王十一年为孙诸咎所杀。越人又杀诸咎,不知那得远来葬此。或当有神异处故也。今寻视,未见指的坟冢,而如有兆域处者。”卷十七:“长史此《仙传》遂不显世,不解那得如此。恐杨以呈司命,不许真事宣行,因隐绝之也。”《登真隐诀》卷下:“自后诸名题宫府所主治,往往小异,并朱书,各载之,此次第犹是取《官仪》上,小复参差,而《官仪》唯无后三官,不知那得尔。寻《官仪》从来久远,传写漏误,所以其中亦自有一官数字之疑,然尚可依傍,斟酌取衷,如运气解厄之例,便判是此传脱矣。”

中古其他道书亦见,晋葛洪《抱朴子内篇·杂应》:“夫服药断谷者,略无不先极也。但用符水及单服气者,皆作四十日中疲瘦,过此乃健耳。郑君云:‘本性饮酒不多,昔在铜山中,绝谷二年许,饮酒数斗不醉。以此推之,是为不食更令人耐毒,耐毒则是难病之候也。’余因此问:‘山中那得酒?’郑君言:‘先酿好云液勿压漉,因以桂附子甘草五六种末合丸之,曝干,以一丸如鸡子许,投一斗水中,立成美酒。’”《无上秘要》卷四《林树品》:“安期生谓太真夫人曰:‘昔与女郎游于息安西海际,食枣异美,此间枣永不及,忆此未久,说已三千年矣。’神女云:‘吾昔与君共食一枚乃不尽,此小枣那得相比?’”《太上洞玄灵宝智慧定志通微经·人九》:“尔时空中有一天人,意疑天尊说此譬喻,云:‘学道之人,不得思微定志要经,如入海采宝,无有导师。’又云:‘如彼愚人,晻入空山,觅天子绶,设如是者,造化之初,未有此经,故天尊大圣,那得成道?’”《太上洞玄灵宝本行宿缘经·母三》:“大极真人乃复作违诫颂曰:人根由本愿,愿定克大患,净想奉十诫,故能超八难,前生犯玄教,今生那得安,愚瞽忽性命,罪至乃长叹,对来如影响,视之令心寒,生值处下贱,惨戚无暂欢。”《太上洞玄灵宝智慧定志通微经·人九》:“胤祖知其必啼,婆诱祖耳。其眠好与祖俱,今独在彼,悦悦未习,亦当思恋阿爷及忆阿祖,且新与婆别,那得不啼?”《太上洞玄灵宝本行因缘经·母三》:“仙公曰:‘汝超卓高举,裁可升天而已,那得随我之太极宫,朝太上玉京金阙乎?吾无所惜矣。’”《灵宝九幽长夜起尸度亡玄章·养五》[①]:“人生会当死,一切皆无常。贤圣犹尸解,转身升天堂。罪重必夭命,善者为延长。富贵与贫贱,斯是福不强。凶顽不信道,那得见仙王?”又:“四符行之本,六度咸玄光。受道心不愍,令人命不长。中心有犹豫,那得不早亡?”

三、昔在

《真诰》卷五:“昔在庄伯微,汉时人也,少时好长生道,常以日入时,正西北向,闭目握固,想见昆仑。积二十一年,后服食入中山学道,犹存此法。”

“昔在”,从前。《真诰》卷五中作者罗列了很多道士成仙的故事,每个开头都是讲从前如何如何,如:“昔中山刘伟道学仙在嶓冢山,积十二年。”“昔青乌公者,身受明师之教,审仙妙之理。”“昔有傅先生者,其少好道,入焦山石室中,积七年,而太极老君诣之。”“昔有黄观子者,亦少好道。”“昔毛伯道、刘道恭、谢稚坚、张兆期皆后汉时人也,学道在王屋山中。”从这些文例,对比归纳可推知“昔在”义同“昔”。

另外,庄伯微的事迹在《无上秘要》中亦有记载,卷六五《专诚品》:“昔庄伯微少时好生道,常以入时,正西北向,别目握固,想见昆仑。积二十一年,后服食入山中学道,犹存此法。当复十许年后,闭目乃奄见昆仑,存之不止,遂见仙人。”异文亦可证明,“昔在”即“昔”。

道教文献中多有使用,《太上灵宝五符序》卷下:“昔在黄帝轩辕,曾省《天皇真一之一经》,而不解三一真气之要,是以周流四方,求其释解。”南朝梁陶弘景《华阳陶隐居集》卷上《登真隐诀序》:“昔在人闻,已钞撰真经修事两卷,于时亦粗谓委密。”[②]隋唐《洞玄灵宝左玄论》卷一:“果中无苦,故云乐德具足,无惑秽,故云静德具足,能包容,故云大德具足,能统王,故云王德具足,无量无边德者,总明一切,诸德并皆具足也,何以故?昔在至普被众生者,此总结也。”唐王冰《黄帝内经素问补注释文》卷一:“昔在黄帝,生而神灵,弱而能言,幼而徇齐,长而敦敏,成而登天。”前蜀杜光庭《道德真经广圣义》卷四七:“故《礼经序》曰:‘昔在唐尧,历象日月,敬授人时是也。’”宋张君房《云笈七签》卷一《总叙道德》:“唐开元皇帝《道德经序》曰:‘昔在元圣,强著玄言。权舆真宗,启迪来裔。’”宋李景元《渊源道妙洞真继篇》篇下:“昔在唐尧,乃上方道德天尊之应躬也。”元张辂《太华希夷志》卷上:“太宗又问曰:‘昔在尧舜之为天下,今可致否?’对曰:‘尧舜土阶三尺,茅茨不剪,其迹似不可及。’”《玉清无极总真文昌大洞仙经》:“道言:‘昔在龙汉劫初,

① 丁培仁:《增注新修道藏目录》(巴蜀书社 2008 年版,第 278 页)将此经的年代定为唐前。

② 影印本明正统《道藏》(文物出版社、上海书店和天津古籍出版 1988 年版)第 23 册第 646 页下栏作“昔在人闻”,王京州《陶弘景集校注》(上海古籍出版社 2009 年版,第 107 页)作“昔在人间”,漏校未出校记。

元始天王出《大洞玉经》于高上大有玉清宫。'"元卫琪注:"道言,乃玉宸道君言说。昔在者,向来往古之称。"卫琪注明确指出了"昔在"之意义。

刘百顺先生认为"在"为词头,不起表义作用,《魏晋南北朝史书语词札记》中分别列举了"在昔""在生""在心""在诚""在宥""在国""在朝"。[①] "在昔"谓"从前;往昔"。《书·洪范》:"我闻在昔,鲧陻洪水,汩陈其五行。"汉班固《东都赋》:"勋兼乎在昔,事勤乎三五。"宋曾巩《齐州谢到任表》:"习诈而夸,著流风于在昔;多盗与讼,号难治于当今。""在昔"与"昔在"可视作一对同素异序词,"昔在"一词未见有论及。

四、的的、指的

《真诰》卷十九:"又按并衿接景阳安,亦灼然显说,凡所兴有待无待诸诗,及辞喻讽旨,皆是云林应降嫔仙侯,事义并亦表着。而南真自是训授之师,紫微则下教之匠,并不关俦结之例,但中候、昭灵,亦似别有所在。既事未一时,故不正的的耳。其余男真或陪从所引,或职司所任;至如二君,最为领据之主。今人读此辞事,若不悟斯理者,永不领其旨,故略标大意,宜共密之。"

《真诰》卷十三:"越翳王是句践四世孙,初不肯立,逃入菁山穴,越人董出之,后于吴徙还会稽,以周宣王十一年为孙诸咎所杀。越人又杀诸咎,不知那得远来葬此。或当有神异处故也。今寻视,未见指的坟冢,而如有兆域处者。"

"的的",意为"准确、真实;确实"。表示情况真实如此。向熹、雷汉卿先生都曾论及。[②] 道经用例较少,《洞真太上八道命籍经》卷下:"凡有数种灾罪,或备有二十四条,皆不得一时并解,当三年取,周三年,二十四节不可亏,一亏一更始。此甚未难,非精志者,莫能办之,办之不办,皆不得道。将来之缘,不副今日;今日之愿,当勤精密,营念不忘,无不果者。其中数灾数厄,数罪相关,共在六条者,一时并解,六条不必六时,时解一事也。三年之后,未得感通,乃可一时一事,的的解之,积年周竟,必获上升也。"宋翁葆光注、元戴起宗疏《紫阳真人悟真篇注疏》卷一:"入门无所见,冠屦如蜕蝉。皆云神仙事,的的信可传。"其他文献用例如唐赵氏《夫下第》诗:"良人的的有奇才,何事年年被放回?"宋陆友仁《研北杂志》卷一:"篆法自秦李斯,至宋吴兴道士张有而止。后世的的有所据依。"明杨慎《词品》卷四评谢勉仲:"若'余酲未解扶头懒,屏里潇湘梦远。'亦的的佳句。"《再生缘》第九六回:"郦卿果是人中杰,才情的的胜奇男。"

---

① 刘百顺:《魏晋南北朝史书语词札记》,陕西师范大学出版社 1993 年版,第 5~7 页。

② 向熹:《简明汉语史》(修订本),商务印书馆 2010 年版,第 417 页;雷汉卿:《禅籍方俗词研究》,巴蜀书社 2010 年版,第 487 页。

“指的”，谓“确实、分明；确切，确定”。董志翘先生对该词有深入研究，可参[①]。古文献多有所见，引申亦可作名词。南朝宋刘敬叔《异苑》卷七：“夜梦见一神人以乌角如意与之，虽是寤中，殊自指的。既觉，便在其头侧，可长尺余，形制甚陋。”《全晋文》卷三一荀勖《议定父子生离哀制表》：“有六亲相失，及不知父母没地者，以未指得死亡之闻，没地处所，情虑无异。然以未审指的，希万一之存，未忍举哀，则有终身之戚，不涉吉事。”《全齐文》卷四武帝《敕晋安王子懋(永明十一年)》：“吾今亦行密纂集，须有分明指的，便当有大处分。”《全后周文》卷二十甄鸾《佛生西阴八》：“又《灵宝大诫》云：‘道士不饮酒，不干贵。’如何故违犯大诫乎？后之纭纭，全无指的。”《南齐书·武十王传·晋安王子懋》：“今秋犬羊辈越逸者，其亡灭之征。吾今亦行密纂集，须有分明指的，便当有大处分。”《南齐书·文学传·陆厥》：“故愚谓前英已早识宫商，但未屈曲指的，若今所申论。”《敦煌变文集·大目干连冥间救母变文》：“青提夫人欲似有，影响不能全指的。”

中古道经习见，《周氏冥通记》卷一：“所封函中皆散纸杂揉，今依日月次第相连如法也。又从今年八月至十月都不复见一条。又寻所烧者，定当非此例，无容一封一焚故也。亦可是焚不可显出者也。又从来有令师及姨母知者止有数条，一者初夏至日昼眠，内外怪责，不得不说。二者断不食脯肉，亦被怪，不得不说。三者与师共辞请雨真旨，令改朱用墨，此不得不说。四者师得停召真旨，令告知，所可指的，唯此四事。自余或有访问，皆依违末略，初不显诏。”梁陶弘景《真诰》卷十一：“按今呼为柳谷汧者，其源出小茅后田公泉，而西南流至述墟首，入大汧阳谷汧者，今无复其名。而长隐山冈后有小汧，西流南折，亦会述墟首。又父老云：阳谷汧源乃出中茅前大茅后，数川注合为一汧，出山直西行北转，亦会大汧，论两汧相交之内，即是此地。大略东西，不得极正，故兼以左右为言。但今之所云二谷，不知即是昔号不。虽有耆相承，传译渐失，兼汧源回异，不必可指的为据也。”陶弘景《上清握中诀》卷中：“云又当急按所痛处三十一过，如此则向疾急按而祝，祝毕，又作数次乃止。此痛处亦当无指的所在也。”近代道书沿用，唐李光

---

① 董志翘先生研究指出，“指的”又作“指适”。“的”，古音“端”母“锡”韵；“适”，古音“书”母“锡”韵。“书”为“审”母三等，古音近“端”，故“适”“的”亦音近相假。古文献中，“的的”有“分明”“确实”义，字又作“适适”。如：“吾昨夜亦梦与人争钱。”“指适”亦为“分明”“确实”义。如：“某等以其梦指适异常，试往相问，而果各得此梦如卿所梦，何其太的的也！”(《搜神记》卷十“谢郭同梦”条)“天明，母重启侯：‘虽云梦不足怪，此何太适适，亦何惜不一验之？’”(《三国志·魏志·蒋济传》注引《列异传》)“故，符协如一。”(《搜神记》卷五“蒋山祠”条)所谓“指适异常”即指梦境异常分明。“或文繁理富，而意不指适。”(晋陆机《文赋》)所谓“意不指适”即指文意不明确。《汉语大词典》收此两例，将“指适异常”之“指适”释为“犹指归”，将“意不指适”之“指适”释为“合乎主旨”，皆未明同音通假之理而望文生义，失之。(参见董志翘：《也论中古汉语词汇研究中的推源问题》，原载《汉语史研究集刊》第一辑，收入董志翘《中古文献语言论集》，巴蜀书社2000年版，第130～131页)

玄《金液还丹百问诀·正文》:"黄芽既云铅汞所造,金水相生,愚意尚迷未晓,伏愿先生再垂指的。"宋张君房《云笈七签》卷七十《黑铅水虎论》:"其真铅如何?乞为指的,将示未明。"

敦煌出土文献中有"端的"一词,亦谓"真实",可参证。ДX.02822《蒙学字书》"论语部第十三"有"端的"一词,与"隐藏"并列。"论语部"的词主要是诉讼告状用词,"端的"出现的环境是:申陈、告状、干连、勾追、因依、罪愆、取问、分析、公松、受贿、受罚、受承、决断、徒役、投状、裁详、入案、文状、关定、端的、隐藏、根聒等。因此,"端的"与"隐藏"这两个词当与此意义相反,故而是真实之义。[①]

中古道经总体语言风格虽属比较典雅的文言作品,但仍然有相当数量的方俗语词充斥其中,口语词的数量明显呈现出逐渐增多的趋势。当前的中古近代汉语研究,大家基本上都把主要精力放在口语性较强的其他作品上,而对于口语性不强却饱含富有价值的语言现象的道典多视而不见。其实,有一些道经的语言是相当口语化的,如《洞真太上太霄琅书》《太上业报因缘经》《太上大道玉清经》《太上妙法本相经》《三洞奉道科戒仪范》《太上洞渊神咒经》等,由于传播教义思想的需要,不少道经采用普通老百姓所熟知的口语来传教,因而道经文献保留了很多当时的口语材料。

道教产生于东汉,正是汉语从上古向中古转变的重要时期,保留了当时为数不少的口语词汇,为我们研究汉语词汇史提供了宝贵的语料。此外,道教经历了漫长的历史阶段,各个时代的道教典籍也就必然具有各个时期的语言特色,能够反映各历史阶段的真实语言面貌,对汉语史研究具有重要的学术价值,值得深入发掘。

① 参见黑维强:《敦煌、吐鲁番社会经济文献词汇研究》,民族出版社2010年版,第61页。

略论典故成语意义的变化趋势

唐子恒

一

成语的形式相对稳定，而在长期使用中其意义则会发生变化，有的变化还比较明显。像“空穴来风”的意义由原来的“比喻消息和传说不是完全没有原因的”变成了“指消息和传说毫无根据”，这个变化几乎就发生在我们眼前。本文试图主要以“上下其手”“期期艾艾”“惨淡经营”三个典故成语的使用情况为例，对典故成语意义的变化情况和趋势做一点探讨。

二

“上下其手”典出《左传·襄公二十六年》：楚、郑两国交战，楚国穿封戌俘获了郑国的皇颉，楚公子围与穿封戌争功，请伯州犁裁决。伯州犁为了偏袒公子围，提出让俘虏皇颉出面作证，故意先向上扬手对皇颉介绍公子围：“夫子为王子围，寡君之贵介弟也。”又向下按手介绍穿封戌：“此子为穿封戌，方城外之县尹也。谁获子？”皇颉心领神会，于是说：“颉遇王子，弱焉。”伯州犁以“上其手”“下其手”的动作向皇颉暗示，皇颉则根据这个暗示作了伪证。据此，这个成语表示“玩弄手法，暗中作弊”。例如：

(1)是非淆乱，莫知适从，奸吏因得上下其手。(《金史·刑志》)

(2)一些掌握某种实权的办事人员之所以能够上下其手、徇私舞弊、中饱私囊，一个重要原因是对他们的掌权、用权缺乏有效的监督。(北大CCL语料库《人民日报》1995年12月份文章)

(3)一方面，美国政府口头上一再重申“奉行一个中国政策”“反对台独”的立场；但另一方面，美方又明里暗里上下其手，纵容“台独”势力。(北大CCL语料库新华社2004年7月份新闻报道)

“期期艾艾”中的“期期”语本《史记·张丞相列传》：“(周)昌为人口吃，又盛怒，曰：‘臣口不能言，然臣期期知其不可。’”“艾艾”语本南朝宋刘义庆《世说新语·言语》：“邓艾口吃，语称艾艾。”后因以“期期艾艾”形容人口吃。例如：

(4)平日这欢腾的爱笑爱闹的小伙子,变得期期艾艾地说不上话来。(杨沫《青春之歌》)

(5)“你的父母……”她期期艾艾地说:“他们真的很开心吗?他们并不认识我……”(琼瑶《月朦胧鸟朦胧》)

“惨淡经营”语出唐杜甫《丹青引赠曹将军霸》诗:“诏谓将军拂绢素,意匠惨澹经营中。”“澹”,后来多写作“淡”。典源中的“惨澹经营”说的是在开始作画时,先用浅淡的颜色勾勒轮廓,构思经营位置。后来用这个成语多形容苦费心力谋划并从事某项事情。例如:

(6)我一生惨淡经营的沪江这些企业,是个人主义,自私自利的打算,自己生前希望生活得好些,死后留给子孙一份产业。(周而复《上海的早晨》)

(7)淄博市各级环保机构,经过十多年的惨淡经营,也由小变大,由弱变强。(北大 CCL 语料库 1994 年报刊精选)

(8)有的长篇小说,经过惨淡经营而斐然成章,自饶情致,独具魅力。(北大 CCL 语料库《人民日报》1998 年文章)

三

然而,近几十年来,这几个成语在文学作品、报纸杂志及其他媒体上使用时,表达的却不是上面所说的意义。请看下面的例句:

【上下其手】

(9)18 岁高中生推拿时遭医生猥亵上下其手(2014 年 6 月 12 日浙江新闻网 2014 年 6 月 12 日新闻标题)

(10)女子称被银行处长非礼在 KTV 内报警　敬酒不成反被上下其手?(2014 年 11 月 9 日凤凰网福建资讯新闻标题)

(11)之后几天,我和青青关系迅猛发展,我已可以对她上下其手了,她也不太阻拦,只是最后一步,她还不能接受。(北大 CCL 语料库当代文学作品《寻人启事》)

(12)韩国萌妹子变身性感夜店女,画着妖冶妆容,与年轻男子缠抱在一起,上下其手,笑容灿然。(华商新闻转载 2014 年 10 月 2 日长江商报网《韩国夜生活实录　女子长发及腰男子上下其手》)

(13)他即刻伸出魔爪,对怀中衣衫不整的人儿上下其手。(北语 BCC 现代汉语语料库文章郑媛《夺爱夫君》)

(14)男人野蛮起来都是堵住女人的嘴再上下其手吗?(北语 BCC 现代汉语语料库文章席绢《心动没有道理》)

32【期期艾艾】

(15)虽说没有落榜,但上师专终非我所愿,我当时有幻灭的感觉,心中期期艾艾、郁郁不乐。(北大 CCL 语料库《人民日报》2000 年文章)

(16)就在这有限的分秒中,小梅也总是心慌意乱,目光躲闪,期期艾艾。(北大 CCL 语料库《作家文摘》1994 年文章)

(17)眼看中午休息时间已到,办公室里的人全部走光。曲然丽满腹心事,期期艾艾地踱进董事长室。(北语 BCC 现代汉语语料库文章董妮《错恋男女》)

(18)他们有意地想表现一个落魄文人在北京孤苦无助、期期艾艾地生活。(北语 BCC 现代汉语语料库 1999 年 3 月 23 日《杭州日报》文章《我被〈生活空间〉损了》)

(19)我看到了彩裙、花伞、高跟鞋组成的千般风情,充盈在红楼绿树间;我看到行人眸子里闪烁着期期艾艾的流火,荡溢着对生活急促的爱恋。(北大 CCL 语料库《人民日报》1994 年文章)

【惨淡经营】

(20)然而事与愿违,该店开业以来惨淡经营,连月亏损。(北大 CCL 语料库 1994 年报刊精选)

(21)上海美影厂目前生产经费只能靠出租厂房、出让地皮向银行借贷来惨淡经营,职工不要说奖金,连国家规定补发的工资一时都难以兑现。(北大 CCL 语料库 1994 年报刊精选)

(22)因为他们不愿延误原定的上市日期,结果售出量仅为原定计划四千辆的半数还不到,以后也是每况愈下,惨淡经营。(北大 CCL 语料库《市场报》1994 年文章)

(23)一度红红火火的开发区,除了少数坚持了下来,相当一部分或惨淡经营,或偃旗息鼓了。(北大 CCL 语料库《人民日报》1996 年文章)

(24)由于海南酒店宾馆建设失控,供过于求,度假村惨淡经营,持续亏损。(北大 CCL 语料库《人民日报》1998 年文章)

(25)与惨淡经营的商场面料柜台相比,京城中的各个纺织品专卖店的生意却挺火。(北大 CCL 语料库《人民日报》1998 年文章)

(26)全国大中型制药厂有数千家,群雄逐鹿;洋药冲击波来势又猛。在无情的竞争中,有惨淡经营的,也有已被兼并或停产的。(北大 CCL 语料库《人民日报》1998 年文章)

(27)一位饱受了惨淡经营之苦的浙江经营者反省说,观光农业必须要以一定规模的农业生产为核心,以生产为本,创立有特色的品牌。(北大

CCL 语料库新华社 2001 年 5 月份新闻报道)

(28)根据英国工业联合会 24 日公布的一项调查,曾受世界经济不景气影响而惨淡经营的英国制造业开始出现复苏迹象,制造商信心指数两年来首次出现回升。(北大 CCL 语料库新华社 2002 年 4 月份新闻报道)

(29)在位于城区高地的伊特哈区,一位名叫穆斯里的花店店主告诉记者,前几年,生意不好做,可谓惨淡经营。(北大 CCL 语料库新华社 2004 年 7 月份新闻报道)

(30)在巴黎高档时装名店街开设首饰专卖店,在纽约第五大道开设婚纱专卖店,均与自身品牌传统背道而驰,两家店惨淡经营数月后关门停业。(北大 CCL 语料库新华社 2004 年 8 月份新闻报道)

(31)农村客运道路条件差,车辆油耗高,群众消费水平低,客流分散,运价水平低,加之实载率得不到保障,经营者收入偏低,许多经营者基本处于惨淡经营、亏损运行状态,从事农村客运的积极性不高。(北语 BCC 现代汉语语料库科技文献)

(32)记者前几日从中国国际航空公司了解到,在经历了 4 月末的谷底后,其客座率从 5 月中起开始回升,企业对今后的发展充满信心,这和个别企业惨淡经营、现金流出问题形成鲜明对比。(北语 BCC 现代汉语语料库《人民日报》2003 年文章)

(33)1997 年刚创业时,人们还不习惯上门烧菜的新方式。他一上来就连续 8 个月亏损,连着几年也是惨淡经营。(北语 BCC 现代汉语语料库 2003 年 5 月 24 日《文汇报》文章《"非典"面前:餐饮业显出新亮点》)

(34)美国、欧洲一些大的家电企业做大后,最终逃不过两个结果:要么灭亡,要么惨淡经营。(北语 BCC 现代汉语语料库 2004 年 9 月 28 日《文汇报》文章《陶建幸的汽车战略与实践》)

(35)近年来,赣州市每年都有大宾馆、酒店热热闹闹开张,却由于僧多粥少、价格不菲、观念陈旧等原因,以致惨淡经营。(北语 BCC 现代汉语语料库《人民日报》1999 年文章)

(36)28 岁的李有刚与朋友合伙开了一家汽车修理店,生意红火。可 3 年前他刚从父亲手中接过一个自行车修理铺时,却是惨淡经营。(北语 BCC 现代汉语语料库《人民日报》2003 年文章)

(37)在 20 世纪 90 年代末出现的科技业风险投资高潮随着网络泡沫的破裂而消退之后,美国整个科技行业一直惨淡经营。虽然去年以来美国经济增长力度大幅度提升,但科技业由于缺乏大批投资进入,其复苏力度和整体经济的复苏相比依然显得苍白。(北语 BCC 现代汉语语料库 2004 年 5

月 8 日《文汇报》文章《GOOGLE 上市续写科网新神话》）

（38）市面上，尽管依然可以看到排队买房情景，但与此同时，一个月卖不出一套高档房的景象出现了，打折降价开始多了，中介店惨淡经营也比比皆是。（北语 BCC 现代汉语语料库 2004 年 9 月 30 日《文汇报》文章《黄金周楼市看“多”“空”》）

（39）1997 年，上海最大的建材综合市场九星建材市场建成后，由于远离城区，人气不旺，惨淡经营。（北语 BCC 现代汉语语料库 2008 年 9 月 5 日《福建日报》文章《政和人：勇闯大上海　弄潮黄浦江》）

例（9）至例（14）中的“上下其手”的意思都与调戏异性或性侵有关，与这个成语的原意相去甚远。“期期艾艾”在例（15）至例（19）中的都不形容口吃，在例（15）中形容心情，在例（16）中形容目光，在例（17）中作者可能想说人物走进董事长室时是犹犹豫豫的，在例（18）中作者要表示的意思可能是磕磕绊绊很不顺利之类。至于例（19）中的“期期艾艾”用来形容“眸子里闪烁着”的“荡溢着对生活急促的爱恋”的“流火”，我们很难想象这是一种什么样的目光。例（20）至例（39）中的“惨淡经营”表示的基本上都是“生意萧条，经营亏损”之类意思，与原先的“苦心谋划并从事某项事情”意思也有了明显的差别。

四

观察上述三个成语意义的变化会发现，这些变化有一个共同特点，即都具有摆脱典源，向字面靠近的倾向。产生这种倾向的深层原因，应当是语言使用者对某些典故成语的理解方式有了变化，或者说是受到了人们对非典故词语理解机制的“同化”。

典故成语的意义来自典源或与典源有密切关系，不少典故成语要通过典源才能做出准确的理解。而要这样做，就需要对典源文献很熟悉。在封建时代，读书人的主要精力多放在文史方面，他们对传统文献的熟悉程度远非今人可比。典故成语（也包括由典故形成的词，如“滥觞”“而立”“璧谢”“袍泽”之类）也主要活跃在文人的诗文中，而难以进入下层民众的语文生活。近现代以来，我国民众读书学习的情况发生了巨大变化，主要表现在两个方面：一方面，识字读书的人多了，特别是中华人民共和国建立以后，文盲迅速减少，国民的总体文化水平大幅度提高；另一方面，读书人涉猎的书籍领域大大扩展，再也不像旧时代那样多集中在文史古籍方面了。由于典故词语的典源文献基本上都是传统古籍，上述两方面特别是第二方面的变化必然对现今人们理解典故成语的方式产生影响。

在一般情况下，当人们试图理解掌握一个生疏词语时，往往有两种方式：一种是根据词语的理据，通常是根据词语中各成分的意义以及这些成分之间的结构关系来理解,即所谓词法方式;另一种是忽视词语的理据,把词语作为一个整体,死记硬背,即所谓词库方式。

词法方式适用于形式透明的词语。对典故成语来说,有的比较透明,例如“家徒四壁”“出奇制胜”“任重道远”等,可以从字面推知意义。也有的不透明,如“塞翁失马”“洛阳纸贵”“白云苍狗”等,这样的成语由于经过典故的折射,从字面难以推知意义,只有通过典源才能做出正确理解。可是现今人们对古籍已不很熟悉,很难做到根据一个成语中的几个字,就能联想到它出自什么文献,并联系该文献中的有关语段对这个成语的含义做出判断。在这种情况下,对此类成语要用词法方式通过典源理解掌握就难以做到了,于是就有两种可能:一种是采用词库方式,通过辞书或其他途径知道词义之后死记硬背;还有一种则是仍旧采用词法方式,但并不通过典源(有可能不知道典源),只靠字面望文生义。

如果一个典故成语,结合典源表达的是一种意思,脱离了典源从字面上又能推出另一种意思的话,在人们对古籍熟悉程度普遍降低的情况下,这个成语的意思就可能被抛离典源,直接从字面理解,而这样理解产生的意思也有可能被大众所接受,使这个成语的意思发生变化。“愚不可及”就是一个典型的例子。《论语·公冶长》:“子曰:‘宁武子,邦有道则知,邦无道则愚;其知可及也,其愚不可及也。’”何晏集解引孔安国:“佯愚似实,故曰不可及也。”典源中孔子的话是说宁武子的“智”别人能做到,而他的“愚”别人做不到,即所谓智可及而愚不可及,所以《汉语大词典》解释这个成语先说“旧指大智若愚,非常人所能及”,《现代汉语词典》则先解释为“原指人为了应付不利局面假装愚痴,以免祸患,为常人所不及”。这里的“旧指”或“原指”云云,说的就是从典源出发理解的意思,是这个成语原本的意思。但在现今“愚不可及”一般被用来形容人极端愚蠢,这就是挣脱典源向字面靠拢的结果。

在本文开头所举的三个成语中,如果抛开典源,“上下其手”从字面上很容易让人觉得与“动手动脚”相近,因而被理解为挑逗、调戏异性的动作;“期期艾艾”的意思从字面上难以揣摩,所以使用的意思也比较混乱。至于“惨淡经营”的情况则较为复杂。“惨淡”和“经营”在意义上各有变化:“惨淡”原来表示颜色暗淡,后来有了“形容苦费心力”和“萧条,不景气”等意思,后者在现今更常用。“经营”在典源中指在艺术创作上用心构思,又有“筹划,营造”“规划,管理”的意思,在现代汉语中常特指“商业、服务业出售某种商品或提供某方面的服务”。而“惨淡经营”的意思由典源中的“作画之初,先用浅淡的颜色勾勒轮廓,构思经营位置”,后来有了“苦心谋划并从事某项事情”的意思。需要注意的是,苦心谋划并从事的事情范围很广,不限于商业或服务业,而且经营谋划的结果不一定是不好的。季羡林《意匠惨淡经营中》:“杜甫有一句很有名的诗:‘语不惊人死不休。’可见他作诗惨淡经营之艰苦。”这里的“惨淡经营”用的就是原意。作诗不属于商业、服务业，杜甫诗歌创作的成就也有目共睹。然而，因为“经营”一词现今常用在商业、服务业方面，而“惨淡”在今天又常表示“萧条，不景气”，所以“惨淡经营”在今天越来越多地被用来表示“生意萧条，经营亏损”。

五

当一个具体的词或熟语在使用中出现了一种原来没有的意义，实质上就是对该词语原有意义系统的突破，相对于原来的词义，就是一定程度上的“误用”。然而语言不是一成不变的，没有突破就没有发展。这个规律不仅适用于词义，也适用于语音、语法等各个方面，语言的各方面的发展变化都从这种突破开始。但形形色色的突破并不都能引起语言的发展变化，关键是看它能否经得住约定俗成规律的检验。在典故成语的词义上，起初的突破后来得到承认，成为一个新义项并写进了工具书的情况并不少，上文说过的“空穴来风”“愚不可及”就是典型的例子。还有“浑浑噩噩”由原来形容浑厚淳朴，变成现在的“形容无知无识糊里糊涂的样子”，以及“大而化之”由原来表示“使美德光大，以化万民”，变成今天的表示“做事疏忽大意，马马虎虎”，都是这样。也有些典故成语的新意义和用法在现今已很常见，例如“守株待兔”原比喻主观上不努力而存有侥幸心理，也比喻死守狭隘经验而不知变通，现在却常被用来表示守在某处等待某人出现，但这个用法并没写进辞书，可能是因为辞书编纂者认为这样的意义和用法作为一个新义项还不太成熟，需要继续观察，因而做出了谨慎的处理。

本文第二部分列举的三个典故成语及有关例句，都对这些成语原有的含义有所突破，而突破后的用法也都不见于现今权威的工具书。笔者认为：“惨淡经营”的用法很可能渐趋成熟，发展为新的义项；“上下其手”下例句中的用法则需要继续观察，其前途如何还难以判定；至于“期期艾艾”例句中的各种用法恐怕难以为大多数汉语使用者所接受，应当是名副其实的误用。

胶州话与普通话塞音声学格局的对比分析

刘 娟 李静宇

一、引言

在每个语言中出现的数量和个体有别，而塞音可以说是人类语言中普遍存在的辅音类型。因为送气和不送气的对立，同一发音部位的塞音通常会出现两个，在汉语里塞音的数量一般从 6 个到 10 个不等。在所有塞音中，[p][t][k][ph][th][kh]出现频率最高，几乎出现在所有汉语方言中。传统语音学通常从发音方法和发音部位两个方面来区别不同的辅音。但辅音的发音是离散的，因此无论从发音部位还是从发音方法的维度，传统的描写都无法使我们对同一类的辅音进行横向的量化的对比。本文拟用实验的方法，构建胶州话和普通话塞音的声学空间，以对两种语言中塞音的对立、差别和相互间的距离进行量化的对比分析。

对辅音的实验研究可以有不同的方法，建立辅音格局也可以选取不同的维度。张家騄等利用心理物理实验，尝试在听觉混淆数据的基础上，使用清—浊、送气—不送气、摩擦—非摩擦和发音部位的维度来建立辅音的知觉结构。① 李俭和郑玉玲则在动态腭位数据的基础上，用计算得到的靠前性指数 CA、靠后性指数 CP 和集中性指数 CC 描述腭位图上接触点的分布特征，做出了普通话的辅音格局。② 针对塞音的实验，我们看到冉启斌等人是提取闭塞段时长（GAP）和嗓音起始时间（VOT）这两个物理参量来构建塞音的声学空间。③ 在这个声学空间中，塞音表现出较好的类聚性。塞音的闭塞段（GAP）是塞音除阻之前的成阻阶段，此时声道完全关闭，听觉上是无声的，在语图上的表现则是一段空白，这是塞音一个很重要的声学特征。嗓音起始时间（VOT）是另一项可以区分不同类

---

① 参见张家騄、齐士钤、吕士楠：《汉语辅音知觉结构初探》，《心理学报》1981 年第 1 期。

② 参见李俭、郑玉玲：《汉语普通话动态腭位的数据缩减方法》，《第六届全国现代语音学学术会议论文集》，天津师范大学，2003 年。

③ 参见冉启斌、石锋：《塞音的声学格局分析》，《第八届中国语音学学术会议论文集》，北京，2008 年。

别塞音的有效参量,是指塞音除阻爆发与声带开始振动二者之间的相对时间关系。[①] 前人的实验研究表明这两个声学参量能够比较好地反映出塞音的声学特性,故在本文的声学分析中,我们同样采用闭塞段时长和嗓音起始时间来构建塞音的声学格局,并对普通话和胶州话的塞音声学格局加以对比。

辅音数量丰富是胶州话语音系统显著的特点。就阻塞辅音来说,因为中古知庄章声母的二分和尖团音的区分,使得胶州话里的塞擦音达到 10 个之多,即[ʧ][ʨ][ts][tʂ][tθ][ʧh][ʨh][tsh][tʂh][tθh];塞音有 6 个,即[p][t][k][ph][th][kh];擦音有 7 个,即[ɕ][θ][s][ʂ][ʃ][f][x],阻塞辅音总数是 23 个。而普通话的阻塞辅音总数是 17 个。普通话与胶州话的差别主要表现在塞擦音和擦音数量的不同,在这两个语音系统中塞音无论是在数量上还是发音部位上是完全相同的。Lindblom 最早提出关于语音行为的数量原则,即在一个语言系统中语音或音位的数量直接与语音的表现相关。[②] 实验已经证实了在元音行为中存在这样的关系:在元音数量更多的系统中,一个元音的语音变化范围要比在元音数量少的系统中更小或更窄,反之则更大或更宽。元音因为其发音特性,即无论是发音方法还是声学参量上都有连续性,容易理解。而辅音是离散的,是否也存在这样的关系?整个语音系统的差异是否会影响并造成相同音的语音行为产生差异?这是本实验试图探索的另一个问题。

以往对塞音的实验研究通常是在一个单独的语言或方言中进行,如冉其斌等人在《塞音的声学格局分析》中曾分别对普通话、苏州话、太原话和少数民族语水语的塞音进行实验分析,构建比对不同语言塞音的声学格局。但考虑到生理因素的作用(这个因素带来的差异可能是相当大的),从不同发音人得出的不同语言的塞音声学格局并不存在可比性。因此,我们在本实验的设计中使用了胶州话和普通话的双语者,这样可以排除生理因素可能造成的差异,更准确地对比分析这些相同的塞音在不同的辅音系统中,其声学特性和在各自声学空间中的表现。

二、实验过程

(一)语料和录音

我们使用的发音语料为含有 6 个塞音[p][t][k][ph][th][kh]的双音节词,目标塞音总是位于第二个音节,每个塞音有 20 个词(发音语料详见附录)。发音

---

① 参见冉启斌:《辅音声学格局研究》,《当代外语研究》2011 年第 9 期。

② B. Lindblom Phonetic Universals in Vowel System. In *Experimental Phonology*. edited by J. J. Ohala and J. J. Jaeger, Academic Press, Orlando. 1986.

人是两位青年女性,她们都是土生土长的胶州人,会说地道的胶州方言,同时也能说流利纯正的普通话,下文中分别简称为 JPF1 和 JPF2。录音在山东大学语音实验室进行,环境安静,录音使用的是北京语言大学开发的“byly”录音软件,采样率是 44100Hz。两位发音人被要求以最放松和自然的状态读发音词表,先用胶州话读完所有的语料,紧接着再用普通话读相同的语料,每个词均读两遍。

(二)实验分析

实验使用荷兰奥姆斯特丹大学开发的“praat5.3”声学分析软件测量所有塞音的 GAP 和 VOT 时长。VOT 数值是通过宽带语图上测量塞音除阻的冲直条和表示声带振动的浊音横杠起始点之间的时长得到的。由于胶州话和普通话里的塞音都是清塞音,所以测量得到的 VOT 值都大于 0。GAP 是塞音除阻前的成阻无声阶段,在语图上的表现是一段空白,测量方法是以前一音节的结束即前一音节波形振幅的明显降低作为起点,以除阻的冲直条作为终点。所有测量和计算得到的数值均四舍五入精确到毫秒,直接录入 EXCEL 中进行统计分析和作图。

三、实验结果

(一)塞音声学格局

在这一节,我们把不同发音人的实验结果分别加以展示。

表 1　　JPF1 胶州话和普通话塞音的 VOT 和 GAP 平均值　　(单位:ms)

	胶州话		普通话	
	VOT	GAP	VOT	GAP
p	11	55	11	89
t	10	71	12	93
k	28	72	28	76
ph	112	68	120	89
th	114	66	129	81
kh	111	68	124	67

表 1 是发音人 JPF1 的胶州话和普通话塞音的 VOT 及 GAP 平均值数据。从表中数据我们可以看到:无论是在胶州话还是在普通话里,送气音的 VOT 时长总是远大于不送气音,但 GAP 时长没有明显一致的差别;对于不送气音来说,胶州话和普通话里同部位塞音的 VOT 值十分接近,GAP 值则是普通话略

大，对于送气音来说，除了[kh]之外，普通话塞音的VOT值和GAP值都是大于同部位胶州话塞音的。

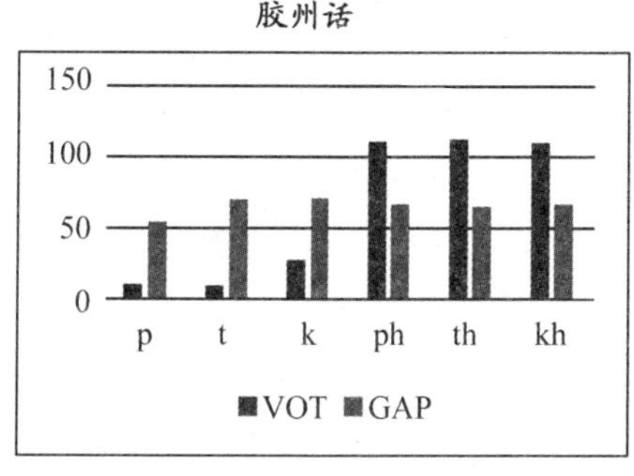

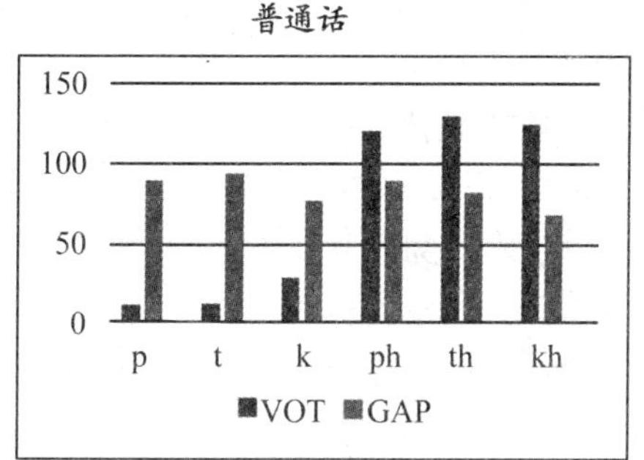

图1 JPF1塞音统计图

图1是根据表1的数据做出柱状图。从图中我们可以直观地看到：无论是胶州话还是普通话，对于VOT值来说，送气音都大于不送气音，对于GAP值来说，送气音和不送气音之间的差别不大；在不送气音中，它们的GAP值都是大于VOT值的，而在送气音中恰恰相反，它们的GAP值都小于VOT值。

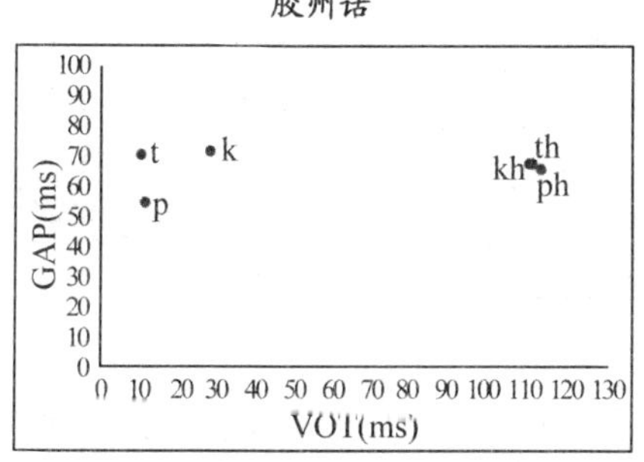

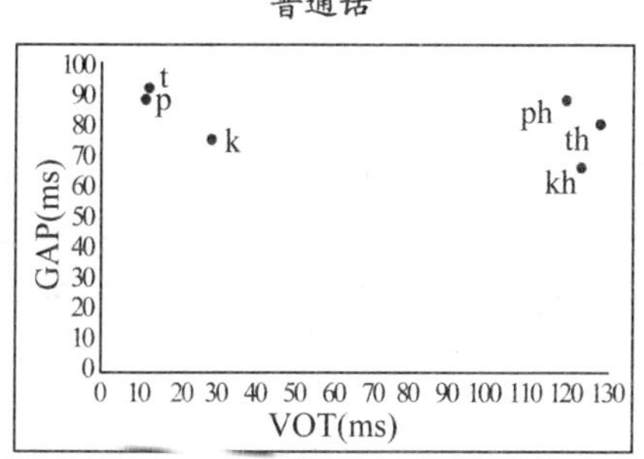

图2 JPF1的塞音格局图

图2是根据表1的数据做出的JPF1的胶州话和普通话塞音的声学格局图。在格局图中，横坐标是VOT，纵坐标是GAP，两个格局图横坐标和纵坐标取值范围相同，分别为130ms和100ms。

在胶州话中，发音人JPF1的6个塞音明显地形成了两个聚合，不送气音聚集在一起分布于左中偏上的位置，送气音聚集在一起分布于右中偏上的位置，且送气音聚集得更加紧密些，两个聚合在纵轴上的位置大致持平；不送气音聚合在横轴上的范围是10～28ms，在纵轴上的范围是55～72ms，送气音聚合在横轴上的范围是111～114ms，在纵轴上的范围是66～68ms；[t]位于整个格局图的左上角，与[k]和三个送气音[kh][th][ph]在纵轴上的位置比较接近，都在上方，

[p]分布在格局图的左下方。

在普通话的格局图中,6 个塞音同样地形成了两个聚合,不送气音聚集在一起分布于左上方,送气音聚集在一起分布于右上方,送气音聚合相对于不送气音聚合来说,在纵轴上位置略微低一些;不送气音聚合在横轴上的范围是 12～28ms,在纵轴上的范围是 76～93ms,送气音聚合在横轴上的范围是 120～129ms,在纵轴上的范围是 67～89ms;[t]也是位于整个格局图的左上角,与同在左上方的[p]位置很接近,[th]在最右边,[kh]在最下边,[ph]位于右上方,[k]的位置相对偏左偏下一点。

无论是不送气音聚合还是送气音聚合,JPF1 的胶州话塞音和普通话塞音的纵向分布位置都是不同的,整体范围胶州话为 55～72ms,普通话为 67～93ms。它们的送气音聚合的横向分布也有差异,胶州话为 111～114ms,普通话 120～129ms。

JPF1 的普通话和胶州话的塞音声学格局表现出明显的差别。

表 2　　JPF2 胶州话和普通话塞音的 VOT 和 GAP 平均值　　(单位:ms)

	胶州话		普通话	
	VOT	GAP	VOT	GAP
p	13	43	7	77
t	14	40	18	60
k	28	53	29	60
ph h	82	34	104	52
th	116	48	124	55
kh	91	49	121	54

表 2 是发音人 JPF2 的胶州话和普通话塞音的 VOT 及 GAP 平均值数据。从表中数据我们可以发现这样一些规律:无论是在胶州话里还是在普通话里,送气音的 VOT 时长总是远大于不送气音,GAP 值之间的差距没有 VOT 值那么明显,但在普通话中不送气音的 GAP 值范围比送气音的略大;对于相同的塞音来说,除了[p]之外,普通话的 VOT 值和 GAP 值比胶州话都略大一些。

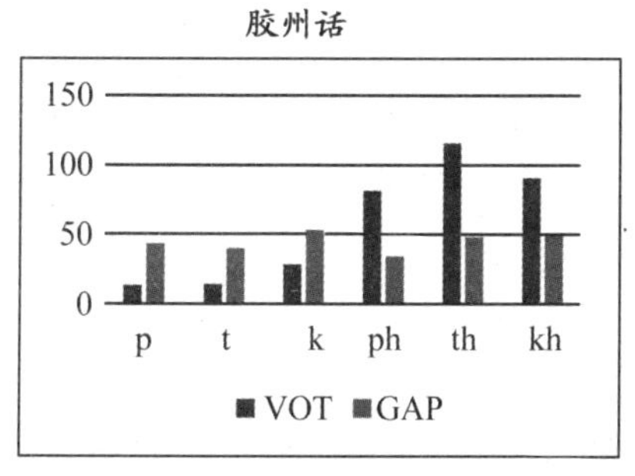

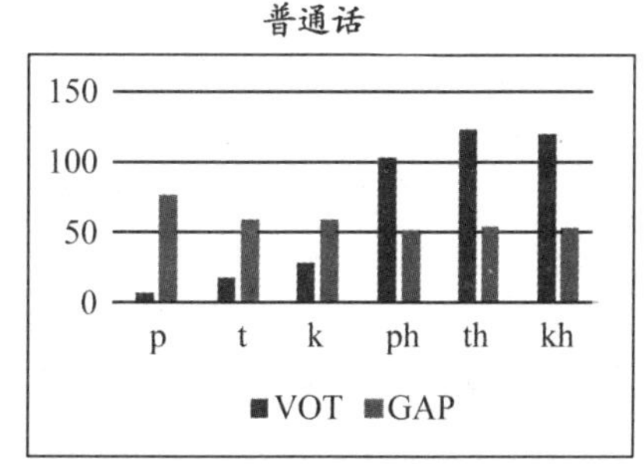

图 3 JPF2 的塞音统计图

这里为了更加直观地显示出发音人 JPF2 胶州话和普通话里不同塞音之间 VOT 值和 GAP 值的大小关系，同样根据表 2 的数据分别作出了胶州话和普通话塞音的柱形图。图 3 表现出与图 1 相同的特点：在胶州话和普通话里，送气塞音的 VOT 值都大于不送气塞音，对于 GAP 值来说，送气音和不送气音之间的差别不大；而不送气音里，GAP 值都大于 VOT 值，送气音中 GAP 值都小于 VOT 值。

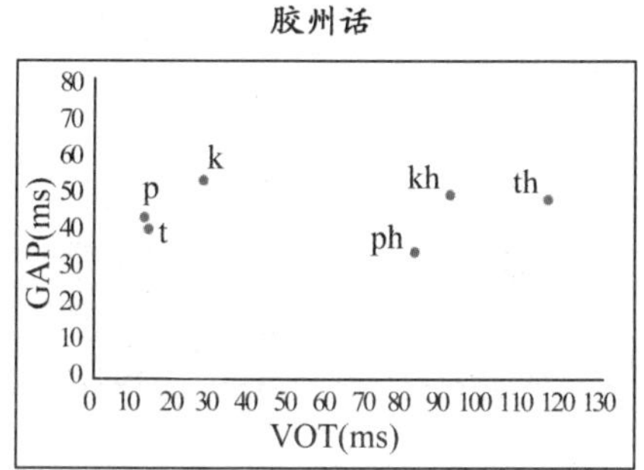

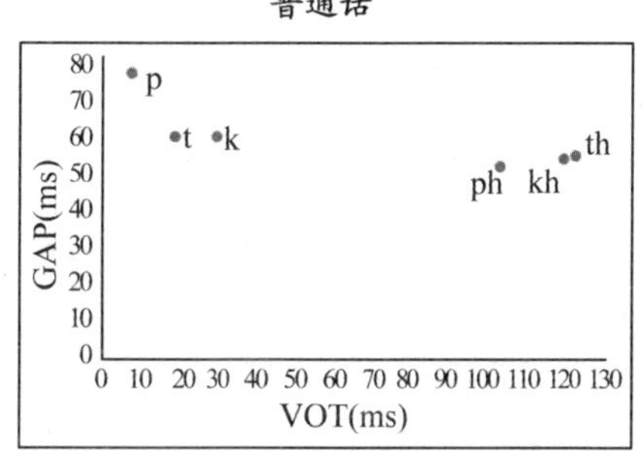

图 4 JPF2 的塞音格局图

根据表 2 的数据，将各平均值样点绘入 VOT-GAP 构建的声学二维空间中，得到的是图 4JPF2 的胶州话塞音声学格局图和普通话塞音声学格局图（如图 4 所示）。两幅图的横轴范围均为 130ms，纵轴范围均为 80ms。

在胶州话中，发音人 JPF2 所发的 6 个塞音明显地形成了两个聚合，不送气音聚集在一起分布于左中偏上的位置，送气音聚集在一起分布于右中偏上的位置，两个聚合在纵轴上的位置大致持平；不送气音聚合在横轴上的范围是 14～28ms，在纵轴上的范围是 40～53ms，送气音聚合在横轴上的范围是 82～116ms，在纵轴上的范围是 34～49ms；[p]和[t]位于整个格局图靠左的位置上，在不送气音聚合的下方，[k]和两个送气音[kh][th]在纵轴上的位置比较接近，都在上方，并且[th]分布在格局图的最右边，[ph]的位置最靠下。

在普通话格局图中,6 个塞音同样地形成了两个聚合,不送气音聚集在一起分布于左上方,送气音聚集在一起分布于右中偏上的位置,送气音聚合相对于不送气音聚合来说,在纵轴上的整体位置略微低一些;不送气音聚合在横轴上的范围是 7～29ms,在纵轴上的范围是 60～77ms,送气音聚合在横轴上的范围是 104～124ms,在纵轴上的范围是 52～54ms;[p]位于整个格局图的左上角,[t]和[k]的位置比[p]往下一些,更靠右一点,[th]和[kh]则比较紧密地聚集在一起,分布于整个格局图的右边,[ph]在它们左侧的位置上。

与 JPF1 相同,无论是不送气音聚合还是送气音聚合,JPF2 的胶州话塞音和普通话塞音的纵向分布位置都是不同的,整体范围胶州话为 34～53ms,普通话为 52～77ms。它们的横向分布也有差异,不送气音聚合胶州话为 14～28ms,普通话为 7～29ms,送气音聚合胶州话为 82～116ms,普通话为 104～124ms。JPF2 的胶州话和普通话塞音声学空间也表现出不一致。

(二)对比分析

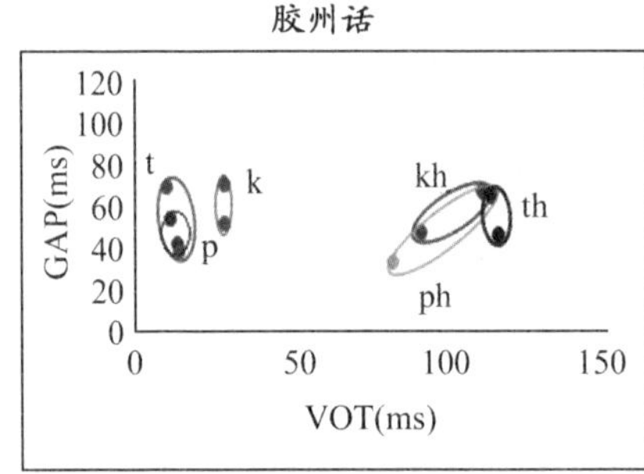

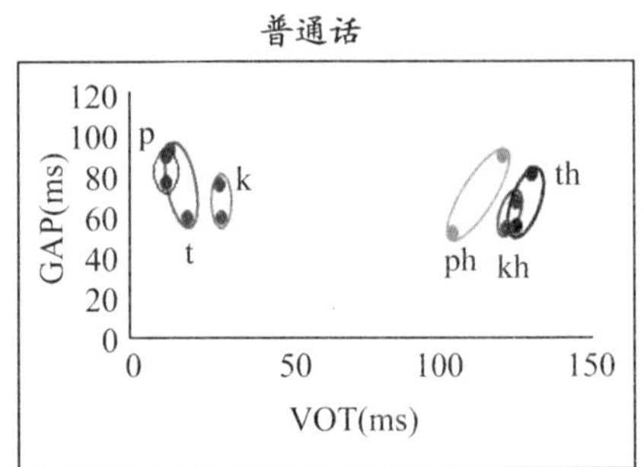

图 5　塞音综合图

图 5 是根据二位发音人的胶州话和普通话塞音 GAP 及 VOT 平均值数据画出的胶州话和普通话塞音综合图。

胶州话里,不送气音[p][t][k]分布在左侧,送气音[ph][th][kh]分布在右侧,形成两个比较明显的聚合。[p]和[t]的声学空间都位于最左边,样点聚集紧密;[k]在它们的右边;送气音[ph][th][kh]聚集在一起,分布于右上角;[ph]的两点分布最分散,VOT 值和 GAP 值范围在送气音中最大;[kh]分布在送气音聚合的中间位置;[th]在最右边。

普通话里,不送气音[p][t][k]同样聚集在左侧,与聚集在右侧的送气音[ph][th][kh]的空间截然分开,形成两个聚合。[p]的声学空间在左上角,两点聚集较紧密,与[t]的空间位置接近,且有重合现象;[k]的空间在它们的右边。与胶州话相似的是:[ph]的两点分布在送气音中同样最分散,[th]分布在最右侧,与在右下方的[kh]的两点聚集紧密。

比较这两幅图能够发现，胶州话和普通话的塞音综合图的相同之处是：(1)不送气音聚集在一起，送气音聚集在一起，形成两个完全不同的聚合；(2)[p]与[t]的空间分布有重叠，[k]总是分布在[p]和[t]的声学空间的右侧，送气音[ph][th][kh]中[ph]的样点分布最分散。胶州话和普通话塞音综合图的不同之处在于：胶州话塞音分布于VOT值10～116ms、GAP值34～72ms的空间内，普通话塞音分布于VOT值7～129ms、GAP值52～93ms的空间内，普通话塞音的声学空间要比胶州话塞音的声学分布空间大。

为了更清楚、更直接地比较胶州话和普通话塞音声学分布的特点，我们把两个发音人的两种语言的塞音声学格局叠加在一起，得到声学格局综合图。

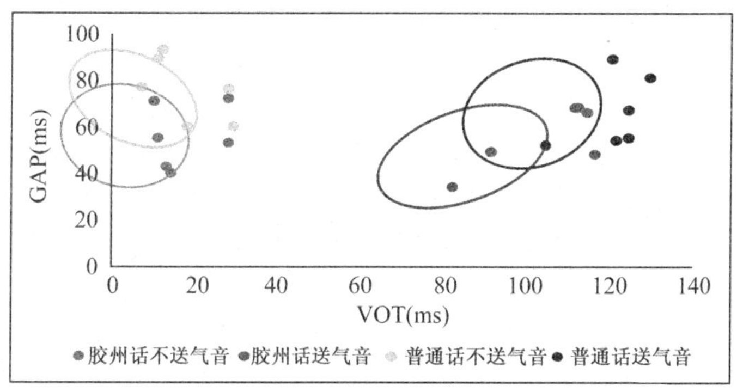

图6　声学格局综合图

在图6中，我们可以清楚地看到胶州话塞音无论是送气还是不送气，整体在声学空间的分布都比相应的普通话塞音要低，这意味着它们的GAP值要小一些。从VOT值来看，胶州话与普通话不送气塞音的分布范围差不多，即VOT值差不多；但送气音的分布则有差别，胶州话的送气塞音的分布大部分更靠左，即VOT值比普通话塞音要小。换言之，普通话塞音在纵轴上的范围大概在60～100ms，不送气音和送气音大致持平；胶州话塞音的声学空间在纵轴上的范围大概在30～80ms，不送气音和送气音也大致持平。普通话和胶州话的不送气音聚合在横轴上的范围比较一致，都在0～40ms，而送气音聚合普通话在100～140ms，胶州话则在80～120ms，普通话的送气音VOT时长要明显长于胶州话的送气音。

为了更细致观察普通话和胶州话塞音在声学空间的分布，除了平均值的综合图，我们又绘制了两位发音人各自的所有样本的分布。图7是JPF1的塞音声学分布图。左图为胶州话，右图为普通话。两幅图的坐标值一致，横轴范围均为180ms，纵轴范围均为200ms。

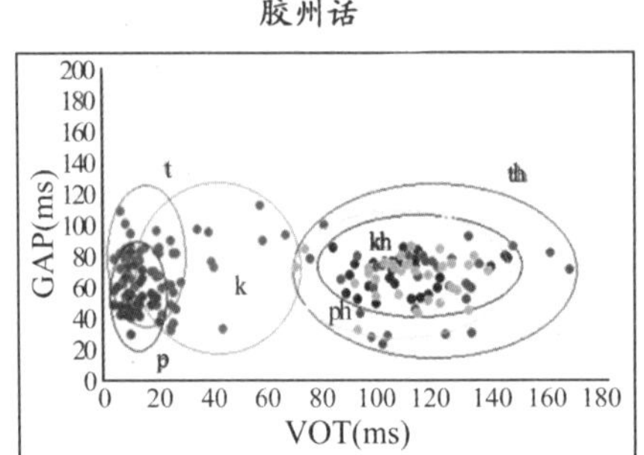

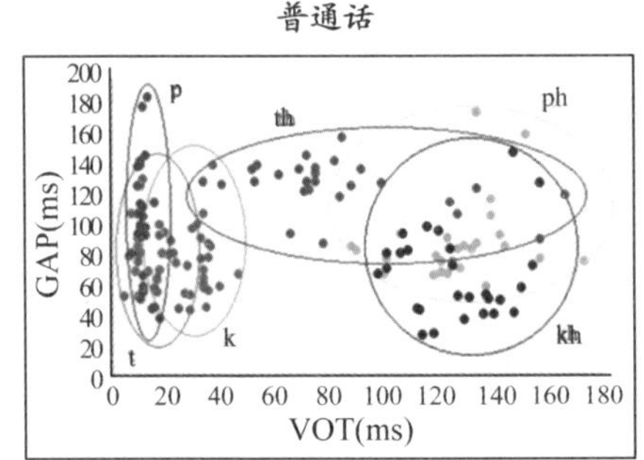

图 7　JPF1 的塞音声学分布图

总体来看,JPF1 胶州话的塞音分布更集中紧密,普通话的塞音分布更开张分散且所占空间更大。具体来说,胶州话三个不送气塞音和送气塞音形成很好的类聚,[p]分布在左下角,所占的空间最小,与[t]的空间有重叠,[k]的声学空间分布于[p]和[t]的右侧,在三个不送气音里跨越空间最大;三个送气音[ph][th][kh]分布无论从纵轴还是横轴看大都重叠在一起,[kh]和[ph]的声学空间较小,在最里面,[th]跨越的空间最大。普通话里,[p][t][k]在声学空间中更呈纵向长条状分布,在 GAP 值的跨度上比胶州话的不送气塞音大很多;[p]与[t]的分布有很多重叠,[k]的空间分布塞音类聚的最右侧,与胶州话的分布一致,即[k]的 VOT 值都大于[p][t]。三个送气音[ph][th][kh]基本能都占据各自的分布空间,但分布非常分散,每个送气音所占的空间都比较大。

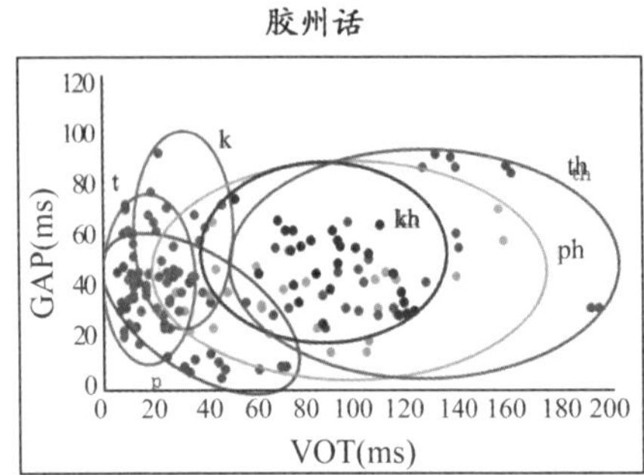

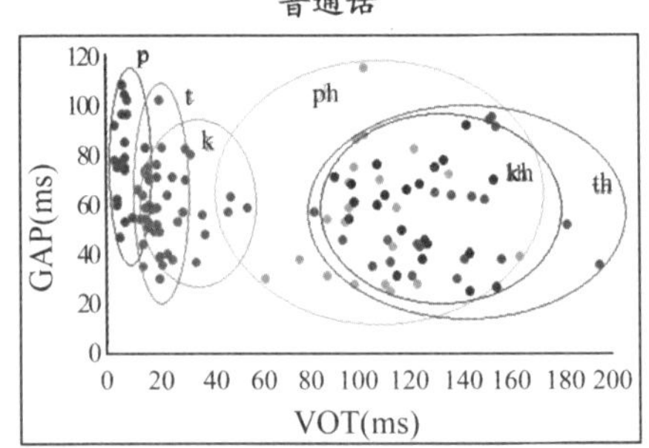

图 8　JPF2 的塞音声学分布图

图 8 是 JPF2 的塞音声学分布图,两幅图的横轴范围均为 200ms,纵轴范围均为 120ms。与 JPF1 相比,JPF2 的塞音声学分布呈现不同特点。胶州话的不送气和送气塞音虽然基本能形成类聚,但两类音在声学空间上紧紧相连;而普通话的不送气和送气塞音形成较好的类聚。总体的分布,胶州话的送气和不送气塞音似乎都有更多的重叠;普通话的不送气塞音也是呈纵向长条状分布,占据各自的分布空间,而送气音分布重叠较多,但分布的空间更大。

具体来看，胶州话[p]的分布空间集中于左下角，与[t]和[k]的空间交叠在一起，[k]略微靠上些，右边紧邻送气音空间。三个送气音里，[ph]和[th]的空间范围较大，[ph]靠左些，与不送气音有重叠，[th]靠右些，而[kh]的空间范围最小。JPF2 的胶州话塞音声学空间分布于整个格局图的下方，无论是不送气音和送气音的声学空间之间，还是每个塞音的声学空间之间，界限都不太清晰，每个塞音的分布空间紧密地聚集在一起。而普通话的[p][t][k]呈纵向长条状分布，位于整幅图的左侧，每个不送气音空间都与其他音清楚地区分开，几乎没有重叠；送气音在整幅图的右侧，[ph][th][kh]的分布交织在一起，[ph]靠左些，范围相对大一点，[th]靠右些，[kh]在送气音区域的最中间，范围最小。JPF2 的普通话塞音声学空间几乎占满了整个格局图，但三个不送气音之间，不送气音和送气音之间的界限比较清楚。两位发音人都表现出普通话塞音分布空间比胶州话更大的特点。

四、结论和讨论

本文用实验的方法考察了胶州话和普通话塞音在声学空间的分布情况，结果发现：

(1)在塞音声学格局中，无论是普通话还是胶州话，都是不送气音聚合在左，送气音聚合在右，两个聚合总是在 VOT 值上截然分开。

(2)胶州话与普通话相比，总体来说普通话塞音分布所占空间区域比胶州话塞音的区域更大，纵轴上比胶州话塞音位置更高，即在 GAP 值上更大。

(3)不同发音人的塞音声学格局相比，普通话里每个塞音的分布界限较清晰，所占范围更广；而胶州话的塞音聚集紧密，所占范围相对较小。

从音系学上，塞音[p][ph][t][th][k][kh]在不同语言中的描写是一致的，无论是发音方法还是发音部位上。但当我们用声学的方法检查这些塞音在不同语言系统中的语音学变化时，却发现它们的不一致。冉启斌等也报告了这些塞音在不同语言中声学参数的不同，但他们使用的是不同发音人的语料，其可比性存疑。[①] 在本实验中，我们使用了双语者的语料，已经剔除了生理原因可能造成的影响，但这些塞音还是在胶州话和普通话的不同的语言系统中表现出不一致的现象，且两个发音人表现一致。我们怎样来解释这样的差异呢？Lindblom 在考察元音的语音学行为时，提出了“数量原则”的作用，即在元音数量更多的系统里，元音的活动范围更大；而在元音数量更少的系统里，元音的活动范围更小。[②]

---

① 参见冉启斌、石锋：《塞音的声学格局分析》，《第八届中国语音学学术会议论文集》，北京，2008 年。

② B. Lindblom Phonetic Universals in Vowel System. In *Experimental Phonology*. edited by J. J. Ohala and J. J. Jaeger, Academic Press, Orlando. 1986.

他将这种现象归结为系统的压力造成的不同。辅音的行为是否也会遵循相同的原则？元音在发音部位和发音方法上都存在一种连续性，在声学空间上是连续的。但辅音却有不同的特性，在发音部位和发音方法上都不存在连续性，辅音是离散的。尽管如此，我们说人类语言所用到的发音器官和发音方法受生理条件的限制却是有限的。在有限的空间中，要区分出不同数量的语音。自然在发音和感知都会表现出不同。所以针对本实验的结果，或许我们可以推测"数量原则"对辅音的行为也是起作用的。相比普通话，胶州话语音系统有更多数量的阻塞音，系统的压力使得胶州话的塞音在声学空间上变化范围小于普通话的塞音，且相互间距离更近，分布更密集。而普通话的塞音在声学空间上变化范围更大，分布更离散自由。

语音变化的原因通常包括外在和内在两个方面。外在的原因我们比较容易观察到，如生理的限制、语音环境、语言的接触、音系的历史变化等等，而内在的原因我们常常不容易觉察到。"数量原则"可算是造成语音差异的内在原因，只有在跨语言的比较研究中才能够发现。而对这种内在原因的揭示无疑对我们探索语言的发音机制和感知机制具有非常积极的意义。本文对这些问题的探讨还只是初步的，这样的解释也只是猜测。考察"数量原则"对语音行为的影响，还有大量的工作要做。

附录　　　　　　　　　　塞音发音语料

b[p]：大坝 第八 铅笔 失败 水杯 棉被 面包 海豹 发飙 黑板 三遍 太笨 大饼 当兵 吃饱 钢笔 失败

p[ph]：害怕 上坡 太破 乐谱 玉佩 球拍 大炮 慢跑 车票 一篇 人品 乒乓球 太胖 草坪

d[t]：长大 回答 挨打 皇帝 姓杜 菜刀 蝌蚪 黄豆 牡丹 鸡蛋 大胆 字典 商店 太短 三顿 电灯 挨冻

t[th]：喜帖 楼梯 电梯 出题 画图 野兔 鸡腿 黄桃 两套 油条 海滩 毛毯 兵团 晴天 海豚 鸡汤 鱼塘

g[k]：西瓜 小褂 拉呱 唱歌 铁锅 中国 姓郭 水果 大姑 排骨 应该 奇怪 皮革 很贵 蛋糕 鱼钩 不敢 习惯 鱼缸

k[kh]：健康 土炕 害渴 手机卡 三颗 仓库 吃亏 高考 锁扣 箩筐 煤矿 太空 铁矿 长裤 还款 张口

北方方言词汇计量比较研究刍议*

王世昌

一、研究现状

北方方言是分布区域最广、使用人口最多、内部差异相对较小的汉语方言，在现代汉民族共同语普通话的形成过程中起到了主导作用，是普通话的基础方言，是普通话词汇标准的实际承担者。但北方方言的内部差异是显然存在的，可以据此将其划分为几大次方言，词汇方面的差异也非常明显。这便带来一个问题：一个内部词汇差异明显的方言，如何能够成为民族共同语的词汇标准？

这个问题的意义是重大的，在理论方面它涉及共同语与其基础方言的关系问题，事关普通话的定义；在实践上这直接关系到普通话词汇的规范化问题。虽然早在20世纪50年代学界已经给出了普通话的界定，但长期以来学界对这个问题的认识是相当模糊的，直到20世纪90年代，随着《普通话基础方言基本词汇集》①的完成和出版，人们对这个问题的认识才变得相对清晰。

《普通话基础方言基本词汇集》覆盖了北方方言93个方言点，每个方言点收录2645条词语，是一个北方方言词汇的宝库，被誉为“现代汉语规范化的基础工程”②。但它毕竟还是材料，通过文献分析可以发现学界对它的深入挖掘、提炼和再加工还十分缺乏，还未实现由感性材料向理性认识的飞跃，其材料价值也未得到充分的发挥。我们完全可以通过对这一材料的深入挖掘、提炼和再加工来获得更加深入、全面的理论认识并且进一步提升其材料价值。

而对这一材料进行深入的挖掘和提炼，离不开系统、全面的词汇比较研究。这种比较研究既包括北方方言区不同方言点间的词汇比较，也包括北方方言不同方言点的词汇和通行的普通话词汇间的比较。北方方言词汇比较研究总体匮

---

* 本文的研究工作得到了山东省社会科学规划项目(项目号:17DYYJ06)以及山东大学青年团队项目(项目号:IFYT17005)的支持。

① 陈章太、李行健主编:《普通话基础方言基本词汇集》,语文出版社1996年版。

② 胡明扬:《现代汉语规范化的基础工程——评〈普通话基础方言基本词汇集〉》,《语言文字应用》1997年第3期。

乏,《普通话基础方言基本词汇集》无疑是迄今为止北方方言词汇比较研究的最重要的成果,但它还停留在材料的阶段,它的几篇评论文章如胡明扬(1997)、陈庆延等举例性地涉及一些北方方言词汇比较问题[①],但距系统、全面的分析尚远。

如果将视野拓展到汉语方言词汇比较研究而不只是局限于北方方言词汇比较研究,我们发现相关的研究成果成绩很大但发展仍是相对不足。整体的汉语方言词汇比较研究的发展水平要高于北方方言词汇比较研究的发展水平。能代表汉语方言词汇比较研究现阶段发展水平的成果非董绍克等 2013 年所著的《汉语方言词汇比较研究》[②]莫属。该书将汉语词汇比较研究推进到了一个新的高度,它的最为突出的贡献是提供了一个方言词汇系统比较研究的分析框架。这个分析框架由方言词汇构词比较、方言义位的义值比较、方言义位的义域比较、方言义位的极化现象比较、方言对立词义范畴比较、方言词汇成分的比较、从词汇看汉语方言的亲疏关系、方言词汇的历史嬗变、方言词汇差异的形成、方言词汇用字等10 个方面构成。此分析框架的特点是共时与历时相结合、宏观和微观相结合、定性和定量相结合、语言与文字相结合、描写与解释相结合。它能够实现对方言词汇的系统全面的比较,对今后的方言词汇比较研究具有示范和指导意义。该书还制定了"基本词汇千词表"和"古代汉语千词表",为方言与普通话词汇的比较以及方言中中古词语存留的分析准备了条件。

除此之外,早在 20 世纪 80 年代李如龙、朱永锴、许宝华和詹伯慧等就已经对汉语方言的词汇差异进行过系统的理论思考。李如龙《论汉语方言的词汇差异》就汉语方言词汇差异的类型、程度和性质进行了探讨,认为方言间词汇差异分为五种类型——源流差异、意义差异、构词差异、价值差异、音变差异,并分别作了举例和说明;通过对实际方言口语中存在着的词汇差异词的比重的统计,说明了"在词汇方面,尤其是口语中日常生活用词,诸方言之间的差异也是十分显著的",打破了之前以袁宝骅先生的《汉语方言概要》为代表的"汉语方言的差异主要表现在语音""词汇语法差异往往是细微的,而不是十分显著的"的片面观点,凸显了方言词汇比较研究的重要性。该文还从方言词汇差异的性质角度区分出了五种类型即对立型、对应型、交叉型、并用型、补充型。该文不乏真知灼见,对现今的方言词汇比较研究仍有理论指导意义。[③] 同时期的朱永锴也旗帜鲜明地反对方言研究中忽略词汇方面差异研究的传统,以充分的例证指出了方

---

① 参见陈庆延:《评〈普通话基础方言基本词汇集〉》,《方言》2000 年第 2 期。

② 参见董绍克等:《汉语方言词汇比较研究》,商务印书馆 2013 年版。

③ 参见李如龙:《论汉语方言的词汇差异》,《语文研究》1982 年第 2 期。

言词汇差异研究的重要性，认为“方言词汇的差异比较语音的缓慢而细微的变化，倒显得更重要一些”，并指出“重视对方言词汇差异的研究，对于语言的规范化是起着很大作用的”。[①] 许宝华、詹伯慧在《中国大百科全书·语言文字卷》中也探讨了方言词的差异并将其概括为五个方面：源流差异、造词差异、构词差异、词义差异、价值差异。[②] 三篇文章也反映出：与一贯受到重视的方言语音差异比较研究相比，方言词汇差异的比较研究迟至 20 世纪 80 年代才开始引起学者们的重视。

一些收罗各地汉语方言词汇具有比较色彩的方言词典也属于方言词汇比较研究的重要成果。李荣主编(2002)的《现代汉语方言大词典》囊括了 42 地方言材料。许宝华、宫田一郎主编(1999)的《汉语方言大词典》收录了古今南北汉语方言词汇 20 余万，是第一部贯通古今南北的大型汉语方言工具书。北京大学中国语言文学系语言学教研室(1995)编的《汉语方言词汇》收录了基本上可以代表各大方言的 20 个方言点的词汇材料，收录词目 1230 个。此外还有商务印书馆辞书研究中心(2011)编的收录方言词语 15000 余条的《新华方言词典》。这些方言词典或方言词汇集为汉语方言词汇比较研究准备了珍贵的材料基础。与目前汉语方言词汇描写材料的丰富程度相比，汉语方言词汇的系统的理论性的比较研究发展相对滞后。

方言词汇比较研究相对滞后的局面(尤其是与方言语音的比较研究相比)，一方面是由词汇系统的庞大和复杂性决定的，另一方面也是由传统的方法难以有效操纵大规模方言词汇数据的方法论局限性造成的，当然也与人们对方言词汇比较研究重视不足有一定关系。传统的方法，不管进行方言词汇的哪个方面的比较，基本上是依赖举例说明，而举例的多少、涉及方言的面有多广则存在着很大的随意性；再者，举例说明的方法因缺乏定量的考察往往也难以将结论分出主次。这使得相关研究的综合性、全面性、精确性不足。

计量方法为方言词汇比较研究开辟了新的天地。李如龙在《汉语方言的比较研究》中指出，“有些比较必须注意量化统计”，方言特征词的比较“更需要计量分析”。单纯依靠人力难以有效处理庞大而复杂的方言词汇数据，而借助于计算机数据库的组织数据的能力以及计算机统计软件的运算能力，使高效操纵大规模词汇数据变得十分容易，这将使方言词汇比较研究的综合性达到新的高度。计量方法带来的定量分析在很大程度上弥补了传统的举例说明的不足，使方言

① 朱永锴：《谈汉语方言的词汇差异》，《汕头大学学报》1987 年第 3 期。

② 参见中国大百科全书总编辑委员会《语言文字》编辑委员会、中国大百科全书出版社编辑部编：《中国大百科全书·语言文字卷》，中国大百科全书出版社 1988 年版，第 144～155 页。

词汇比较研究的精确性和科学性有了保障。借助于计量方法,我们也能发现一些单凭直觉、经验和有限概括所难以发现的特点和规律。“研究语言时重视计量研究是现代的汉语研究工作的一大进步,但是这种方法还没有得到应有的推广。”[①]即便如此,计量方法在方言比较研究中还是已经开始得到重视,业已出现一批有益的探索。

运用计量方法进行汉语方言词汇的比较研究在20世纪60年代已有萌芽,代表性成果是王育德(1960),它以历史语言年代学为理论基础,以200个基本词为材料,讨论汉语五大方言间的相似度,进而讨论它们的分化年代。[②] 而汉语方言词汇计量比较研究范式的确立则得益于郑锦全在20世纪80年代所做的探索。这一范式包括四个步骤:(1)将作为处理对象的方言词汇对照数据录入计算机形成数据库;(2)计算方言之间的词汇相似度;(3)在方言间词汇相关系数的基础上对方言进行聚类;(4)对结果进行讨论发现其中的特点与规律,阐释语言学问题。[③]

之后的一系列方言词汇计量比较研究均依照这一范式,例如马希文(1988),王士元、沈钟伟(1992),游汝杰、杨蓓(1998),黄行(1999),杨蓓(2003),邓晓华(2003)等。[④] 虽然这些研究从总体上遵循同一范式,但它们对范式的各个环节的处理存在诸多差异。首先,在对作为计量对象的方言词语的数量和选取上存在差异,王育德(1960)使用200词,郑锦全(1988)使用905词,杨蓓(2003)使用784词,董绍克等(2013)使用其制定的“基本词汇千词表”,并认为用于计量的词表应以千词左右为宜。其次,在方言词汇相似度的计算方法上存在差异,在比较单位和算法方面,郑锦全(1988)以词为单位用皮尔逊相关性系数的算法计算相似度,此法仅考虑词形的异同,失之粗略;王士元、沈钟伟(1992)以语素和构词方式为单位,并提出相应的词汇相似度计算公式,将词汇的异同关系考察得更为细致;董绍克等(2013)批判地吸收了王士元、沈钟伟(1992)的观点并提出“在进行比较的时候,只需考虑词内语素的异同就足够了,构词方式不应该计算在内”,并提出了方言词汇间对应的“一对一”“一对多”“多对多”的各种对应关系的处理方

① 李如龙:《汉语方言的比较研究》,商务印书馆2001年版,第28~29页。

② 参见王育德:《中国五大方言分裂年代的语言年代学试探》,《言语研究》(日本),1960年。

③ 参见郑锦全:《汉语方言亲疏关系的计量研究》,《中国语文》1988年第2期。

④ 参见马希文:《比较方言学中的亲属计量方法》,《中国语文》1988年第2期;王士元、沈钟伟:《方言关系的计量表述》,《中国语文》1992年第2期;游汝杰、杨蓓:《广州话、上海话和普通话词汇接近率的计量研究》,《汉语计量与计算机研究》1998年第12期;黄行:《苗瑶语方言亲缘关系的计量分析》,《民族语文》1999年第3期;杨蓓:《吴语五地词汇相关度的计量研究》,《语言文字应用》2003年第1期;邓晓华:《苗瑶语族语言亲缘关系的计量研究》,《中国语文》2003年第3期。

法，进而提出了他们的相似度计算公式，在精确程度上更进一步；此外，游汝杰、杨蓓（1998）在方言词汇相似度计算问题上提出了加权的思想，但董绍克等（2013）认为此方法暂时无法实施。最后在聚类的生成算法方面，也存在着一些差异，马希文（1988）使用了弗洛茨瓦夫分类法，王士元、沈钟伟（1992）使用最短系联法，郑锦全（1994）及黄行（1999）使用非加权平均值系联法，邓晓华（2003）则使用 Neighbor-Joining 法，董绍克等（2013）在比较了上述方法后认为平均值系联法比较适合做方言间的比较，并提出了该算法的改进算法，认为改进的算法有更大的适用性。

目前关于此范式的各个环节的处理方式尚未形成最终方案，仍有进一步探讨的空间。此范式的核心是从词汇的角度探讨方言间的亲缘关系，是一种宏观的、综合性的计量分析。但方言词汇的计量比较研究绝不仅仅止于这个层面，例如我们也可以从微观的层面通过计量的方式考察概念在方言中的词语分化度以及方言词语在一定区域内的流通度等，进而探索其背后的规律与动因。当然分化度以及流通度的计量是新的问题，其具体计量方法还有待探索。

二、研究设想

北方方言词汇比较研究拟分两步进行：第一步是材料准备，包括方言词汇对照数据库的构建以及方言词汇地图的绘制；第二步是计量比较，包括方言词汇亲疏关系的计量比较、方言词语分化度的计量比较以及方言词语流通度的计量比较等。

1. 方言词汇对照数据库的构建

方言词汇的比较研究建立在方言词汇对照数据的基础之上。北方方言基本词汇对照数据库是进行北方方言词汇计量比较的材料基础。该数据库通过按照一定格式将《普通话基础方言基本词汇集》所收录的 93 个方言点的词汇数据录入计算机而形成。在组织人员进行数据录入工作时应制定明确的数据录入标准，编制基于图形界面的数据录入程序，并将采取冗余比对等质量控制措施以保证录入数据的准确性与完整性。

2. 方言词汇地图的绘制及方言词语分布规律的探索

在北方方言基本词汇对照数据库的基础上将《普通话基础方言基本词汇集》所收录的 93 个方言点的基本词汇数据呈现在地图上，绘成近 2700 幅的北方方言词汇地图。对这近 2700 幅的方言词汇地图逐一进行观察和分析，从中筛选出方言词语分布特征明显的地图，进而利用筛选出的地图对北方方言词语的分布规律进行归纳和探讨。方言词汇地图也能为后续的计量比较分析提供参考。

3.方言词汇亲疏关系的计量比较

方言词汇亲疏关系的计量比较是方言研究界近30年来一直比较关注的一个研究课题。如上文所述,其研究的范式由郑锦全(1988)确立,包括四个环节:(1)确定比较对象;(2)计算方言间词汇相似度;(3)基于相似度数据对方言进行聚类;(4)对计量及聚类结果进行解释说明。此范式的每一个环节在具体实践中往往有不同的处理方式。我们可以一方面借鉴现有的处理方式,另一方面也可以在某些环节上提出自己的处理方式,进行方法上的创新。可以采用多种算法(郑锦全,1988;王士元、沈钟伟,1992;董绍克,2015)计算北方方言各方言点之间的词汇相似度;也可以采用多种算法进行聚类分析(郑锦全,1988;王士元、沈钟伟,1992;董绍克,2015),并对多种算法的结果进行比较以保证计算结果的合理性。在词汇相似度数据及聚类结果的基础上,我们可以从词汇的角度讨论北方方言分区的问题,并与以语音为标准的分区结果进行比较进而探讨方言分区标准问题。除此之外,我们还可以对北方方言各方言代表点的词汇与普通话词汇之间的关系进行计量比较分析。

4.方言词语分化度的计量比较

同一个概念在北方方言的不同的方言点中可能用相同或不同的词语表示。用相同的词语表示反映了方言点之间一致性,用不同的词语表示则反映了方言点之间的差异性。我们将概念的方言词语分化度(简称"词语分化度")定义为在一定地域范围内同一个概念的不同的词语表达形式的数量。在北方方言中不同的概念在词语分化度上往往存在差异。"风"在《普通话基础方言基本词汇集》中所列的93个点中只有"风"一种说法,而"太阳"则有"太阳""日头""老爷""太爷""热头"等19种说法,我们可以说"风"这个概念的词语分化度为1,"太阳"这个概念的词语分化度为19。方言之间的词汇亲疏关系是一种宏观的计量,而词语的分化度是一种微观的计量,两者存在一定的互补关系。基于概念的词语分化度的计量,我们将着重探讨下列问题:哪些概念的词语分化度高?哪些概念的词语分化度低?词语分化度高的概念有什么特点?词语分化度低的概念有什么特点?造成概念间词语分化度差异的原因有哪些?词语分化的类型与规律是什么?等等。在探寻词语分化度差异的原因时,将主要从语言系统的层面、社会文化的层面以及心理认知的层面进行分析。

5.方言词语流通度的计量比较

在北方方言词语中,有些词语的使用地域范围大一些,有些则小一些,我们将一个方言词语的使用地域范围的大小称为方言词语的流通度。方言词语的流通度可以有不同的测量方法,例如我们可以将使用某一方言词语的方言点数量作为测量方法。例如,根据《普通话基础方言基本词汇集》,"立春"这个概念的不同说法及方言点数量(即流通度)分别为"立春",63;"立春儿",1;"打春",74;"打春儿",1;"浇春",1。与词语分化度类似,方言词语的流通度也属于一种微观的计量,与方言间词汇的亲疏关系这一宏观计量也存在互补性。另外,分化度与流通度这两个方面的计量也可以相互结合:对同一个概念分化出来的几个不同的方言词语可以进行流通度方面的比较。基于方言词语流通度的计量,我们将着重探讨下列问题:哪些方言词语的流通度高?哪些方言词语的流通度低?流通度高的方言词语有什么特点?流通度低的方言词语有什么特点?造成方言词语流通度差异的原因有哪些?方言词语流通(或说分布)的类型与规律有哪些?等等。

三、研究方法与研究意义

计量方法和比较方法的结合是方言词汇计量比较研究的核心研究方法。计量方法主要涉及方言间词汇相似度的计算、聚类分析方法、词语分化度计算、词语流通度计算等。比较方法主要涉及方言间词汇相似度比较、方言词汇与普通话词汇相似度比较、词语分化度差异比较以及词语流通度差异比较等。两种方法的结合是指在计量的基础上比较,在比较的基础上揭示计量结果的深刻内涵。此外,由于方言与地理的天然联系,为了直观展现各方言点词汇之间的关系,考察一些方言词语的地理分布特点和规律,还采用地理语言学的方法尤其是方言地图的方法。为了有效操纵大规模词汇数据、提高效率,方言的计量、比较以及方言地图的绘制可以使用在目前语言计量研究中广泛应用的统计计算与统计制图语言 R 语言编程实现。

北方方言词汇计量比较研究的意义主要体现在材料价值、理论价值、方法价值和应用价值等四个方面:(1)材料价值:构建北方方言基本词汇对照数据库,进而在此数据库的基础上绘制近 2700 幅方言地图形成"北方方言基本词汇地图集",它们能为各类北方方言词汇研究提供材料支持。(2)理论价值:北方方言词汇的计量比较研究能加深我们对北方方言词汇的特点和规律的认识,加深我们对普通话词汇基础的认识,并改善北方方言词汇比较研究相对匮乏的局面。(3)方法价值:通过对方言词汇计量分析方法的改进和创新,完善方言词汇计量比较的分析框架,可为各种范围的方言词汇比较研究提供借鉴。(4)应用价值:研究成果有望为词汇规范化、普通话推广、方言保护等提供参考。

图书在版编目(CIP)数据

人文述林.2018/山东大学文学院编.—济南:
山东大学出版社,2018.12
ISBN 978-7-5607-6266-1

Ⅰ.①人… Ⅱ.①山… Ⅲ.①社会科学—文集 Ⅳ.①C53

中国版本图书馆 CIP 数据核字(2018)第 295298 号

责任编辑:李孝德
封面设计:牛 钧

出版发行:山东大学出版社
社 址 山东省济南市山大南路 20 号
邮 编 250100
电 话 市场部(0531)88363008
经 销:新华书店
印 刷:济南新科印务有限公司
规 格:720 毫米×1000 毫米 1/16
13.5 印张 243 千字
版 次:2018 年 12 月第 1 版
印 次:2018 年 12 月第 1 次印刷
定 价:36.00 元